Die neuen Ökonomen

D1929084

SCHÄFFER
POESCHEL

Nikolaus Piper (Hrsg.)

Die neuen Ökonomen

Stars, Vordenker und Macher der deutschsprachigen Wirtschaftswissenschaft

1997
Schäffer-Poeschel Verlag Stuttgart

Nikolaus Piper ist Wirtschaftsredakteur bei der Wochenzeitung DIE ZEIT.

Die Porträts der Ökonomen erschienen zuerst in der Serie »Ökonomie heute« der Wochenzeitung DIE ZEIT, Hamburg 1996.

Die Deutsche Bibliothek – CIP Einheitsaufnahme

Die neuen Ökonomen : Stars, Vordenker und Macher der deutschsprachigen Wirtschaftswissenschaft / Nikolaus Piper (Hrsg.). – Stuttgart : Schäffer-Poeschel, 1997
ISBN 3-7910-1170-7 kart.

Gedruckt auf chlorfrei gebleichtem, säurefreiem und alterungsbeständigem Papier

ISBN 3-7910-1170-7

Lizenzausgabe mit freundlicher Genehmigung des ZEITVERLAGS Gerd Bucerius GmbH, Hamburg

Einbandgestaltung: Willy Löffelhardt
Satz: A&M dtp, Stuttgart
Druck: Franz Spiegel Buch GmbH, Ulm
Printed in Germany

Schäffer-Poeschel Verlag Stuttgart
Ein Tochterunternehmen der Verlagsgruppe Handelsblatt

Studium Wirtschaft

Vorwort von Nikolaus Piper

Warum soll man überhaupt Wirtschaftswissenschaften studieren? Mit dieser Frage begann der Nobelpreisträger Paul Samuelson seinen berühmten Bestseller »Volkswirtschaftslehre«. Die Antwort mag heute für viele Studierende naheliegen; schließlich bietet zumindest das Fach Betriebswirtschaftslehre, aber auch die Volkswirtschaftslehre trotz überfüllter Seminare immer noch bessere Berufs- und Karrierechancen als viele andere Fächer.

Aber die Frage nach Sinn und Zweck des Ökonomiestudiums endet ja nicht bei der Berufsplanung. Die Wirtschaft ist unser Schicksal, so der vielzitierte Satz Walther Rathenaus. Haben die Ökonomen die Instrumente, haben sie die richtige Sichtweise, um dieses Schicksal zu meistern? Bei der BWL werden die Forschungsergebnisse in den Betrieben meist schnell dem Praxistest ausgesetzt. Das zwingt, jenseits aller Moden von Management-Gurus, immer wieder zum nüchternen Vergleich zwischen Anspruch und Wirklichkeit.

Aber wie ist es mit der Volkswirtschaftslehre, wo der Markttest unter Umständen Jahrzehnte dauert oder gar nicht erst stattfindet? Die Schwierigkeiten, etwas relativ Einfaches wie das Bruttoinlandsprodukt des nächsten Jahres vorauszusagen, sind bekannt. Mangelt es dem ganzen Fach an Relevanz? Beschränkt sich der wissenschaftliche Fortschritt in der Ökonomie gar nur noch auf die Verfeinerung bekannter Modelle, deren Realitätsbezug äußerst strittig ist? Täuscht der anspruchsvolle mathematische Instrumentenkasten der Forscher nicht einfach darüber hinweg, daß sie Bodenhaftung verloren haben?

Nun geht es bei der Ökonomie ja nur zum kleineren Teil um die Prognose von Zahlen. In ihrem Wesen ist sie eine Wissenschaft, die menschliches Verhalten analysiert, bewertet und zu verändern sucht und die dafür eine ganz bestimmte ökonomische Denkweise einsetzt. Wen das ökonomische Denken erst einmal infiziert hat, so sagte Karl Schiller, der frühere Wirtschaftsminister, der ist verdorben für andere, naivere Denkweisen. Der Schlüsselbegriff dieses ökonomischen Denkens heißt »Opportunitätskosten«: Ökonomen sollten dem Publikum und den Politikern, die sie beraten, die Konsequenzen ökonomischer Knappheit vor Augen halten: Man kann nicht alles gleichzeitig haben; alles, was ich tue, hat seinen Preis, *there is no such thing like a free lunch*. Der Ökonom sollte unabhängig sein und unbequem, kritisch, auch sich selbst gegenüber. Und er sollte die langfristigen Folgen heutigen Tuns im Auge behalten.

Von diesem ökonomischen Denken vor allem handelt dieses Buch. Den Kern bilden die Beiträge aus der *ZEIT*-Serie »Ökonomie heute«. Portraits von Lehrern und Forschern, Vor- und Querdenkern geben einen Überblick über den Stand des Faches an deutschsprachigen Hochschulen. Es gibt keine Rangordnung, die Auswahl soll einfach neugierig machen. Ergänzt werden die Beiträge durch eine Übersicht aller ökonomischen Fakultäten in Deutschland mit ihren Studiengängen – eine Orientierungshilfe für die Wahl des richtigen Studienplatzes.

Ökonomie, so schrieb der Nobelpreisträger James Tobin, bedeute nicht nur eine Herausforderung für den Verstand, sie biete auch die Hoffnung, »durch größeres Verstehen das Los der Menschheit zu verbessern«.

Inhalt

Anhang

Wirtschaftstudium heute

Trotz überfüllter Hörsäle – das Studium der Ökonomie ist populär wie eh und je.

Wirtschaft schlägt Jura

von Dietrich Creutzburg

Es ist schon paradox mit der Ökonomie. Studenten, Professoren und Unternehmen klagen seit Jahren unisono über die Defizite des Massenbetriebs an den Universitäten: überfüllte Hörsäle, schlechte Betreuung und daher immer längere Studienzeiten, wenig Praxisbezug und ebensowenig Anregung zu unternehmerischem Handeln. Geändert hat sich bislang wenig. Doch die Studienanfänger lassen sich davon nicht schrecken: Es werden immer mehr. Heribert Meffert, Professor für Marketing an der Universität Münster, bringt die Sache auf den Punkt: »Wir leiden an unserer Attraktivität.«

Mitte 1996 noch schien es, als bahne sich für die Wirtschaftsfakultäten an Deutschlands Universitäten allmählich Entlastung an. Fünf Jahre lang war die Zahl der Studienanfänger in den Fächern Betriebs- und Volkswirtschaftslehre langsam, aber beständig gesunken. Volkswirte mußten sich gar erstmals seit Jahren nicht mehr dem Zuweisungsverfahren der Zentralstelle für die Vergabe von Studienplätzen (ZVS) in Dortmund stellen.

Doch zum Wintersemester 1996 war es mit dem Trend vorbei: Die Bewerberzahlen sind wieder nach oben geschnellt. Allein für Betriebswirtschaft interessierten sich wieder 18.400 Studienanfänger, drei Prozent mehr als ein Jahr zuvor. Und ebenso rasch schwand die Hoffnung, das Problem überquellender Universitäten löse sich von selbst.

Bei aller Kritik am Hochschulbetrieb gibt es gute Gründe für das große Interesse an der Wirtschaftswissenschaft: Sie verhilft immer noch zu vergleichsweise guten Berufsaussichten. Zwar registrierte die Bundesanstalt für Arbeit in Nürnberg von 1993 bis 1995 einen leichten Anstieg der Zahl arbeitsloser Ökonomen. Unter den seit jeher schärfsten Karrierekonkurrenten der Wirtschaftler, den Juristen, stieg die Zahl der Arbeitslosen derweil jedoch um mehr als 50 Prozent.

»Die Ökonomen lösen Juristen in ihrer Rolle als Generalisten auf dem Arbeitsmarkt ab«, sagt Sigmar Gleiser von der Zentralstelle für Arbeitsvermittlung (ZAV) in Frankfurt. Auswertungen von Stellenanzeigen zeigen: In vielen Branchen werden ausdrücklich Wirtschaftswissenschaftler gesucht; für Juristen ist das Spektrum dagegen eher enger geworden. Der öffentliche Dienst, stets eine Domäne der Juristen, stellt kaum noch ein. Und selbst dort, wo der Staat noch Stellen besetzt, holen die Ökonomen auf. Ob das Bild allerdings auch dann noch so freundlich aussieht, wenn die heutigen Studienanfänger ihr Diplom in der Tasche haben, steht dahin. Derzeit dauert ein Wirtschaftsstudium durchschnittlich beinahe sechs Jahre.

Viele Professoren sind des Leidens an der Massenuniversität, des starren Hochschulrechts und der ausufernden Bürokratie überdrüssig. »Da machen wir die Studenten mit Markt und Wettbewerb vertraut, aber für die Universitäten selbst ist dergleichen weitgehend tabu«, sagt Horst Albach, Professor für Betriebswirtschaftslehre an der Berliner Humboldt-Universität, der sich zugleich an der Wissenschaftlichen Hochschule für Unternehmensführung (WHU), einer Privathochschule in Vallendar bei Koblenz, engagiert. Sein Plädoyer: Auch staatliche Hochschulen müßten viel stärker um gute Ausbildungskonzepte, qualifizierte Wissenschaftler und motivierte Studenten konkurrieren.

Gerade beim Fach BWL zeigt sich, was dabei herauskommt, wenn die Hochschulen keine Gestaltungsfreiheit haben. Hochschullehrern und Studierenden macht die immer größere Ausdifferenzierung der BWL in einzelne Teilgebiete zu schaffen. »Die Spezialisierung verliert sich in Untiefen«, klagt der Münsteraner Professor Meffert. Absolventen könnten zwar die Chaostheorie auf einen Börsencrash anwenden. Mit dem Unterschied zwischen Rückstellungen und Rücklagen sei mancher dagegen kaum noch vertraut.

Viele Hochschullehrer würden daher die Studienpläne gerne beherzt entrümpelt sehen – vorausgesetzt allerdings, sie behalten die Entscheidung darüber in der Hand. »Wir brauchen mehr Differenzierung zwischen den Hochschulen«, sagt Professor Horst Albach. Die gegenwärtigen Strukturen begünstigten dagegen die Ausdifferenzierung innerhalb jeder Institution. So entstünden Freiräume für einzelne Wissenschaftler. Für jedes Teilgebiet ein Guru – das verstelle den Blick auf den gemeinsamen Kern des Fachs.

Nicht nur regelungsfreudige Minister stehen der Vielfalt im Wege. Umständliche Entscheidungsprozeduren lähmen die Hochschulen zusätzlich. Der Münsteraner Meffert, nebenbei an der wiedergegründeten privaten Handelshochschule Leipzig tätig, kann direkt vergleichen: »Dort haben wir in vier Monaten eine neue Prüfungsordnung gemacht. Hier dauert so etwas vier Jahre.«

Entsprechend flexibler passen sich die Privathochschulen den Bedürfnissen des Marktes an. Immer mehr Studienanfänger wissen das zu schätzen – auch Studiengebühren von 5000 Mark und mehr schrecken nicht ab. Bei der WHU in Vallendar gingen in diesem Jahr 419 Bewerbungen ein, ein Plus von über 25 Prozent; 70 Studenten durften tatsächlich anfangen. Auch Konkurrenzinstitute wie die European Business School (EBS) in Oestrich-Winkel oder die Leipziger Handelshochschule melden deutlich wachsende Nachfragerzahlen.

Für die Betriebswirtschaftslehrer der staatlichen Universitäten stellt sich ein weiteres Problem. Je lauter der Ruf nach mehr Praxisorientierung erschallt, desto stärker sehen sich die Professoren mit einer Grundsatzfrage konfrontiert: Inwieweit sollen sie sich von den theoretisch-wissenschaftlichen Fundamenten des Faches entfernen, wenn der Markt nach handfester Managementausbildung verlangt? Zunächst soll die Universität den Studenten schließlich die Fähigkeit zum wissenschaftlichen Arbeiten vermitteln, unabhängig davon, ob sie später ein Unternehmen führen. Durch die Rollenverteilung zwischen Universität und Fachhochschule – eigentlich: hier theoretische Wissenschaft, dort praxisnahe Berufsvorbereitung – wird das Problem bislang nur unzureichend gelöst. »Im Grunde«, so der Befund von Meffert, »müßten sich viel mehr Studienanfänger fragen, ob nicht die praxisorientierte Fachhochschule für sie der bessere Ausbildungsweg ist.« Zwar führt für angehende Wirtschaftsprüfer und Steuerberater kein Weg an der Universität vorbei. Wer sein Geld aber etwa als Produktmanager verdienen wolle, der sei mit einem Fachhochschulstudium oft besser bedient.

Zu Unrecht sei immer noch die Einschätzung verbreitet, daß »Fachhochschulen zweitklassige Bildungseinrichtungen sind«. Vorbehalte gibt es allerdings nicht nur bei Studenten, sondern auch in manchen Unternehmen. Bei höheren Management- und Koordinationsfunktionen, weiß Sigmar Gleiser von der ZAV, würden Universitätsabsolventen nach wie vor leicht bevorzugt. Doch die Grenzen verwischten sich zunehmend.

An der Fachhochschule für Technik und Wirtschaft in

Reutlingen brauchen sich die Studenten solche Sorgen nicht zu machen. Rektor Georg Obieglo: »Ich kriege nur immer von den Unternehmen zu hören, wie unsere Leute da Furore machen.« Zum Konzept gehört nicht nur eine besonders enge Kooperation mit der Wirtschaft. Regelmäßige Praktika in Unternehmen sind Pflicht. Wenn überdies in den theoretischen Vorlesungen maximal dreißig Leute sitzen, »dann lernt es sich einfach besser«, sagt Eleni Tsirogianni, Studentin im dritten Semester, die sich nebenher in der studentischen Unternehmensberatung Junior Management Consultants engagiert.

Auch in den gängigen Hochschul-Rankings ist Reutlingen auf Spitzenränge abonniert. Rektor Obieglo hat für sein Rezept eine griffige Formel: »Dies hier ist keine Hochschule, sondern ein Dienstleistungsbetrieb.« Für Klagen über die Hochschulbürokratie hat er nur wenig Verständnis; vieles sei doch mehr eine Frage des Willens. Er hat gut reden: An Fachhochschulen ist schließlich auch die Relation von Dozenten und Studierenden wesentlich günstiger.

Angesichts leerer Staatskassen besteht wenig Aussicht, die Probleme der Hochschulen mit mehr Geld auszugleichen. Als Dreh- und Angelpunkt für eine Verbesserung des Wirtschaftsstudiums gilt daher das Ausleseverfahren für Studienanfänger. Ob das Bewerbungsverfahren von der Hochschule selbst abgewickelt wird oder zentral über die Dortmunder ZVS – Auswahlkriterien sind bislang die Abiturnote und die Wartezeit. Die allein werden den Ansprüchen von Hochschulen und Bewerbern aber kaum gerecht.

Die Alternative: Die Hochschulen können sich ihre Studenten durch Aufnahmetests selbst aussuchen. Dann müßten sich die Bewerber – wie an den teuren Privathochschulen – schon immer im voraus genauer mit Studieninhalten und -anforderungen auseinandersetzen; Fehlentscheidungen würden vermieden. Eigenauswahl anstelle von »Zwangsbewirtschaftung«, so glaubt Horst Albach, könnte die Fakultäten überdies dazu veranlassen, sich stärker zu profilieren. »Warum soll sich nicht die eine Hochschule durch Praxisorientierung einen Namen machen, die andere vor allem internationale Aspekte betonen, und die dritte stellt einen psychologischen Ansatz in den Vordergrund?«

Vor allem Baden-Württemberg treibt die Überlegungen voran, will seinen Hochschulen die Möglichkeit zur Studentenauswahl durch Eingangstests einräumen. Wer sich besonders motiviert zeigt, soll bessere Zugangschancen bekommen, auch wenn die Abiturnote nur durchschnittlich ist. Lange Wartezeiten sollen weniger belohnt werden als bisher. Sitzfleisch, heißt es im Stuttgarter Wissenschaftsministerium, sei schließlich keine Qualifikation.

Während Regierungspolitiker in Berlin und Sachsen Reformen beim Hochschulzugang ebenfalls aufgeschlossen gegenüberstehen, blockt insbesondere Nordrhein-Westfalen ab. Durch separate Eingangstests an den Universitäten, warnt Wissenschaftsministerin Anke Brunn, werde das Abitur entwertet. Von einer einheitlichen Linie sind die sechzehn Bundesländer noch weit entfernt.

Einstweilen treibt das alte Auswahlverfahren seine Blüten – die »U-Boot-Fahrer« (Meffert) haben Konjunktur: Eine unbekannte Zahl junger Leute, denen die ZVS einen BWL-Studienplatz verwehrte, schrieb sich 1996 für Volkswirtschaftslehre ein. Nicht aus Interesse für das weit weniger beliebte Fach. Da aber das Grundstudium in beiden Fächern weitgehend gleich ist, gelingt es vielen, nach ein paar Semestern doch noch die Zulassung zur Betriebswirtschaft zu ergattern, trotz überfüllter Vorlesungen und Seminare.

Wo kann man was studieren?

Von Christine Mattauch

Eine Fülle von Studiengängen gibt es im Fach Wirtschaft: Nicht weniger als 170 Universitäten, Fachhochschulen und Business Schools wurden für die nachfolgende Tabelle ermittelt (Stand: Wintersemester 1996/97). Sie ist kein Ranking, sondern eine möglichst komplette Gesamtschau über die ökonomischen Diplomstudiengänge in Deutschland mit deren jeweiligen Besonderheiten.

Die Tabelle beruht auf den Angaben der Hochschulen selbst; Lücken sind daher in Einzelfällen nicht auszuschließen. Sofern – etwa bei den Studentenzahlen – ganze Zeitreihen zur Verfügung standen, wurden meist die aktuellsten Zahlen übernommen. Größere Schwierigkeiten bereitete den Hochschulen die Frage nach der Kapazität der Studiengänge. Viele wollten – auch aus hochschulpolitischen Gründen – hierzu keine Auskunft geben. Bei denjenigen, die ihre Kapazitäten offenlegten, waren die Bezugsgrößen unterschiedlich, so daß die Angaben nur eingeschränkt verglichen werden können. Die mit * gekennzeichneten Zahlen sind Schätzungen der Redaktion: Von der Aufnahmekapazität pro Jahr beziehungsweise pro Semester und der jeweiligen Regelstudienzeit wurde auf die Gesamtkapazität geschlossen.

An ostdeutschen Hochschulen und bei neuen Studiengängen in Westdeutschland lagen oft noch keine verwertbaren Daten, etwa über Durchschnittsstudienzeiten, vor. Dies ist durch einen Strich markiert (–), das Kürzel »k.A.« steht für »keine Angaben«. Bei Studiengängen, die zum Wintersemester 1996/97 eingerichtet wurden, gab es noch keine detaillierteren Angaben.

Hochschule	Studiengänge	Regel-/ Durchschnittsstudienzeit (in Semestern)	Anzahl Studenten/ Kapazität	Besonderheiten
Aachen				
Rheinisch-Westfälische Technische Hochschule Aachen Templergraben 55 52062 Aachen Tel. 0241/801	Betriebswirtschaft	9 / 12,3	1791 / k.A.	Auslastung der Fakultät liegt bei 137 Prozent
	Wirtschaftswissenschaften (Zusatzstudiengang)	5 / –1361 / k.A.		
	Operations Research (Zusatzstudiengang)	4 / –	253 / k.A.	
Fachhochschule Aachen Kalverbenden 6 52066 Aachen Tel. 0241/600 90	Wirtschaft	7 / 8,2	998 / 149	Pflichtpraktikum
	Wirtschaft mit Praxissemester	8 / –	– / 12	Neu zum WS 96/97
	Wirtschaft mit Auslandssemester	8 / –	– / 20	Neu zum WS 96/97
	Europäischer Studiengang Wirtschaft	8/ 8	41 / 15	2 Fremdsprachen Pflicht
	Deutsch-französischer Studiengang	8 / 8	32 / 15	Französisch ist Pflichtsprache
	Deutsch-britischer Studiengang	8 / 8	67 / 30	Englisch ist Pflichtsprache

Aalen Fachhochschule Aalen Beethovenstr. 1 73430 Aalen Tel. 07361/57 60	Wirtschafts- ingenieurwesen Internationales Management	8 / 9 8 / –	38 / 38 je Sem. – / 35 je Sem.	2 Praxissemester Neu zum WS 96/97; 1 Praxisjahr im Ausland, 2 Pflichtfremd- sprachen
Amberg Fachhochschule Amberg-Weiden Kaiser-Wilhelm-Ring 23 92224 Amberg Tel. 09621/48 20	Betriebswirtschaft	8 /–	83 / 80 je Jahr	2 praktische Studiensemester
Augsburg Universität Augsburg Universitätsstr. 2 86159 Augsburg Tel. 0821/59 81	Betriebswirtschaft Ökonomie	8 / 11,7 8 / 11,5	2570 / k.A. 1365 / k.A.	Kapazität liegt ins- gesamt bei 2350 Studienplätzen. Nach Grundstudium akademischer Grad des Baccalaureus oeconomiae

Hochschule	Studiengänge	Regel-/ Durchschnitts-studienzeit (in Semestern)	Anzahl Studenten/ Kapazität	Besonderheiten
Fachhochschule Augsburg Baumgartnerstr. 16 86161 Augsburg Tel. 0821/558 60	Betriebswirtschaft	8 / 11	816 / 720*	2 Praxissemester, 1 Pflichtfremdsprache
Bamberg Otto-Friedrich-Universität Bamberg Kapuzinerstr. 20 96045 Bamberg Tel. 0951/86 30	Betriebswirtschaft Volkswirtschaft Europäische Wirtschaft Wirtschaftsinformatik	8 / 11 8 / 11,3 9 / – 9 / 11	1520 / k.A. 129 / k.A. 173 / k.A. 381 / k.A.	Pflichtpraktika in BWL, VWL, EW; in EW 2 Pflichtfremdsprachen
Bayreuth Universität Bayreuth Universitätsstr. 30 95447 Bayreuth Tel. 0921/551	Betriebswirtschaft Volkswirtschaft	8 / – 8 / 10–11	1670 / k.A. 235 / k.A.	Flächenbezogene Kapazität bei insgesamt 700 Studienplätzen. In BWL 3 Monate Pflichtpraktikum

Berlin				
Freie Universität Berlin	Betriebswirtschaft	9 / 12	2199 / k.A.	
Kaiserswerther Str. 16–18	Volkswirtschaft	9 / 13	1090 / k.A.	
14195 Berlin				
Tel. 030/83 81				
Humboldt-Universität	Betriebswirtschaft	9 / 10–11	1290 / 1000*	
zu Berlin	Volkswirtschaft	9 / 10–11	402 / 800*	
Unter den Linden 6				
10117 Berlin				
Tel. 030/209 30				
Technische Universität Berlin	Betriebswirtschaft	9 / 11,9	1846 / k.A.	5 Monate Praktikum als Soll
Straße des 17. Juni 135	Volkswirtschaft	9 / 10,9	587 / k.A.	
10623 Berlin	Wirtschaftsingenieurwesen	10 / 13,2	2153 / k.A.	6 Monate Pflichtpraktikum
Tel. 030/31 40				
Fachhochschule für				
Technik	Betriebswirtschaft	8 / –	150/160 je Sem.	Fremdsprachenausbildung und Praxissemester in allen Studiengängen
und Wirtschaft Berlin	Betriebswirtschaft mit dem Schwerpunkt Banken	7 / –	50 / 40 je Jahr	
Treskowallee 8				
10313 Berlin	Öffentliches Dienstleistungsmanagement	8 / –	48 / 40 je Jahr	
Tel. 030/501 90				
	Immobilienwirtschaft	8 / –	– / k.A.	Neu zum WS 96/97

Hochschule	Studiengänge	Regel-/ Durch-schnitts-studienzeit (in Semestern)	Anzahl Studenten/ Kapazität	Besonderheiten
Fachhochschule für Wirtschaft Berlin Badensche Str. 50–51 10825 Berlin Tel. 030/86 71	Wirtschaft	8 / 9	1862/ 1360*	Pflichtpraktikum
	Wirtschaft (berufsbegleitend)	10 / 11	560 / 400*	
	European Business Administration	8 / 8	172 / 120*	2 Pflichtpraktika, Englisch Pflicht
	Wirtschaftsingenieurwesen	8 / 8	41 / 80*	1 Pflichtpraktikum
	European Management	2 / 2	13 / 25*	Aufbaustudiengang
	Master of Business Administration	4 / 4	26 /50*	Berufsbegleitendes Studium
	Umwelt-Management	4 / 4	64 / 80*	Berufsbegleitendes Studium
	Gesundheitsökonomie	4 / 4	39 / 80*	Berufsbegleitendes Studium
	General Management Studies	2 / –	– / 25*	Berufsbegl., neu zum WS 96/97

Technische Fachhochschule Berlin Luxemburger Str. 10 13353 Berlin Tel. 030/450 41	Betriebswirtschaft	8 / 8	146 / k.A.	Duales Studium mit Berufspraxis
	Wirtschaftsingenieurwesen	4 / 4,7	192 / k.A.	Aufbaustudium
	Wirtschaftsingenieurwesen	6 / 7,1	207 / k.A.	Aufbaustudium, berufsbegleitend
Europäische Wirtschaftshochschule Berlin Europa-Center 10789 Berlin Tel. 030/254 80 20	Internationale Betriebswirtschaft	6 / 6	50–60 / 50–60	Aufnahmevoraussetzung ist abgeschlossenes wirtschaftswissenschaftliches Grundstudium. Studium in 3 Ländern, 9 Monate Praktikum. Gebühren 28.500 Franc p. Jahr
Biberach				
Fachhochschule Biberach Karlstr. 11 88400 Biberach Tel. 07351/58 20	Betriebswirtschaft Bau	8 / 9–10	40–50 / 45	Englisch als Pflichtfremdsprache

Hochschule	Studiengänge	Regel-/ Durch-schnitts-studienzeit (in Semestern)	Anzahl Studenten/ Kapazität	Besonderheiten
Bielefeld				
Universität Bielefeld Universitätsstr. 25 33615 Bielefeld Tel. 0521/106 00	Betriebswirtschaft	9 / 13,4	1392 / 1800*	
	Volkswirtschaft	9 / 17,5	219 / 250*	
	Wirtschaftsmathematik	9 / 10–12	239 / k.A.	
Fachhochschule Bielefeld Universitätsstr. 25 33615 Bielefeld Tel. 0521/106 01	Wirtschaft	7 / 9	1500 / 1100*	Pflichtpraktika und Pflichtfremd-sprachen; in ESM 2 Auslandssemester
	Europäischer Studiengang Management (ESM)	8 / –	80 / 120*	
	Wirtschaftsingenieurwesen	3 / 5	240 / 150*	Zusatzstudiengang
	Wirtschaftsingenieurwesen	4 / 5	50 / 30*	Zusatzstudium, berufsbegleitend

Bochum				
Ruhr-Universität Bochum Universitätsstr. 150 44801 Bochum Tel. 0234/70 01	Wirtschaftswissenschaft	9 / 12	3462 / k.A.	Integrierter Studiengang VWL und BWL; 5 Monate Pflichtpraktikum, 1 Pflichtfremdsprache
	Wirtschaftsingenieurwesen	5 / 5–6	467 / 460	Zusatzstudiengang
Fachhochschule Bochum Universitätsstr. 150 44801 Bochum Tel. 0234/70 01	Wirtschaft	7 / 7	1059 / k.A.	
	Business in Europe	8 / –	66 / k.A.	Deutsch-britischer Studiengang
	Europäisches Management	8 / –	11 / k.A.	Deutsch-franz. Studiengang
	Betriebswirtschaft (berufsbegleitend)	7 / –	– / –	Neu seit SS 96
	Wirtschaftsingenieurwesen	3 / –	245 / k.A.	Zusatzstudiengang
	Technische Betriebswirtschaft	10 / –	44 / k.A.	Verbundstudiengang

Hochschule	Studiengänge	Regel-/ Durch-schnitts-studienzeit (in Semestern)	Anzahl Studenten/ Kapazität	Besonderheiten
Bonn Rheinische Friedrich-Wilhelms-Universität Bonn Regina-Pacis-Weg 3 53113 Bonn Tel. 0228/730	Volkswirtschaft	8 / 12	1926 / k.A.	Kapazitätsüberschreitung von ca. 30 Prozent. Prüfungsverfahren im Credit-Point-System
Brandenburg Fachhochschule Brandenburg Magdeburger Str. 53 14770 Brandenburg a.d. Havel Tel. 03381/35 50	Betriebswirtschaft Wirtschaftsinformatik	8 / – 8 / –	93 / 120 je Jahr 29 / 50 je Jahr	In beiden Studiengängen Pflichtfremdsprache und -praktikum

Braunschweig Technische Universität Carolo-Wilhelmina zu Braunschweig Pockelsstr. 14 38106 Braunschweig Tel. 0531/39 10	Wirtschaftsinformatik Wirtschaftsingenieurwesen	10 / - 10 / -	259 / 360* 726 / 800*	 Pflichtpraktikum von 12 bzw. 13 Wochen
Bremen Universität Bremen Bibliothekstr. 1 Hauptstudium in 28359 Bremen Tel. 0421/21 81	Wirtschaftswissenschaft	9 / 11,6	2300 / 2030	Integrierter Studiengang aus BWL und VWL; in Projekten
Hochschule Bremen Neustadtswall 30 28199 Bremen Tel. 0421/590 50	Betriebswirtschaft	8 / –	1150 / k.A.	1 Praxissemester
	European Finance and Accounting	6 bzw. 8 / –	240 / k.A.	1 Praxis-, 2 Auslandssemester
	Management im Handel	8 / 9	200 / k.A.	2 Praxis-, 1 Auslandssemester
	Betriebswirtschaft / Internationales Management	8 / 9	240 / k.A.	2 Praxis- und Auslandssemester

Hochschule	Studiengänge	Regel-/ Durchschnittsstudienzeit (in Semestern)	Anzahl Studenten/ Kapazität	Besonderheiten
Bremerhaven				
Hochschule Bremerhaven	Betriebswirtschaft	8 / –	40 / 30 je Jahr	1 Praxissemester und Pflichtfremdsprache in allen Studiengängen
An der Karlsstadt 8	Wirtschaftsinformatik	8 / –	320 / 240*	
27568 Bremerhaven	Transportwesen/Logistik	8 / –	380 / 360*	
Tel. 0471/482 30				
Chemnitz				
Technische Universität	Betriebswirtschaft	9 / 9	750 / 1300	In BWL und VWL Pflicht: 6 Monate Praktikum und eine Fremdsprache
Chemnitz-Zwickau	Volkswirtschaft	9 / –	10 / 40	
Straße der Nationen 62				
09111 Chemnitz				
Tel. 0371/53 10	Wirtschaftsingenieurwesen	9 / –	– / 800	Neu zum WS 96/97
	Wirtschaftsingenieurwesen	4 / 4	174 / 400	Aufbaustudiengang
	Wirtschaftsmathematik	9 / –	35 / 140	
	Wirtschaftsinformatik	9 / –	– / 800	Neu zum WS 96/97
	Personalentwicklung	4 / –	36 / 45	Postgraduales Studium

Coburg Fachhochschule Coburg Friedrich-Streib-Str. 2 96450 Coburg Tel. 09561/31 70	Betriebswirtschaft	8 / 10,8	550–600 / 310	2 Praxissemester, Pflichtfremdsprache Englisch oder Spanisch
Cottbus Brandenburgische Technische Universität Cottbus Karl-Marx-Str. 17 03044 Cottbus Tel. 0355/690	Wirtschaftsingenieurwesen	10 / 11	477 / 950	Grund- und Fachpraktikum von je 12 Wochen Dauer
Darmstadt Technische Hochschule Darmstadt Karolinenplatz 5 64289 Darmstadt Tel. 06151/16 01	Wirtschaftsingenieurwesen Wirtschaftsinformatik	10 / 12 9 / 12	1714 / k.A. 438 / k.A.	

Hochschule	Studiengänge	Regel-/ Durch- schnitts- studienzeit (in Semestern)	Anzahl Studenten/ Kapazität	Besonderheiten
Deggendorf Fachhochschule Deggendorf Franz-Josef-Strauß-Str. 7 94469 Deggendorf Tel. 0991/37 06 90	Betriebswirtschaft	8 / –	90 / 100 je Jahr	2 Praxissemester
Dieburg Deutsche Telekom Fachhoch- schule Dieburg Max-Planck-Str. 2 64807 Dieburg Tel. 06071/280	Betriebswirtschaft	8 / –	35 / 35 je Sem.	1 Praxissemester, 1 Wirtschafts- fremdsprache. Keine Studiengebühren

Dortmund Universität Dortmund August-Schmidt-Str. 4 44227 Dortmund Tel. 0231/75 51	Wirtschaftswissenschaften	9 / 12	2762 / k.A.	Betriebswirtschaftliche, volkswirtschaftliche und sozialwissenschaftliche Fachrichtung
Fachhochschule Dortmund Sonnenstr. 96 44139 Dortmund Tel. 0231/75 51	Wirtschaft	7 / 9	1175 / 800*	1 Fremdsprache Pflicht
	Wirtschaftsinformatik	7 / 9	330 / 260*	1 Fremdsprache Pflicht
	International Business	8 / 8	55 / 60*	2 Auslands-, 1 Praxissemester; 2 Fremdsprachen sind Pflicht
	Wirtschaftsingenieurwesen	4 / 6	334 / 280*	Aufbaustudiengang

Hochschule	Studiengänge	Regel-/Durchschnittsstudienzeit (in Semestern)	Anzahl Studenten/Kapazität	Besonderheiten
International School of Management Otto-Hahn-Str. 37 44227 Dortmund Tel. 0231/757 96	Internationale Betriebswirtschaft Touristik- und Hotelmanagement	8 / 8 8 / 8	170 / 250 130 / 250	2 Auslandssemester, Inlands- und Auslandspraktika, maximale Lerngruppengröße 35 Studenten. Staatlich anerkannte private Hochschule, Studiengebühren 6200 Mark pro Semester

Dresden				
Technische Universität Dresden Mommsenstr. 13 01069 Dresden Tel. 0351/46 30	Betriebswirtschaft Volkswirtschaft Wirtschaftsingenieurwesen Wirtschaftsinformatik Wirtschaftsingenieurwesen (Aufbaustudiengang)	8 / 9 8 / 9 9 / 10 8 / 9 4 / 5	1426 / k.A. 128 / k.A. 459 / k.A. 307 / k.A. 271 / k.A.	3monatiges Praktikum und 1 Fremdsprache sind für alle Pflicht. Modulares Studienkonzept: Im Grundstudium fächerübergreifende Lehrveranstaltungen. Auslastung der Fakultät bei 140 Prozent
Hochschule für Technik und Wirtschaft Dresden (FH) Friedrich-List-Platz 1 01069 Dresden Tel. 0351/46 20	Betriebswirtschaft Wirtschaftsingenieurwesen International Business Studies	8 / – 8 / – 8 / –	81 / 80 je Jahr 69 / 60 je Jahr 32 / 30 je Jahr	In allen Studiengängen Pflichtpraktika von 20 Wochen, mindestens 1 Fremdsprache ist Pflicht

Hochschule	Studiengänge	Regel-/ Durchschnitts-studienzeit (in Semestern)	Anzahl Studenten/ Kapazität	Besonderheiten
Duisburg Gerhard-Mercator-Universität Gesamthochschule Duisburg Lotharstr. 65 47048 Duisburg Tel. 0203/37 90	Wirtschaftswissenschaft I Wirtschaftswissenschaft II	6 / 13,1 8 / 11,4	3919 im gesamten Fachbereich / Auslastung ca. 100 Prozent	3monatiges Pflichtpraktikum in beiden Studiengängen
Düsseldorf Heinrich-Heine-Universität Düsseldorf Universitätsstr. 1 40225 Düsseldorf Tel. 0211/81 00	Betriebswirtschaft	9 / k.A.	180 / 180 je Jahr	

Fachhochschule Düsseldorf Universitätsstr. 1 40225 Düsseldorf Tel. 0211/81 00	Wirtschaft Wirtschaft mit Praxissemester Außenwirtschaft	7 / 10,3 8 / 10,4 8 / 8,3	1117/ 700* 3 / – 134 / 200*	
Eberswalde Fachhochschule Eberswalde Alfred-Möller-Str. 1 16225 Eberswalde Tel. 03334/650	Betriebswirtschaft	8 / –	104 / 500*	2 Praxissemester, 2 Pflichtfremdsprachen
Eichstätt Katholische Universität Eichstätt Ostenstr. 26 85072 Eichstätt Tel. 08421/201	Betriebswirtschaft	9 / –	598 / 500	2monatiges Pflichtpraktikum, 1 Pflichtfremdsprache

Hochschule	Studiengänge	Regel-/ Durch- schnitts- studienzeit (in Semestern)	Anzahl Studenten/ Kapazität	Besonderheiten
Emden Fachhochschule Ostfriesland Constantiaplatz 4 26723 Emden Tel. 04921/80 70	Betriebswirtschaft	8 / –	116/116 je Sem.	2 Praxissemester
	Internationale Wirtschafts- beziehungen	8 / –	20 / 20 je Sem.	2 Auslandssemester
	Wirtschaftsingenieurwesen	8 / –	20 / 20 je Sem.	Integriertes »Travel Year«
	Wirtschaftsingenieurwesen (Ergänzungsstudiengang)	3 / 4	20 / 20 je Sem.	
Erfurt Fachhochschule Erfurt Steinplatz 2 99085 Erfurt Tel. 0361/670 00	Betriebswirtschaft	8 / –	450 / 450	1 Praxissemester, eine Pflicht- fremdsprache

Essen				
Universität Gesamthochschule Essen Universitätsstr. 12 45141 Essen Tel. 0201/18 31	Wirtschaftswissenschaften	9 / 12–13	3598 / k.A.	Integrierter Studiengang, im Hauptstudium Spezialisierung auf BWL (hier auch Kurzstudiengang von 7 Semestern) oder VWL
	Wirtschaftsinformatik	9 / 11,4	593 / k.A.	Auch als Kurzstudiengang
Fachhochschule für Oekonomie und Management Essen Herkulesstr. 32 45127 Essen Tel. 0201/81 00 44 00	Betriebswirtschaft	7 / 7	560 / 900*	Ausbildungs- bzw. berufsintegrierte Studiengänge. Private Hochschule, Studiengebühren von 490 Mark im Monat
	Wirtschaftsinformatik	7 / 7	60 / 70*	
	Wirtschaftsingenieurwesen (Zusatzstudiengang)	4 / 4	16 / 40*	

Hochschule	Studiengänge	Regel-/ Durch- schnitts- studienzeit (in Semestern)	Anzahl Studenten/ Kapazität	Besonderheiten
Esslingen Fachhochschule Esslingen Kanalstr. 33 73728 Esslingen Tel. 0711/397 30 00	Wirtschaftsingenieurwesen	8 / 8,3	250 / 340	2 praktische Studiensemester, Pflichtfremdsprache Englisch
	Technische Betriebswirtschaft	8 / –	– / 40 je Sem.	Neu zum WS 96/97
Flensburg Fachhochschule Flensburg Kanzleistr. 91–93 24943 Flensburg Tel. 0461/80 51	Betriebswirtschaft Wirtschaftsinformatik	8 / 9–10 8 / 9–10	898 / 180 320 / 90	2 Pflichtpraktika, Wirtschaftsenglisch als Pflichtfremd- sprache, Vertiefungs- fungsfach Kranken- hausmanagement wird angeboten

Frankfurt am Main				
Johann Wolfgang Goethe-Universität Frankfurt am Main Senckenberganlage 31 60325 Frankfurt am Main Tel. 069/79 81	Betriebswirtschaft Volkswirtschaft	9 / 11 9 / 11	3785 / 3000* 754 / 950*	Prüfungsverfahren im Credit-Point-System. Erwerb eines deutsch-französischen Doppeldiploms möglich
Fachhochschule Frankfurt am Main Nibelungenplatz 1 60318 Frankfurt am Main Tel. 069/153 30	Betriebswirtschaft	8 / –	ca.130 / 130 je Sem.	Jeweils ein praktisches Studiensemester
	International Studies Finance and Law	8 / –	ca. 35 / 35 je Sem.	
	Wirtschaftsingenieurwesen	3 /3,8	ca. 35 / 35 je Sem.	Aufbaustudiengang
Hochschule für Bankwirtschaft Sternstr. 8 60318 Frankfurt am Main Tel. 069/95 94 60	Betriebswirtschaft mit Schwerpunkt Banken	8 bzw. 9/ 8 bzw. 9	370 / 480	Berufs- bzw. ausbildungsintegrierter Studiengang; 1 Auslandssemester 2 Fremdsprachen sind Pflicht. Studiengebühren 3800 Mark pro Semester

Hochschule	Studiengänge	Regel-/ Durchschnittsstudienzeit (in Semestern)	Anzahl Studenten/ Kapazität	Besonderheiten
Frankfurt / Oder Europa-Universität Viadrina Frankfurt (Oder) Große Scharrnstr. 59 15230 Frankfurt/Oder Tel. 0335/553 40	Betriebswirtschaft Volkswirtschaft Internationale Betriebswirtschaft	8 / 8 8 / 8 9 /–	531 / k.A. 58 / k.A. 32 / k.A.	Pflichtfremdsprache Englisch (Internationale Betriebswirtschaft: 2 Pflichtfremdsprachen). Prüfungsverfahren im Credit-Point-System. Ein Drittel der Studenten kommt aus Polen
Freiberg Technische Universität Bergakademie Freiberg Akademiestr. 6 09596 Freiberg Tel. 03731/390	Betriebswirtschaft Wirtschaftswissenschaften (Aufbaustudiengang)	8 / 10,5 4 /–	441 / 1000* 73 / 60*	Wirtschaftsenglisch als Pflichtfach, Baubetriebslehre und Bergwirtschaftslehre im Studienangebot

Freiburg Albert-Ludwigs- Universität Freiburg Heinrich-von- Stephan-Str. 25 79100 Freiburg Tel. 0761/20 31	Volkswirtschaft	8 / 11,7	1346 / 1120*	
Fulda Fachhochschule Fulda Marquardstr. 35 36039 Fulda 0661/964 00	Betriebswirtschaft	8 / 9,5	900 / 480	1 Praxissemester, 1 Pflichtfremd- sprache
	Europäische Unternehmensführung	3,5 / 3,5	60 / 60	Aufbaustudiengang
Furtwangen Fachhochschule Furtwangen Gerwigstr. 11 78120 Furtwangen Tel. 07723/92 00	Internationale Betriebswirtschaft	8 /–	70 / 60	2 Praxis- und Auslandssemester, Pflichtsprache Wirtschaftsenglisch

Hochschule	Studiengänge	Regel-/ Durch- schnitts- studienzeit (in Semestern)	Anzahl Studenten/ Kapazität	Besonderheiten
Gelsenkirchen				
Fachhochschule	Wirtschaft	8 /–	655 / 270	Grund- und Fach-
Gelsenkirchen	Betriebswirtschaft	8 /–	42 / 100	praktikum Pflicht;
Neidenburger Str. 10	Wirtschaft	8 /–	3 / 30	ein betriebliches
45877 Gelsenkirchen	(berufsbegleitend)			Studiensemester
Tel. 0209/959 60	Wirtschaft	8 /–	– / 30	Neu zum WS 96/97
	(ausbildungsbegleitend)			
Gießen				
Justus-Liebig-Universität	Betriebswirtschaft	8 / 10	1765 / k.A.	Auslastung des
Gießen				Fachbereichs lag
Licher Str. 74	Volkswirtschaft	8 / 10	229 / k.A.	im WS 95/96 bei
35394 Gießen				118 Prozent
Tel. 0641/702 51 00	Ökonomie	8 / 10	738 / k.A.	

Fachhochschule Gießen-Friedberg Wiesenstr. 14 35390 Gießen Tel. 0641/30 90	Betriebswirtschaft	8 / 8,5	870 / 650*	1 Praxissemester, Englisch ist Pflichtfach
	Wirtschafts-ingenieurwesen	8 / k.A.	700 / k.A.	Halbjähriges Vorpraktikum sowie 1 Praxissemester. Pflichtfremdsprache Wirtschaftsenglisch
Göttingen				
Georg-August-Universität Göttingen Wilhelmsplatz 1 37073 Göttingen Tel. 0551/ 390	Betriebswirtschaft	9 / 11,7	3088 / 1800*	
	Volkswirtschaft	9 / 11,2	894 / 1700*	
	Wirtschaftsinformatik	9 / –	46 / 225*	
Private Fachhochschule Göttingen Weender Landstr. 3–5 37073 Göttingen Tel. 0551/ 547000	Betriebswirtschaft	8 / –	Insgesamt ca. 25 / 50 pro Semester	Sechs Praktika und zwei Fremdsprachen sind Pflicht. Länderschwerpunkte Europäische Union, Osteuropa, Asien-Pazifik. Studiengebühren von DM 980 pro Monat
	Wirtschaftsinformatik	8 / –		

Hochschule	Studiengänge	Regel-/ Durch-schnitts-studienzeit (in Semestern)	Anzahl Studenten/ Kapazität	Besonderheiten
Greifswald Ernst-Moritz-Arndt-Universität Greifswald Domstr. 11 17487 Greifswald Tel. 03834/630	Betriebswirtschaft	8 / –	164 / 600	Studienrichtungen Gesundheits-wirtschaft und Internationale BWL mit Schwerpunkt Ostseeraum
Hagen Fernuniversität Gesamt-hochschule Hagen Feithstr. 152 58084 Hagen Tel. 02331/987 01	Wirtschaftswissenschaft I Wirtschaftswissenschaft II	7 / – 9 / –	Insges. fast 30.000 Stu-denten am Fachbereich	Fernstudium; Studenten erhalten Studienbriefe mit Lehrtexten und Übungsaufgaben. Bezugsgebühren von 15 Mark pro Kurseinheit

Halle				
Martin-Luther-Universität	Betriebswirtschaft	8 / 10	797 / k.A.	
Halle-Wittenberg	Volkswirtschaft	8 / 10	88 / k.A.	
Universitätsplatz 10	Wirtschaftsinformatik	9 / 10,5	121 / k.A.	Pflichtpraktikum
06108 Halle	Wirtschaftsingenieurwesen	9 / –	– / k.A.	Neu zum WS 96/97;
Tel. 0345/55 20				Pflichtpraktikum
Hamburg				
Universität Hamburg	Betriebswirtschaft	8,5 / 12,1	3327 / 3000*	
Edmund-Siemers-Allee 1	Volkswirtschaft	8,5 / 12,1	1133 / 1400*	
20146 Hamburg				
Tel. 040/412 31				
Universität der	Betriebswirtschaft	6,5 / 7,2	205/269 je Jahr	
Bundeswehr	Volkswirtschaft	(alle Studien-	75 / 78 je Jahr	
Holstenhofweg 85	Wirtschaftsingenieurwesen	gänge)	25 / 25 je Jahr	Pflichtpraktikum
22043 Hamburg				von 26 Wochen
Tel. 040/ 654 11				

Hochschule	Studiengänge	Regel-/ Durch-schnitts-studienzeit (in Semestern)	Anzahl Studenten/ Kapazität	Besonderheiten
Hochschule für Wirtschaft und Politik Hamburg Von-Melle-Park 9 20146 Hamburg Tel. 040/ 41 23 1	Betriebswirtschaft Volkswirtschaft Wirtschafts- und Arbeitsrecht Sozialökonomie Europäische Wirtschaftswissenschaften (Masterprogramm)	6,33 / 6,9 6,33 / 6,9 6,33 / 6,9 9,33 / 10,5 9,33 / 10,5	Insgesamt 2700 / 2400	Gestufte Studienabschlüsse: Nach sechs Semestern FH-Diplom, Weiterstudium mit Universitäts-/ Masterabschluß möglich. 40 Prozent der Studienplätze für Bewerber ohne Abitur reserviert; Bewerber mit Berufserfahrung bevorzugt. Im Masterprogramm 2 Auslandssemester sowie ein Firmenpraktikum Pflicht.

Fachhochschule Hamburg Winterhuder Weg 29 22085 Hamburg Tel. 040/298 81	Technische Betriebswirtschaft	8 /–	376 / 448	2 Praktika, Englisch Pflichtsprache
	Wirtschaftsingenieurwesen	9 / 13,6	1100 / 850*	Hochschulübergreifender Studiengang; 26 Wochen Pflichtpraktikum
Hannover				
Universität Hannover Welfengarten 1 30167 Hannover Tel. 0511/76 20	Wirtschaftswissenschaften	9 / 11	2634/ 2000*	
Fachhochschule Hannover Ricklinger Stadtweg 118 30459 Hannover Tel. 0511/929 60	Betriebswirtschaft	8 /–	Beide Studiengänge 83 / 81 je Jahr	2 Praxissemester in beiden Studiengängen
	Wirtschaftsinformatik	8 /–		

Hochschule	Studiengänge	Regel-/ Durch- schnitts- studienzeit (in Semestern)	Anzahl Studenten/ Kapazität	Besonderheiten
Heide Fachhochschule Westküste Rungholtstr. 9 25746 Heide Tel. 0481/855 50	Betriebswirtschaft	8 /–	150 / k.A.	1 Praxissemester. Der Studiengang wird auch begleitend zu einer Banklehre angeboten (»Triales Modell«)
Heidelberg Ruprecht-Karls-Universität Heidelberg Seminarstr. 2 69117 Heidelberg Tel. 06221/541	Volkswirtschaft	9 / 11,5	1268 /750*	

Fachhochschule Heidelberg Bonhoefferstr. 1 69123 Heidelberg Tel. 06221/880	Betriebswirtschaft Betriebswirtschaft mit Schwerpunkt Krankenhausmanagement	7 / 7 7 / 7	Insgesamt 120 /120	In beiden Studiengängen 2 Praxissemester
Heilbronn Fachhochschule Heilbronn Max-Planck-Str. 39 74081 Heilbronn Tel. 07131/50 40	Tourismusbetriebswirtschaft Fertigungsbetriebswirtschaft Verkehrsbetriebswirtschaft Internationale Betriebswirtschaft Betriebswirtschaft	8 / 8–10 8 / 8–10 8 / 8–10 8 /– 8 /–	Insges. 3000 / k.A.	In allen Studiengängen 2 Praxissemester und Pflichtsprachen Neu zum WS 96/97 Neu zum WS 96/97; Schwerpunkt Freizeit- u. Kundenmanagement
Hildesheim Fachhochschule Hildesheim Hohnsen 3 31134 Hildesheim Tel. 05121/ 88 10	Betriebswirtschaft	8 / 8	293 / 283	2 Praxissemester, Pflichtfremdsprache Englisch

Hochschule	Studiengänge	Regel-/ Durch-schnitts-studienzeit (in Semestern)	Anzahl Studenten/ Kapazität	Besonderheiten
Hof				
Fachhochschule Hof Wirthstr. 51 95028 Hof Tel. 09281/40 93 00	Betriebswirtschaft Wirtschaftsinformatik Internationales Management	8 /– 8 /– 8 /–	Ingesamt 388/ 600	2 Praxissemester in allen Studiengängen; bei Internat. Management 2 Pflichtfremdsprachen und 1 Auslandspraktikum
Ilmenau				
Technische Universität Ilmenau	Wirtschaftsinformatik	10 / 10–11	100 / 140 je Jahr	Grund- und Fachpraktikum
Max-Planck-Ring 14 98693 Ilmenau	Wirtschaftsingenieurwesen	10 / 10–11	120 / 140 je Jahr	Grund- und Fachpraktikum
Tel. 03677/690	Wirtschaftsingenieurwesen	4 /–	20 / 30 je Jahr	Zusatzstudiengang
	Medienwirtschaft	9 /–	– / ca. 50 je Jahr	Neu zum WS 96/97

Ingolstadt Fachhochschule Ingolstadt Goldknopfgasse 7 85049 Ingolstadt Tel. 0841/934 80	Betriebswirtschaft	8 /–	180 / 250	2 Praxissemester
	Wirtschaftsingenieurwesen	8 /–	50 / 150	Neu zum WS 96/97
Iserlohn Märkische Fachhochschule Iserlohn Frauenstuhlweg 31 58644 Iserlohn Tel. 02371/56 60	Technische Betriebswirtschaft	8 / 9	451 / k.A.	2 Pflichtfremdsprachen, 1 Praxissemester
	Technische Betriebswirtschaft (berufsbegleitend)	10 /–	80 / 80 je Jahr	
Jena Friedrich-Schiller-Universität Jena Fürstengraben 1 07743 Jena Tel. 03641/63 00	Betriebswirtschaft	9 / 10,6	818 / 1000*	3semestriges Grundstudium,
	Volkswirtschaft	9 / 11	74 / 230*	6monatiges Pflichtpraktikum,
	Interkulturelles Management (IKM)	9 / k.A.	40 / 40 je Jahr	1 Pflichtfremdsprache. In IKM 1 Jahr Auslandsaufenthalt, 2 Pflichtfremdsprachen

Hochschule	Studiengänge	Regel-/ Durch- schnitts- studienzeit (in Semestern)	Anzahl Studenten/ Kapazität	Besonderheiten
Fachhochschule Jena Tatzendpromenade 1b 07745 Jena Tel. 03641/61 51 63	Betriebswirtschaft Wirtschaftsingenieurwesen	8 /– 8 /–	482 / 162 424 / 96	In beiden Studiengängen Fremdsprachenunterricht und 2 Praxissemester
Kaiserslautern				
Universität Kaiserslautern Pfaffenbergstraße 67663 Kaiserslautern Tel. 0631/20 51	Wirtschaftsingenieurwesen	9 / 12	1047 / 1200*	Pflichtpraktikum von 26 Wochen
Fachhochschule Kaiserslautern Amerikastr. 1 66482 Zweibrücken Tel. 06332/91 40	Betriebswirtschaft Technische Betriebswirtschaft Wirtschaftsinformatik	8 /– 8 /– 8 /–	Insges. 525 / 900	In allen Studiengängen 13wöchiges Grundpraktikum, 1 Praxissemester, 2 Pflichtfremdsprachen

Karlsruhe Universität Karlsruhe Kaiserstr. 12 76128 Karlsruhe Tel. 0721/60 80	Wirtschaftsingenieurwesen Technische Volkswirtschaft	10 / 11–12 9 / 12–13	Insges. 3000 / 2000	Interdisziplinärer Ansatz: BWL, VWL, Informatik und Ingenieurwissenschaften werden als Einheit begriffen
Fachhochschule Karlsruhe Moltkestr. 30 76133 Karlsruhe Tel. 0721/92 50	Wirtschaftsingenieurwesen	8 / 9,1	480 / 480*	2 Pflichtpraktika von je 6 Monaten, Pflichtfremdsprache Englisch
Kassel Universität Gesamthochschule Kassel Mönchebergstr. 19 34125 Kassel Tel. 0561/80 40	Wirtschaftswissenschaften	11 / 11–12	2400 / 1500*	1 Praxissemester. Nach 8 Semestern Abschluß mit Fachhochschuldiplom, anschließend Vertiefungsstudium möglich

Hochschule	Studiengänge	Regel-/ Durch- schnitts- studienzeit (in Semestern)	Anzahl Studenten/ Kapazität	Besonderheiten
Kempten Fachhochschule Kempten – Neu-Ulm Immenstädter Str. 69 87435 Kempten Tel. 0831/252 30	Betriebswirtschaft Tourismus	8 / 10 8 / 10	760 / k.A. 278 / k.A.	1 Pflichtpraktikum von je 18 Wochen; BWL 1, Tourismus 2 Pflichtfremd- sprachen. Kapazität beider Studiengänge auf 450 Studenten ausgelegt
Kiel Christian-Albrechts-Universität zu Kiel Olshausenstr. 40 24098 Kiel Tel. 0431/880 00	Betriebswirtschaft Volkswirtschaft Sozialökonomie	8 / 11,6 8 / 12,5 8 / 12,3	1062 / ca. 750 591 / k.A. 132 / k.A.	

Fachhochschule Kiel Grenzstr. 3 24149 Kiel Tel. 0431/219 90	Betriebswirtschaft	8 / 8,7	Insges. 1200/ 1010	1 Praxissemester, Wirtschaftsenglisch ist Pflicht, Doppel-diplomabkommen mit dem Ausland
	Wirtschaftsingenieurwesen	4 / 4		Aufbaustudiengang
	Internationales Masterstudium	3 /–		Gebührenpflichtiges Aufbaustudium, neu zum WS 96/97
Koblenz Fachhochschule Koblenz Finkenherd 4 56075 Koblenz Tel. 0261/952 80	Betriebswirtschaft	7 / k.A.	773 / 600*	
Köln Universität zu Köln Albertus-Magnus-Platz 50923 Köln Tel. 0221/47 00	Betriebswirtschaft Volkswirtschaft Volkswirtschaft sozialwiss. Richtung Wirtschaftsinformatik	9 / 14 9 / 14,7 9 / 13,3 9 / k.A.	5150 / k.A. 1774 / k.A. 513 / k.A 408 / k.A.	Größte wirtschafts- und sozialwissen-schaftliche Fakultät Deutschlands; Kapa-zitätsüberschreitung von ca. 60 Prozent

Hochschule	Studiengänge	Regel-/ Durchschnitts-studienzeit (in Semestern)	Anzahl Studenten/ Kapazität	Besonderheiten
Fachhochschule Köln Claudiusstr. 1 50678 Köln Tel. 0221/827 51	Wirtschaft	7 / 8,8	1900 / 1300*	6 Monate Pflichtpraktikum
Rheinische Fachhochschule Köln Hohenstaufenring 16–18 50674 Köln Tel. 0221/20 30 20	Wirtschaft I Wirtschaft II (berufsbegleitend)	7 /– 7 /–	30 / 40 je Sem. 30 / 40 je Sem.	Studiengebühren zwischen 500 und 700 Mark im Monat; in Wirtschaft I 2 Pflichtfremdsprachen und Pflichtpraktika. Alle Studiengänge wurden erst im WS 95/96 eingerichtet
	Technische Betriebswirtschaft (berufsbegleitend)	7 /–	0 / 40	
	Wirtschaftsingenieurwesen (Zusatzstudiengang)	3–4 /–	0 / 40	

Köthen				
Fachhochschule Anhalt Bernburger Str. 52–57 06366 Köthen Tel. 03496/670	Betriebswirtschaft International-Business-Programme Immobilienwirtschaft	8 /– 8 /– 8 /–	Insges. 600 / 500	1 Semester Pflichtpraktikum und 90 Stunden Fremdsprachenunterricht in allen Studiengängen
Konstanz				
Universität Konstanz Universitätsstr. 10 78464 Konstanz Tel. 07531/881	Volkswirtschaft Internationale Wirtschaftsbeziehungen (Aufbaustudiengang)	8 / 10 2 / 2	500 / 600 30 / 30	VWL-Prüfungsverfahren im Credit-Point-System; im Aufbaustudium Pflichtpraktika und -fremdsprachen
Fachhochschule Konstanz Brauneggerstr. 55 78462 Konstanz Tel. 07531/20 60	Betriebswirtschaft Wirtschaftsinformatik	8 / 9 8 / 9,3	40 /40 je Sem. 85 / 85 je Jahr	2 Praxissemester, Englisch als Pflichtfremdsprache 2 Praxissemester

Hochschule	Studiengänge	Regel-/ Durch- schnitts- studienzeit (in Semestern)	Anzahl Studenten/ Kapazität	Besonderheiten
Krefeld Fachhochschule Niederrhein Reinarzstr. 49 47805 Krefeld Tel. 02151/82 20	Wirtschaft	7 / 10	1290 / k.A.	Grund- und Fachpraktikum, 1 Praxissemester. Kapazität des Fachbereichs auf 1000 Studienplätze ausgelegt
	Betriebswirtschaft (berufsbegleitend)	7 / 10	640 / k.A.	
	Wirtschaftsingenieurwesen (Zusatzstudiengang)	3 / 5	285 / k.A.	
Landshut Fachhochschule Landshut Am Lurzenhof 1 84036 Landshut Tel. 0871/ 50 60	Betriebswirtschaft	8 / 9	602 / k.A.	Kapazität beider Studiengänge bei 300 Studienplätzen. 2 Praxissemester, Pflichtfremdsprache Englisch
	Europäische Betriebswirtschaft	8 / 9	81 / k.A.	

Leipzig				
Universität Leipzig Augustusplatz 10–11 04109 Leipzig Tel. 0341/971 08	Betriebswirtschaft Volkswirtschaft Wirtschaftsingenieurwesen Wirtschaftsinformatik	8 /– 8 /– 10 /– 8 /–	1225 / 1280 150 / k.A. 202 / k.A. 204 / k.A.	
Hochschule für Technik, Wirtschaft und Kultur Leipzig (FH) Karl-Liebknecht-Str. 132 04277 Leipzig Tel. 0341/307 65 12	Betriebswirtschaft Wirtschaftsingenieurwesen Bau	8 /– 8 /–	400 / 400 80 / 80	1 Praxissemester, Englisch oder Russisch als Pflichtfremdsprache
Handelshochschule Leipzig Jahnallee 59 04109 Leipzig Tel. 0341/98 51 60	Betriebswirtschaft	4 /–	15–35 / 40 je Sem.	Voraussetzung: Grundstudium und Fremdsprachenkenntnisse. 1 Auslandssemester, mehrwöchiges Praktikum. Studiengebühren von 6000 Mark pro Semester, rund 20 Prozent Freiplätze

Hochschule	Studiengänge	Regel-/ Durch-schnitts-studienzeit (in Semestern)	Anzahl Studenten/ Kapazität	Besonderheiten
Lemgo Fachhochschule Lippe Liebigstr. 87 32657 Lemgo Tel. 05261/70 20	Immobilienwirtschaft (Zusatzstudiengang)	3 / 4	k.A. / 25	
	Wirtschaftsingenieurwesen Bau	8 /–	– / 25	Neu zum WS 96/97
Ludwigshafen Fachhochschule Ludwigshafen Ernst-Boehe-Str. 4 67059 Ludwigshafen Tel. 0621/520 30	Management und Rechnungswesen	8 / k.A.	310 / 310	In allen Studiengängen ist Wirtschaftsenglisch Pflicht
	Marketing	8 / k.A.	227 / 230	
	Personal- und Ausbildungswesen	8 / k.A.	223 / 220	
	Logistik / Wirtschafts-informatik	8 / k.A.	340 / 340	
	Wirtschaftsingenieurwesen	8 / k.A.	178 / 180	1 Praxissemester
	Marketing Ostasien	8 / k.A.	269 / 270	1 Praxissemester, Pflichtsprache Japanisch oder Chinesisch

	Finanz-, Prüfungs-, Steuerwesen	8 / k.A.	427 / 430	
	European Management	8 / k.A.	135 / 135	1 Auslandssemester
	Betriebswirtschaft (berufsbegleitend)	8 / k.A.	215 / 215	
	Internationale Betriebswirtschaft	8 / k.A.	25 / 25	Ausbildungs-integrierter Studiengang mit Auslandssemester
	Wirtschaftsingenieurwesen	3–4 / k.A.	131 / 130	Aufbaustudiengang
	Int. Unternehmensberatung	3–4 / k.A.	38 / 38	Berufsintegriertes Aufbaustudium
Lübeck Fachhochschule Lübeck Stephensonstr. 3 23562 Lübeck Tel. 0451/50 00	Wirtschaftsingenieurwesen	8 / 9	50 / 30 je Sem.	12 Wochen Grundpraktikum, 1 berufspraktisches Studiensemester
Lüneburg Universität Lüneburg Scharnhorststraße 21335 Lüneburg Tel. 04131/780	Betriebswirtschaft	8 / 11,8	1506 / 900	In beiden Studiengängen Pflichtpraktika und Pflichtfremdsprache
	Wirtschafts- und Sozialwissenschaft	9 / 12,3	450 / 360	

Hochschule	Studiengänge	Regel-/ Durch-schnitts-studienzeit (in Semestern)	Anzahl Studenten/ Kapazität	Besonderheiten
Fachhochschule Nordostniedersachsen Munstermannskamp 1 21335 Lüneburg Tel. 04131/70 60	Betriebswirtschaft Wirtschaftsinformatik	8 / 9,8 8 / 9,8	723 / 500* 370 / 370*	
Magdeburg Otto-von-Guericke-Universität Magdeburg Universitätsplatz 2 39106 Magdeburg Tel. 0391/67 01	Betriebswirtschaft Volkswirtschaft Wirtschaftsinformatik Wirtschaftsmathematik Wirtschaftsingenieurwesen	9 / 9–10 9 / 9–10 10 / 10 10 / 10 10 / 10	1000 / 1000* 120 / 180* 240 / 250* 80 / 100* 230 / 250*	Prüfungsverfahren mit Guthabenpunkten, Diplomarbeit kann zu beliebigem Zeitpunkt geschrieben werden
Mainz Johannes Gutenberg-Universität Mainz Saarstr. 21 55122 Mainz Tel. 06131/390	Betriebswirtschaft Volkswirtschaft Wirtschaftskunde	8 / 9,5 8 / 9,5 8 / 9,5	1599 / 1000* 929 / 1000* 1 / k.A.	

Fachhochschule Mainz An der Bruchspitze 50 55122 Mainz Tel. 06131/62 80	Wirtschaftswissenschaften	7 / 7,2	1091 / 793	
	Wirtschaftswissenschaften (berufsbegleitend)	10 / 10,5	543 / 675	
	Wirtschaftsingenieurwesen	4,5 / 4,5	97 / 80	
Mannheim Universität Mannheim Schloß 68131 Mannheim Tel. 0621/29 20	Betriebswirtschaft	8 / 12,5	3900 / 2600*	Sprach- und kulturwissenschaftlicher Schwerpunkt möglich
	Volkswirtschaft	8 / 13,8	600 / 680*	
	Wirtschaftsinformatik	9 / 13	900 / 1400*	6monatiges Pflichtpraktikum
Marburg Philipps-Universität Marburg Biegenstr. 10 35037 Marburg Tel. 06421/280	Betriebswirtschaft	9 / 11,8	1280 / k.A.	In BWL und VWL 3monatiges Pflichtpraktikum
	Volkswirtschaft	9 / 12,9	252 / k.A.	

Hochschule	Studiengänge	Regel-/ Durch-schnitts-studienzeit (in Semestern)	Anzahl Studenten/ Kapazität	Besonderheiten
Merseburg Fachhochschule Merseburg Geusaer Straße 06217 Merseburg Tel. 03461/460	Betriebswirtschaft Wirtschaftsingenieurwesen Wirtschaftsingenieurwesen (Zusatzfernstudium)	8 /– 8 /– 8/–	472 / 560* 89 / 180* 24 / 120*	In den Präsenzstudiengängen Vorpraktikum, 1 Praxissemester, 2 Fremdsprachen
Mittweida Hochschule für Technik und Wirtschaft Mittweida (FH) Technikumplatz 17 09648 Mittweida Tel. 03727/580	Betriebswirtschaft Wirtschaftsingenieurwesen	8 /– 8 /–	130 / 100 35 / 50	In beiden Studiengängen 2 Pflichtpraktika, in BWL 1 Pflichtfremdsprache

München				
Ludwig-Maximilians-Universität München Geschwister-Scholl-Platz 1 80539 München Tel. 089/218 00	Betriebswirtschaft Volkswirtschaft	8 / 12,2 8 / 11	2773 / 2100* 685 / 900*	Einführung des Credit-Point-Systems; Einrichtung von Promotionsstudiengängen; Center for Economic Studies mit guten Auslandskontakten
Universität der Bundeswehr Werner-Heisenberg-Weg 39 85579 Neubiberg Tel. 089/600 41	Betriebswirtschaft	6,5/ 8	270 / 350	6 Monate Projektstudium, Pflichtfremdsprache Englisch
Fachhochschule München Lothstr. 34 80335 München Tel. 089/126 50	Betriebswirtschaft Tourismus	8 / 10 8 / 9,5	1715 / 360 974 / 216	2 Praktika und 2 Fremdsprachen sind Pflicht

Hochschule	Studiengänge	Regel-/ Durchschnittsstudienzeit (in Semestern)	Anzahl Studenten/ Kapazität	Besonderheiten
Münster				
Westfälische Wilhelms-Universität Münster Schloßplatz 2 48149 Münster Tel. 0251/831	Betriebswirtschaft Volkswirtschaft Wirtschaftsinformatik	9 / 10 9 / 10,8 9 / 9,5	4029 / k.A. 1554 / k.A. 610 / k.A.	Kapazität des Fachbereichs ist um ca. 20 Prozent überschritten
Fachhochschule Münster Hüfferstr. 27 48149 Münster Tel. 0251/830	Betriebswirtschaft European-Business-Programme	8 / 8,8 8 / 8,8	1216 / k.A. 404 / k.A.	1 Praxissemester 2 Praxissemester, Doppeldiplom, verschiedene Partnerhochschulen

Nürnberg Friedrich Alexander-Universität Erlangen-Nürnberg Findelgasse 7–9 90402 Nürnberg Tel. 0911/530 20	Betriebswirtschaft Volkswirtschaft Wirtschaftsinformatik	8 / 11,9 8 / 11,6 8 / k.A.	2684 / k.A. 497 / k.A. 92 / k.A.	
Georg-Simon-Ohm-Fachhochschule Nürnberg Keßlerplatz 12 90489 Nürnberg Tel. 0911/588 00	Betriebswirtschaft	8 / 10,8	2200 / 860	2 Praxissemester
Nürtingen Fachhochschule Nürtingen Neckarsteige 6–10 72622 Nürtingen Tel. 07022/20 10	Betriebswirtschaft	8 / 8,4	345 / 300*	2 Praxissemester, Pflichtfremdsprache Wirtschaftsenglisch oder -französisch

Hochschule	Studiengänge	Regel-/ Durchschnitts-studienzeit (in Semestern)	Anzahl Studenten/ Kapazität	Besonderheiten
Oestrich-Winkel European Business School Schloß Reichartshausen 65375 Oestrich-Winkel Tel. 06723/690	Betriebswirtschaft	8 bzw. 10 / 8 bzw. 10	730 / 900	Wahl zwischen zweisprachiger Studienrichtung bzw. Wirtschaftsinformatik. 2 Auslandssemester, Pflichtpraktika, mindestens 1 Fremdsprache. Studiengebühren 7900 Mark pro Semester
Offenburg Fachhochschule Offenburg Badstr. 24 77652 Offenburg Tel. 0781/20 50	Wirtschaftsingenieurwesen	8 / 9	308 / 320	

Oldenburg Carl von Ossietzky Universität Oldenburg Ammerländer Heerstr. 114–118 26129 Oldenburg Tel. 0441/79 80	Wirtschaftswissenschaften Betriebswirtschaft	9 / 11,6 9 / 11,9	1110 / 500* 756 / 500*	
Osnabrück Universität Osnabrück Neuer Graben / Schloß 49074 Osnabrück Tel. 0541/96 90	Betriebswirtschaft	9 / 12,2	1430 / 1100*	Innerhalb BWL kann Studienrichtung Wirtschaftsinformatik gewählt werden
	Volkswirtschaft	9/ 13,7	227/ 500*	
Fachhochschule Osnabrück Albrechtstr. 30 49076 Osnabrück Tel. 0541/96 90	Betriebswirtschaft Betriebswirtschaft in Einrichtungen des Gesundheitswesens Krankenpflegemanagement European Business Studies (EB)	8 / 8,3 8 / 8,7 8 / 8 8 / 8,9	734 / k.A. 222 / k.A. 106 / k.A. 345 / k.A.	2 Praxissemester in allen Studiengängen, in EB 2 Auslandssemester und 2 Pflichtfremdsprachen. Auslastung lastung des Fachbereichs liegt bei 108 Prozent

Hochschule	Studiengänge	Regel-/ Durchschnittsstudienzeit (in Semestern)	Anzahl Studenten/ Kapazität	Besonderheiten
Paderborn Universität Gesamthochschule Paderborn Warburger Str. 100 33098 Paderborn Tel. 05251/600	Wirtschaftswissenschaften I	7 / 11,5	445 / 400	Ausrichtung auf Tätigkeit in Unternehmung, hoher sprach- und kulturwissenschaftlicher Studienanteil
	Wirtschaftswissenschaften II	9 / 10,8	3105 / 2200	Integrierter Studiengang aus BWL, VWL und Wirtschaftspädagogik; Wirtschaftsenglisch ist Pflicht
	Wirtschaftsinformatik	9 / 11,1	348 / 350	
	Wirtschaftsingenieurwesen	9 / 12,9	836 / 800	26 Wochen Industriepraktikum

Fachhochschule der Wirtschaft Fürstenallee 3–5 33102 Paderborn Tel. 05251/301 02	Wirtschaft Wirtschaftsinformatik	6 / 6 6 / 6	Insges. 270 / 750	Duales Studienkonzept: Theorie- und Praxissemester in ständigem Wechsel. Studiengebühren von 1100 Mark im Monat
Passau Universität Passau Dr.-Hans-Kapfinger-Str. 22 94032 Passau Tel. 0851/50 90	Betriebswirtschaft Volkswirtschaft	8 / 10,4 8 / 10,4	Insges. 1560/ 1200	Pflichtfach Wirtschaftsenglisch in beiden Studiengängen
Pforzheim Fachhochschule Pforzheim Tiefenbronner Str. 65 75175 Pforzheim Tel. 07231/60 30	Absatzwirtschaft Werbewirtschaft Außenwirtschaft Rechnungs- und Finanzwirtschaft Steuer- und Revisionswesen Betriebsorganisation und Wirtschaftsinformatik Personalwirtschaft Logistik und Beschaffung	8 / 9 8 / 9 8 / 9 8 / 9 8 / 9 8 / 9 8 / 9 8 / 9	k.A. k.A. k.A. k.A. k.A. k.A. k.A. k.A.	Insgesamt 640 Studenten am Fachbereich, Kapazitätsüberschreitung um 11 Prozent

Hochschule	Studiengänge	Regel-/ Durch-schnitts-studienzeit (in Semestern)	Anzahl Studenten/ Kapazität	Besonderheiten
Pinneberg Nordakademie An der Mühlenau 14 25421 Pinneberg Tel. 04101/51 29 91	 Betriebswirtschaft Wirtschaftsinformatik Wirtschaftsingenieurwesen	 8 / 8 8 / 8 8 / 8	 60 / 60 30 / 30 60 / 60	 Duales Studiensystem: studienbegleitendes Praktikum von 100 Wochen. Studiengebühren werden i.d.R. vom Betrieb getragen
Potsdam Universität Potsdam Am Neuen Palais 10 14469 Potsdam Tel. 0331/97 70	 Betriebswirtschaft Volkswirtschaft Volkswirtschaft sozialwiss. Richtung	 9 /– 9 /– 9 /–	 – / 100 226 / 400* 10 / 50*	 BWL im WS 96/97 neu mit Pflichtpraktikum. Wirtschaftsenglisch für alle Pflicht

Regensburg				
Universität Regensburg	Betriebswirtschaft	8 / 11	327 / 364 je Jahr	
Universitätsstr. 31	Volkswirtschaft	8 / 11	36 / 53 je Jahr	
93053 Regensburg	Wirtschaftsinformatik	8 /–	32 / 40 je Jahr	
Tel. 0941/94 31				
Fachhochschule	Betriebswirtschaft	8 / 9,3	1123 / k.A.	Pflichtpraktika und
Regensburg	Europäische BWL (EBS)	8 / 8, 8	109 / k.A.	-sprachen, in EBS
Prüfeninger Str. 58				zudem 4 Auslands-
93049 Regensburg				semester
	Wirtschaftsingenieurwesen (Aufbaustudiengang)	4 /–	20 / k.A.	Neu zum WS 96/97

Hochschule	Studiengänge	Regel-/ Durch- schnitts- studienzeit (in Semestern)	Anzahl Studenten/ Kapazität	Besonderheiten
Reutlingen Fachhochschule Reutlingen Alteburgstr. 150 72762 Reutlingen Tel. 07121/27 10	Wirtschaftsinformatik	8 / 8,7	265 / 280	2 Praxissemester
	Europäische Studienprogramme	8 / 8	105 / 105	Doppeldiplom, 5 Partnerhochschulen, 2 Pflichtfremdsprachen, 2 Pflichtpraktika
	Außenwirtschaft	8 / 9	500 / 480	2 Praxissemester, eins im Ausland
	Fertigungswirtschaft	8 / 8	320 / 320	2 Praxissemester
	Internationales Marketing (Aufbaustudiengang)	3 / 4	50 / 50 je Sem.	Schwerpunkt »Asien-Pazifik« mit Sprachtraining

Rosenheim Fachhochschule Rosenheim Marienberger Str. 26 83024 Rosenheim Tel. 08031/80 50	Betriebswirtschaft Wirtschaftsingenieurwesen	8 / k.A. 8 / k.A.	Insges. 930 / 930	2 Pflichtpraktika, Englisch Pflichtfremdsprache; integriertes Auslandsstudium möglich
Rostock Universität Rostock Universitätsplatz 1 18055 Rostock Tel. 0381/49 80	Betriebswirtschaft	8 / 9,2	210 / 260	
	Volkswirtschaft	8 /–	15 / 50	
	Wirtschaftsingenieurwesen	9 / 10,8	35 / 78	26 Wochen Praktikum
	Wirtschaftsinformatik	10 /–	– / 39	Neu zum WS 96/97
Saarbrücken Universität des Saarlandes Im Stadtwald 66123 Saarbrücken Tel. 0681/30 20	Betriebswirtschaft	8 / 11,3	2738 / 1700*	In beiden Studiengängen Erwerb eines deutsch-französischen Doppeldiploms möglich
	Volkswirtschaft	8 / 11,3	265 / 400*	

Hochschule	Studiengänge	Regel-/ Durch-schnitts-studienzeit (in Semestern)	Anzahl Studenten/ Kapazität	Besonderheiten
Hochschule für Technik und Wirtschaft des Saarlandes Goebenstr. 40 66117 Saarbrücken Tel. 0681/586 70	Betriebswirtschaft	8 / k.A.	160 / k.A.	24 Wochen Pflichtpraktikum, Englisch oder Französisch Pflichtfremdsprache
Sankt Augustin Fachhochschule Rhein-Sieg Rathausallee 10 53757 Sankt Augustin Tel. 02241/86 50	Wirtschaft	8 /–	120 / 400	
Schmalkalden Fachhochschule Schmalkalden Blechhammer 98574 Schmalkalden Tel. 03683/68 80	Betriebswirtschaft	8 /–	459 / 520*	In allen Studiengängen 1 Praxissemester
	Wirtschaftsinformatik	8 /–	94 / 180*	
	Wirtschaftsingenieurwesen	8 /–	107 / 240*	

Senftenberg Fachhochschule Lausitz Großenhainer Str. 57 01968 Senftenberg Tel. 03573/850	Betriebswirtschaft	8 / 9	80 / 105	2 Pflichtfremd- sprachen
Siegen Universität Gesamthochschule Siegen Hölderlinstr. 3 57068 Siegen Tel. 0271/74 01	Betriebswirtschaft I Betriebswirtschaft II Volkswirtschaft	7 / 10,3 9 / 11,0 9 / 9,8	1272 / k.A. 1387 / k.A. 165 / k.A.	Im Grundstudium weitgehend identische Studien- inhalte (inte- griertes wirtschafts- wissenschaftliches Studium)
Sigmaringen Fachhochschule Albstadt-Sigmaringen Anton-Günther Str. 51 72488 Sigmaringen Tel. 07571/73 20	Betriebswirtschaft Wirtschaftsingenieurwesen	8 / 10 8 /–	272 / 320* 55 / 35 je Jahr	In beiden Studien- gängen Pflicht- sprache Wirtschafts- englisch und 2 Praxissemester

Hochschule	Studiengänge	Regel-/ Durch-schnitts-studienzeit (in Semestern)	Anzahl Studenten/ Kapazität	Besonderheiten
Stralsund				
Fachhochschule Stralsund	Betriebswirtschaft	8 /–	510 / 400	1 Praxissemester in
Große Parower Str. 145	Wirtschaftsinformatik	8 /–	70 / 200	allen Studiengängen
18435 Stralsund	Wirtschaftsingenieurwesen	8 /–	160 / 200	
Tel. 03831/36 79	Wirtschaftsingenieurwesen	3 /–	k.A.	Ergänzungs-studiengang
Stuttgart				
Universität Stuttgart Keplerstr. 17 70174 Stuttgart Tel. 0711/12 10	Technische Betriebswirtschaft	9 / 12	1250 / 900*	
Universität Hohenheim Schloß 1 70599 Stuttgart Tel. 0711/45 90	Wirtschaftswissenschaften	8 / 12,1	335 / 335 je Jahr	Vertiefungsrichtungen BWL, VWL, Haushaltsökonomie, Internationale Wirtschaft
	Haushaltsökonomie	8 /–	30 / 40 je Jahr	2 Pflichtpraktika

Trier				
Universität Trier Olewiger Str. 189 54295 Trier Tel. 0651/ 20 10	Betriebswirtschaft	8 / 11,8	1691 / 1450*	
	Volkswirtschaft	8 / 12,1	500 / k.A.	
	Wirtschaftsmathematik	8 / 12–13	271 / k.A.	6wöchiges Pflichtpraktikum
Fachhochschule Trier Schneidershof 54293 Trier Tel. 0651/81 03 0	Wirtschaftsinformatik	8 / k.A.	Insges. 400 / 400	
	Finanz-, Prüfungs-, Steuerwesen	8 / k.A.		
	European Business	8 / k.A.		1 Studienjahr im Ausland
Tübingen				
Eberhard-Karls-Universität Tübingen Wilhelmstr. 5 72074 Tübingen Tel. 07071/291	Betriebswirtschaft	8 / 11–12	1555 / 1000*	Möglichkeit zum Erwerb eines deutsch-franz. Doppeldiploms
	Volkswirtschaft	8 / 12	330 / 400*	
	Volkswirtschaft mit Schwerpunkt Regionalstudien	9 / 12–13	447 / 450*	Pflichtfremdsprache, i.d.R. Auslandsaufenthalt

Hochschule	Studiengänge	Regel-/ Durchschnitts-studienzeit (in Semestern)	Anzahl Studenten/ Kapazität	Besonderheiten
Ulm Universität Ulm Oberer Eselsberg 89081 Ulm Tel. 0731/502 01	Wirtschaftsmathematik	9 / 11,5	75 / 150 je Jahr	6wöchiges Pflichtpraktikum, 25 Prozent der Studenten nehmen Auslandsaufenthalte wahr
Fachhochschule Ulm Prittwitzstr. 10 89075 Ulm Tel. 0731/502 08	Wirtschaftsingenieurwesen	8 / 8	40 / 40 je Sem.	2 praktische Studiensemester

Vallendar Wissenschaftliche Hochschule für Unternehmensführung – Otto-Beisheim-Hochschule Burgplatz 2 56179 Vallendar	Betriebswirtschaft	8 / 8	220 / 220	2 Auslandssemester, 4 Pflichtpraktika à 3 Monate, 2 Pflichtfremdsprachen. Studiengebühren von 5500 Mark je Semester, aber 25 Prozent Freiplätze
Wedel Fachhochschule Wedel Feldstr. 143 22880 Wedel Tel. 04103/804 80	Wirtschaftsinformatik	8 / 10	345 / 350	20 Wochen Praktikum, Pflichtfremdsprache Englisch
	Wirtschaftsingenieurwesen	8 / 9,5	155 / 150	Praktikum in Semesterferien, Englisch oder Französisch ist Pflicht

Hochschule	Studiengänge	Regel-/ Durch- schnitts- studienzeit (in Semestern)	Anzahl Studenten/ Kapazität	Besonderheiten
Wernigerode				
Fachhochschule Harz Friedrichstr. 57–59 38855 Wernigerode Tel. 03943/35 90	Betriebswirtschaft	8 /–	731 / k.A.	Einheitliches Grundstudium, nach Praxissemester Unterteilung in die Fachrichtungen BWL, Tourismus, Wirtschaftsinformatik
	Öffentliche Wirtschaft	8 /–	40 / k.A.	
	Wirtschaftsingenieurwesen	8 /–	– /–	Neu zum WS 96/97
Wiesbaden				
Fachhochschule Wiesbaden	Betriebswirtschaft	8 / 8,4	160 / 160 je Jahr	1 Pflichtpraktikum
Kurt-Schumacher-Ring 18 65195 Wiesbaden Tel. 0611/94 95 01	International Business Administration	8 / 8,2	100 / 100 je Jahr	1 Auslandssemester, Praktikum im Ausland, 2 Pflichtfremdsprachen

Wildau Technische Fachhochschule Wildau Friedrich-Engels-Str. 63 15745 Wildau Tel. 03375/50 70	Betriebswirtschaft Wirtschaftsingenieurwesen	8 / 8,4 8 / 8,1	300 / 245 100 / 125	Praxissemester (20 Wochen) und 2 Pflichtfremdsprachen
	Logistik	8 /–	– / 125	Neu im WS 96/97
	Wirtschaft und Recht	8 /–	– / 245	Neu im WS 96/97
Wilhelmshaven Fachhochschule Wilhelmshaven Friedrich-Paffrath-Str. 101 26389 Wilhelmshaven Tel. 04421/98 50	Wirtschaft	8 / 9,5	772 / k.A.	1 Praxissemester
	Wirtschaft (berufsbegleitend)	– /–	– /–	
	Tourismuswirtschaft	8 /–	161 / k.A.	1 Praxissemester, 2 Pflichtfremdsprachen
Wismar Fachhochschule Wismar Philipp-Müller-Str. 1 23966 Wismar Tel. 03841/75 30	Betriebswirtschaft	8 /–	426 / 450	1 Praxissemester
	Wirtschaftsinformatik	8 /–	99 / 400	

Hochschule	Studiengänge	Regel-/ Durchschnittsstudienzeit (in Semestern)	Anzahl Studenten/ Kapazität	Besonderheiten
Witten Universität Witten/Herdecke Alfred-Herrhausen-Str. 50 58448 Witten Tel. 02302/92 60	Wirtschaft	9 / 10,3	ca. 50 / 50 je Sem.	Studiengebühren, mehrstufiges Auswahlverfahren, Praxiserfahrung wird vorausgesetzt, studienbegleitendes Arbeiten in Firma, 2 Pflichtfremdsprachen, 1 Pflichtsemester im Ausland

Wolfenbüttel				
Fachhochschule Braunschweig/ Wolfenbüttel	Betriebswirtschaft	8 / k.A.	76 / k.A.	Schwerpunkt Bank- und Versicherungswirtschaft
Salzdahlumer Str. 46–48	Technische Betriebswirtschaft	8 / k.A.	213 / k.A.	2 Praxissemester
38302 Wolfenbüttel Tel. 05331/93 90	Wirtschaftswissenschaften	4 / k.A.	47 / k.A.	Ergänzungsstudiengang
Worms				
Fachhochschule Worms Erenburger Str. 19	Außenwirtschaft	8 / 8	50 / 50 je Sem.	2 Sprachen, 1 Auslandssemester
67549 Worms	Handel	8 / 9	235 / 220*	
Tel. 06241/50 90	Touristik	7 / 7	60 / 60 je Sem.	2 Pflichtfremdsprachen
	European Business Management	8 / 9	235 / 220*	Kooperation mit 30 Partnerhochschulen im Ausland
Würzburg				
Bayerische Julius-	Betriebswirtschaft	8 / 10	1740 / k.A.	
Maximilians-Universität Würzburg Sanderring 2 97070 Würzburg Tel. 0931/310	Volkswirtschaft	8 / 10	385 / k.A.	

Hochschule	Studiengänge	Regel-/ Durchschnittsstudienzeit (in Semestern)	Anzahl Studenten/ Kapazität	Besonderheiten
Fachhochschule Würzburg-Schweinfurt-Aschaffenburg Münzstr. 12 97070 Würzburg Tel. 0931/30 40	Betriebswirtschaft	8 / 10	1400 / 810	2 praktische Studiensemester, 2 Fremdsprachen sind Pflicht
Wuppertal Bergische Universität Gesamthochschule Wuppertal Gaußstr. 20 42097 Wuppertal Tel. 0202/43 91	Wirtschaftswissenschaft	9 / 13	3081 / k.A.	Einjähriges Auslandspraktikum möglich. Zusätzlich zum Langzeitstudiengang existiert Kurzzeitstudiengang von 7 Semestern

Zittau Hochschule für Technik, Wirtschaft und Sozialwesen Zittau/Görlitz (FH) Theodor-Körner-Allee 16 02763 Zittau Tel. 03583/610	Betriebswirtschaft	8 / 8–9	340 / 360*	
	Tourismus	8 / 8–9	85 / 120*	
	Wirtschaftsingenieurwesen	8 / 8–9	135 / 120*	
Zwickau Hochschule für Technik und Wirtschaft Zwickau (FH) Dr.-Friedrichs-Ring 2a 08056 Zwickau Tel. 0375/53 60	Betriebswirtschaft	8 / 8	k.A.	Pflichtpraktika in allen Präsenzstudiengängen; in BWL und Wirtschaftsingenieurwesen, 1 Pflichtfremdsprache
	Management für Betriebe mit öffentlichen Aufgaben	8 /–	k.A.	
	Wirtschaftsingenieurwesen	8 / 8	k.A.	
	Wirtschaftsingenieurwesen	4 /–	k.A.	Aufbau-Fernstudium

Wirtschaftswissenschaften in Ostdeutschland: Im Wettbewerb um Studenten und Anerkennung setzen die Fakultäten auf amerikanische Rezepte

Der Westen im Osten

Von Uwe Jean Heuser

Der Traum vom dritten Weg – die Wirtschaftswissenschaftler in den neuen Bundesländern hatten ihn schnell ausgeträumt. Nach der Wende räumten Administratoren und Professoren aus dem Westen eilig in der Ostökonomie auf, die von der Ideologie des SED-Staates geprägt war wie kaum eine andere Disziplin. Sie wickelten viele alte Fakultäten ab und gründeten neue Fachbereiche. Heute kennen die Ökonomen im Osten vor allem eine Meßlatte: den Westen.

Oft gebärden sich die jungen Fachbereiche gar westlicher als ihre Pendants in den alten Bundesländern, orientieren sich stärker am angelsächsischen Vorbild. Ihr Ziel: Im Standortwettbewerb wollen sie den Anschluß schaffen, ohne die Schwächen der Studiermaschinerie in Westdeutschland zu übernehmen. Aber bis zur gewünschten, und mitunter schon beschworenen, akademischen Normalität ist es noch ein gutes Stück.

Die halleschen Ökonomen residieren in dem ehemals ersten Hotel der Stadt. Über die DDR-Jahre ist das Gebäude heruntergekommen; die Fassade, wie viele in der Stadt hoffnungslos verrußt, wird gerade renoviert. In der Bibliothek, einem ehemaligen Rokokofestsaal, zeugen einige Ölgemälde noch von glanzvollen Zeiten. Hinter den hohen Flurtüren liegen modern eingerichtete Professorenbüros.

»Wir sind die am besten ausgebaute wirtschaftswissenschaftliche Fakultät im Osten«, sagt Dekan Gunter Steinmann. Achtzehn von einundzwanzig Planstellen für die Professoren hat er besetzt, eine hervorragende Quote. Fast alle kommen aus dem Westen. Es gebe keinerlei Bonus für Bewerber aus dem Osten, sagt der Dekan. Den hat auch nicht jeder nötig. So kam bei dem neuen Stiftungslehrstuhl für betriebliches Umweltmanagement kein Westler zum Zuge: »Jemand aus den neuen Bundesländern war der Beste.«

Die halleschen Ökonomen sind umtriebig. Ihr Institut für Unternehmensführung hält Kontakte zur umliegenden Wirtschaft; in einer Sommerakademie bildet das Institut Ostmanager weiter. Die ersten Studenten haben schon ein Auslandsjahr an amerikanischen und britischen Universitäten hinter sich. Und auch die Kommilitonen denken global: Eine Gruppe börsenbegeisterter Studenten will vom Dekan eine Satellitenverbindung zur Wall Street.

Die Studentenschaft hat sich nach der Wende neu zusammengesetzt. Von den angehenden Diplomökonomen der DDR, damals war das eine Frauendomäne, sind nach der Neugründung viele abgesprungen. Doch auch fast alle neuen Studenten kommen aus dem Osten, viele aus der Region um Halle. Junge Wessis, denen die Zentralstelle für die Vergabe von Studienplätzen in Dortmund einen Platz in der Stadt an der Saale zuweist, resignieren vielfach schon bei der Wohnungssuche – wenn sie Halle überhaupt erwägen. Fünfzehn Mark Miete pro Quadratmeter im Monat sind üblich, und um ein Zimmer im Studentenwohnheim zu ergattern, kommen sie oft zu spät. Studenten aus dem Osten, die von Anfang an auf Halle setzten, haben sich schon vorher eine Unterkunft gesichert.

Wer bleibt, den erwarten rigorose Prüfungen. Allein vom Jahrgang 1991 mußten 22 Prozent nach dem Grundstudium die Segel streichen: Sie waren unwiderruflich durchgefallen. Wie fast überall im Osten rühmt sich die Fakultät in Halle der harten Prüfungen. Durchfallquoten von fünfzig Prozent in einzelnen Klausuren sind durchaus normal – wie im Westen. Selektion gilt als Zeichen von Qualität.

»Wir haben hier Ansprüche«, betont Volkswirtschaftsprofessor Rüdiger Pohl, im Zweitberuf Präsident des Instituts für Wirtschaftsforschung Halle. Man wolle nicht die Zahl der Diplome maximieren, sondern den Erfolg der Absolventen am Arbeitsmarkt. Auch im Hauptstudium macht der Professor ernst: In seinem Seminar über Geld- und Währungstheorie müssen sich die Studenten mit komplizierten Aufsätzen aus führenden amerikanischen Zeitschriften befassen. Fast unisono loben die Ökonomen ihre Studenten aus dem Osten. Sie seien fleißiger und neugieriger als ihre Kommilitonen aus dem Westen, meint der ehemalige Bonner Finanzminister Hans Apel, seit der Wende als Honorarprofessor in Rostock.

Auch wenn viele Hochschullehrer erst montags anreisen und spätestens am Freitag über die unsichtbare innerdeutsche Grenze nach Hause fahren, ist der Kontakt zu den Studenten oft enger als an den Massenuniversitäten der alten Bundesländer. Das liegt teils am Pioniergeist; die Sachsen helfen außerdem nach, indem sie nach amerikanischem Vorbild die Studenten ihre Lehrer bewerten lassen. Der wichtigste Grund ist aber ein anderer: Weit weniger Studenten beanspruchen die Professoren.

Diese Vorzüge haben freilich noch nicht viele Abiturienten überzeugt. Während sich im Westen große ökonomische Fachbereiche wie Köln der Studentenschwemme kaum erwehren können, müssen die Kollegen im Osten bangen, weil viel zuwenig Bewerber auf ihre Bänke drängen. An keiner ostdeutschen Universität hatten sich beispielsweise im Herbst 1994 auch nur annähernd genug Bewerber für Volkswirtschaftslehre gefunden. Und auch bei der – ungleich beliebteren – Betriebswirtschaft verzeichneten nur zwei Fakultäten mehr Bewerber als Studienplätze. Nicht einmal zehn Prozent der Interessenten kamen aus dem Westen.

So zieht die Bergakademie Freiberg bei weitem nicht genug Studenten an. Die kleine Universität konstatiert einen »gewissen Schwund von Zugewiesenen« – eine Reihe angehender Studenten schauten sich in Freiberg um und verließen das sächsische Städtchen gleich wieder, weil ihnen alles eine Nummer zu klein ist. In Rostock treten im Jahr immerhin mehr als 300 Studenten an, um Betriebswirt oder Wirtschaftsingenieur zu werden; 450 Anfänger könnten kommen. Die Traditionsuniversität hat den ökonomischen Fachbereich aus DDR-Zeiten nie abgewickelt, sondern in die neue Fakultät überführt. Die Rostocker Ökonomen leiden nicht nur unter dem Sparkurs des Finanzministeriums in Mecklenburg-Vorpommern, wie Dekan Martin Benkenstein berichtet, sondern auch daran, daß sie sich Geld und Bewerber mit der betriebswirtschaftlichen Fakultät in Greifswald teilen müssen. Dazu konkurrieren noch zwei Fachhochschulen um Studenten der Betriebswirtschaft – zuviel für ein Bundesland mit gut 1,8 Millionen Einwohnern. Die Gefahr: Am Ende wird kein Fachbereich stark genug, um sich in der akademischen Landschaft durchzusetzen.

Deswegen hatte der Wissenschaftsrat dem Land 1991 empfohlen, zunächst nur an einer Universität die Wirtschaftswissenschaften aufzubauen. So aber konnte die Rostocker Universität lange Zeit keinen eigenen Studiengang in Volkswirtschaftslehre anbieten. Der Fachbereich hatte Schwierigkeiten, die VWL-Lehrstühle dauerhaft zu besetzen. Erst seit Beginn dieses Wintersemesters gibt es in Rostock auch VWL.

Auch Sachsen hat einen ökonomischen Fachbereich mehr gegründet, als von den Experten des Wissenschaftsrates empfohlen. Dabei müssen die Fakultäten nicht nur um Geld und Studenten wetteifern, sondern vor allem um gute Professoren. Auf Jahre hinaus wird die Nachfrage nach habilitierten Betriebs- und Volkswirten das Angebot übersteigen. Von den Auswahlmöglichkeiten, die westdeutsche Universitäten bis 1990 hatten, können die Wissenschaftsmanager im Osten nur träumen – etliche Ökonomen aus dem Westen übersprangen gleich mehrere Sprossen der üblichen Karriereleiter und avancierten über Nacht zu ordentlichen Professoren. Positiver Nebeneffekt: Die Ostfakultäten haben eine gemischtere Altersstruktur als die Konkurrenz im Westen; und einige Jungprofessoren wie in Berlin der Amerikaner Michael Burda oder in Halle Robert von Weizsäcker, Sohn des ehemaligen Bundespräsidenten, haben sich schon einen besonderen Ruf erwerben können.

Die Knappheit bleibt aber: Bis die Fachbereiche im Osten eigene Habilitanden hervorbringen, werden noch etliche Semester verstreichen. Zudem scheuen einige Berufungskandidaten schlicht den Umzug nach Ostdeutschland, andere illustre Westprofessoren nutzten einen Ruf aus den neuen Bundesländern nur, um bei der eigenen Universität zu pokern und mehr Assistentenstellen oder Forschungsgeld herauszuschlagen.

Viele Ostdekane können davon ein Lied singen – selbst Wulff Plinke, der Dekan der Ökonomen an der Ostberliner Humboldt-Universität. Trotz Kämpfen mit dem Berliner Senat ums Geld hat seine Fakultät aber den besten Startplatz im Osten. Gründungsdekan Wilhelm Krelle, einer der großen deutschen Nachkriegsökonomen, setzte ganz auf die seriöse Ökonomie – bestimmt von mathematischen Modellen und quantitativen Verfahren. Auch den »Flirt der Betriebswirte mit der Praxis« wollten die Berliner den Fachhochschulen und Business Schools überlassen, sagt Plinke. Sie bauen auf das einheitliche theoretische Fundament von

Volks- und Betriebswirtschaftslehre. Mit Horst Albach, der für diesen Ansatz steht, haben die Humboldt-Ökonomen einen der einflußreichsten Betriebswirte der Republik von der Freien Universität im Westen der Hauptstadt abgeworben.

Der Standort Berlin – die Fakultät sitzt in der ehemaligen Handelshochschule nahe dem Berliner Dom – bringt weitere Vorteile. So hat sich Humboldt dem Graduiertenkolleg Angewandte Mikroökonomik der Freien Universität angeschlossen – ein ambitioniertes Programm für Doktoranden. Keine Frage: Die Fakultät gleich neben der Spree ist im Osten das liebste Kind der Zunft. »Der moderne Forschungsbetrieb« (Dekan Plinke) kann mit prominenten Namen von Sponsoren und Kuratoriumsmitgliedern wuchern. Und Exbundesbankchef Helmut Schlesinger gibt sich als Stiftungsprofessor die Ehre.

Die anderen Universitäten erfahren weniger Zuspruch aus dem Westen. »Viele Leute denken, sie gingen in den Busch, wenn sie hier rüberkämen«, klagt Plinkes Dresdner Kollege Ulrich Blum. Um zu beweisen, daß in Ostdeutschland schon anständig geforscht wird, lud der Magdeburger Betriebswirtschaftsprofessor Oliver Fabel Ende vergangenen Jahres zur ersten Tagung über die »wirtschaftswissenschaftliche Forschung an den Hochschulen der neuen Bundesländer«. Mit beachtlicher Resonanz: Rund 150 Teilnehmer aus den neuen Bundesländern kamen zur Diskussion.

Der Anspruch der Magdeburger deckt sich mit dem anderer Fakultäten in Ostdeutschland. Sie seien »analytisch und stark international orientiert« und brächten Volks- und Betriebswirtschaft zusammen, so Fabel. Sie wollen nicht den einen die Theorie und den anderen die Fakten vermitteln. Ob im Unternehmen oder im Ministerium: Die Studenten sollen später auf Grundlage der ökonomischen Analyse entscheiden. Ulrich Blum münzt das Ganze in einen potentiellen Standortvorteil um: »Die Wiederverheiratung der Ökonomie könnte eine ostdeutsche Spezialität werden.«

Dem angelsächsischen Vorbild eifern die Ost-Ökonomen auch anderweitig nach: In der Volkswirtschaftslehre wollen einige Fachbereiche nach dem sogenannten Credit-Point-System prüfen. Dabei sammeln die Studenten mit Prüfungen in jedem einzelnen Kurs Punkte, anstatt an einem Sammeltermin in sämtlichen Fächern auf einmal examiniert zu werden. Die Idee: Die Studenten beschäftigen sich mit dem Inhalt der Vorlesung, während sie stattfindet und nicht erst kurz vor der Massenprüfung.

Zum ostdeutschen Modell gehört auch der Anspruch, es mit den westdeutschen Fakultäten in der Forschung aufzunehmen. Zwar untersuchen die Forscher im Osten Themen, die dem Fall der Mauer entsprungen sind – wie Transformation von Wirtschaftssystemen, Privatisierung von Unternehmen oder Einwanderung. Aber nichts lehnen die Wirtschaftswissenschaftler mehr ab als die Idee, sie könnten Ökonomie auf ostdeutsche Weise betreiben. Sie seien deutsche Fakultäten wie die im Westen auch, sagt ein Wissenschaftsmanager mit Nachdruck. Und Gunter Steinmann aus Halle erklärt die erste Phase des Aufbaus Ost für abgeschlossen: »Die Pionierarbeit haben wir hinter uns.« Normalität ist gefragt.

So weit sei es noch lange nicht, mahnt Harald Scherf, der sich durch seine Arbeit im Wissenschaftsrat mit den ostdeutschen Fakultäten auskennt. Die Losung von der ambitionierten Forschung »wollen wir mal als ein Versprechen betrachten«, sagt der Hamburger Ökonomie- und Statistikprofessor. Die Ostökonomen müßten erst einmal eine Generation von Wissenschaftlern ausbilden, könnten nicht von eigener Forschung reden, wenn das Personal aus dem Westen die alten Projekte weiterführe. Das Hauptproblem sieht er im mangelnden Professorenangebot. Etliche seien dorthin gegangen, die »im Westen nicht reüssierten«. Doch gerade am Anfang »brauchen Sie erfahrene Leute dabei«.

Scherf mahnt zur Geduld. Viele Jahre hätten die im Westen nach dem Krieg gegründeten Universitäten um Anerkennung kämpfen müssen. Dabei plagten sich die Aufbauarbeiter im Osten mit viel größeren Schwierigkeiten herum. Indes gibt er zu, daß fähige Professoren »ein Mikroklima schaffen, in dem Studenten gedeihen« – egal, wo.

Die Besinnung auf die Größen der Vergangenheit soll den ostdeutschen Fakultäten helfen. In Berlin promovierte vor 67 Jahren ein junger Mann aus St. Petersburg zum Doktor der Wirtschaftswissenschaften. Vor einiger Zeit war er wieder zu Besuch, um seine Doktorwürde symbolhalber noch einmal entgegenzunehmen: Nobelpreisträger Wassily Leontief, der mit seiner Input-Output-Analyse Tatsachen und Theorie der Volkswirtschaft verband.

Lehrer und Forscher

Herbert Giersch ist der einflußreichste Nationalökonom der Bundesrepublik

Der Marktwirt

Von Nikolaus Piper

Wenn er vom Schreibtisch aufsteht, kann er den Segelschiffen auf der Kieler Förde zusehen und den Skandinavienfähren, die hinten auf der Ostsee im Dunst verschwinden. Sein Studierzimmer, von unzähligen Aktenschränken in verwinkelten Fluren auf Abstand zum normalen Arbeitsalltag gehalten, klebt wie eine Empore oben am altehrwürdigen Institut für Weltwirtschaft: ein angemessener Logenplatz für den Ruhestand des einflußreichsten Nationalökonomen der Bundesrepublik. Professor Dr. Dr. h. c. mult. Herbert Giersch, seit sieben Jahren emeritierter Präsident des Instituts, hat in seinem Leben die Konzertierte Aktion erfunden (auch wenn der Ruhm dafür später Karl Schiller zugesprochen wurde) und den Begriff der »Eurosklerose«, er bereitete die Flexibilisierung der Wechselkurse und die Standortdebatte vor, er prägte Arbeitsweise und Weltsicht des Sachverständigenrates. Er wurde angefeindet als Exponent eines stramm marktwirtschaftlichen Kurses und bewundert ob seiner analytischen Brillanz. Seine Studenten litten unter der schneidenden Schärfe, mit denen er in Seminaren Denkfehler entlarvte – und verehrten ihn trotzdem als »Papa«. Seine Schüler finden sich heute im Zentralbankrat und bei der *Frankfurter Allgemeinen Zeitung*, bei der Deutschen Bank und in unzähligen wirtschaftswissenschaftlichen Fakultäten der Bundesrepublik.

Der 75jährige Emeritus empfängt seine Besucher mit entwaffnendem Optimismus: Mögen andere Probleme drücken, Giersch redet von »Chancen«. Hat Europa dank der offenen Grenzen im Osten nicht »bemerkenswerte Wachstumschancen«? Sicher, der Kampf gegen die Inflation forderte große Opfer auf dem Arbeitsmarkt. »Aber könnte es nicht sein, daß wir nun das Schlimmste hinter uns haben?« Zuversicht ist Teil der Doktrin (»Liberale sind Optimisten, Konservative haben Angst vor der Zukunft, Sozialisten wollen sie planen«). Sie ist aber auch Ausfluß der eigenen Biographie. Er habe so viel Glück im Leben gehabt, daß er schon in seinem Agnostizismus zweifelnd geworden sei, sagt er listig. Es ist, als habe der liebe Gott, will sagen die »unsichtbare Hand« Adam Smiths, immer wieder in den Lebensplan des Ökonomen eingegriffen.

Während des Krieges lenkte diese magische Kraft den jungen VWL-Studenten als Marinesoldat von Breslau nach Kiel. In just jenes Erkerzimmer, das er jetzt wieder bezogen hat. Dort, wo heute sein Schreibtisch steht, mußte er den Funkkontakt zu Küstenbatterien sichern und hatte dabei so viel Zeit, daß noch eine Diplomarbeit über Gustav Cassels Kaufkraftparitäten-Theorie dabei herauskam. Dem Kriegsgefangenen Giersch, der in England eine Lageruniversität mitorganisierte, schickte die unsichtbare Hand einen britischen Geheimdienstoffizier namens Philipp Rosenthal ins Lager. Der ebnete ihm den akademischen Start im heimatlichen Deutschland, noch ehe er selbst dort sein eigenes Unternehmen aufbaute. Und war es nicht Eingebung, daß Bonner Politiker 1963 einen Sachverständigenrat zur Begutachtung der gesamtwirtschaftlichen Lage ins Leben riefen – für Giersch eine nachgerade ideale Bühne, um sein Talent als Berater und Themensetzer zu entfalten? Seither jedenfalls sind sein Leben und Denken mit der Wirtschaftsgeschichte der Bundesrepublik aufs innigste miteinander verwoben.

Herbert Giersch, *geboren am 11. Mai 1921 in Reichenbach/Schlesien*
Studium: 1939–1942 Volkswirtschaft in Breslau und Kiel
Berufsweg: 1947 Assistent an der Universität Münster, 1948 British Council Fellow an der London School of Economics, Referent bei der OECD in Paris, 1955 Professor für Nationalökonomie in Saarbrücken, 1969 bis 1989 Professor für Wirtschaftliche Staatswissenschaften an der Universität Kiel und Präsident des Instituts für Weltwirtschaft

Ende der sechziger Jahre öffnete Giersch Politikern, Gewerkschaftern und Verbandsfunktionären die Augen für weltwirtschaftliche Zusammenhänge. Er lehrte sie zum Beispiel, was *terms of trade* sind, also das Verhältnis von Export- zu Importpreisen als Ausdruck der internationalen Wettbewerbsposition eines Landes. Es war eine Aufklärungsarbeit mit durchaus problematischem Resultat.

Die bundesdeutschen Gewerkschaften lernten zwar, Anfang der siebziger Jahre, die verbesserten *terms of trade* in kräftige Lohnerhöhungen umzusetzen, sie waren jedoch nicht zur Lohnzurückhaltung bereit, als sich in der Ölkrise die *terms of trade* schlagartig verschlechterten. Nach Gierschs Meinung ein wesentlicher Grund für die heutige Massenarbeitslosigkeit.

Die Ölkrise 1973/74 war in vielerlei Hinsicht ein Wendepunkt. Die goldenen Jahre des westdeutschen Wirtschaftswunders gingen zu Ende, die Bundesbank nahm mit Macht den Kampf gegen die Inflation auf und hatte dank der flexiblen Wechselkurse auch die Mittel dazu in der Hand. In den Wirtschaftswissenschaften setzte ein grundlegender Paradigmenwechsel ein, und Giersch war unter denen, die das neue Denken vorantrieben. Der Glaube an die Machbarkeit in der Wirtschaftspolitik schwand, die Hoffnung auf die inhärente Stabilität ungestörter Marktwirtschaften stieg. Hatte Giersch zuvor im Zeichen des sogenannten Freiburger Kompromisses Ordnungspolitik mit keynesianischer Konjunktursteuerung zu verbinden gesucht, näherte er sich nun immer mehr den Gedanken des ultraliberalen Friedrich August von Hayek: Der Markt ist ein »Entdekkungsverfahren«, der Kapitalismus eine »spontane Ordnung«; alle Versuche, hier planerisch einzugreifen, beruhen letztlich auf der »Anmaßung von Wissen« und sind mithin »konstruktivistische Irrtümer«.

Giersch, Ende der sechziger Jahre von Saarbrücken nach Kiel gewechselt, festigte den Ruf des dortigen Instituts, konsequent (oder stur) marktwirtschaftliche Positionen zu vertreten. Er kümmerte sich um die Angebotsbedingungen der Wirtschaft und propagierte Privatisierung und Deregulierung. Er lehrte die Bedeutung von Raum und Zeit in der Ökonomie und bereitete damit schon die spätere Standortdebatte vor.

Mit Hayek stellt er heute die Rolle des Staates in der Wirtschaft radikal in Frage: Könnte der Wohlfahrtsstaat nicht durch einen »Wettbewerb sozialer Netze« von Kirchen und anderen Wohlfahrtsinstitutionen abgelöst werden? Ist das Geldmonopol des Staates gerechtfertigt? Könnte man den Streit um Maastricht nicht dadurch lösen, daß man den Ecu parallel zu den nationalen Währungen einführt und darauf baut, daß das bessere Geld sich schon durchsetzen wird? Und ein Ausländerproblem im eigentlichen Sinne gibt es für ihn nicht: »Ich kann mir zwei, drei, vier Staatsbürgerschaften vorstellen.«

Wenn aber der Staat so wenig Positives für die Wirtschaft leisten kann, gilt dies nicht auch für die Ökonomen, die die Politiker beraten? Machen Ökonomen sich letztlich selbst überflüssig?

Nein, sagt Giersch. Man braucht auch künftig Volkswirte, aber nicht mehr so sehr, um Konzepte zu entwerfen, sondern um Informationen über das Funktionieren des Marktes zu verbreiten. Als »Marktwirte« sozusagen. Mit Blick auf die sechziger Jahre zeiht Giersch sich heute im nachhinein selbst der Sünde des »Konstruktivismus«. Insgeheim habe er damals geglaubt, die Ökonomie könne eine exakte Wissenschaft sein, ähnlich wie die Physik. Noch heute spüre er die Faszination dieser als falsch erkannten Vorstellung.

Giersch ist im Spektrum der ökonomischen Lehrmeinungen sicher klassisch-liberal. Aber er freut sich, wenn er unter seinen Mitarbeitern einen »suchenden« Marxisten findet. Zu seinen Leitfiguren zählt er, neben Hayek, den britischen Sozialökonomen James Meade, der von sich selbst sagte, er sei im Marktgeschehen Egoist, an der Wahlurne aber Altruist. Ähnlich wie Meade hat Giersch ein Auge für die soziale Dimension des Wirtschaftens. Nicht auf den puren Egoismus komme es an, sondern auf das »erweiterte Selbstinteresse«. Er selbst habe immer danach gelebt. Deshalb habe er relativ wenig »patentierbares Wissen« hinterlassen, sondern seine Erkenntnisse mit anderen geteilt. Vielleicht wurde Giersch deshalb immer wieder als möglicher Kandidat für den Wirtschaftsnobelpreis genannt, galt aber nie als heißer Favorit. Doch schließlich hat er ja erlebt, »daß es sich auszahlt, Wissen weiterzugeben«.

Dissertation:
»Der Ausgleich der Kriegslasten vom Standpunkt der sozialen Gerechtigkeit«

Literaturauswahl:
»Allgemeine Wirtschaftspolitik, Grundlagen« (Band 1), 1960;
»Konjunktur- und Wachstumspolitik«
(Allgemeine Wirtschaftspolitik, Band 2), 1977;
»Openness for Prosperity – Essays in World Economics«, 1993;
»Marktwirtschaftliche Perspektiven für Europa«, 1994.

Ernst Fehr denkt Ökonomie gegen den Strich.
Er erforscht soziale Normen auf dem Arbeitsmarkt

Der Sponti

Von Robert von Heusinger

Eine Trotzreaktion veränderte seine wissenschaftliche Laufbahn. Er hatte einen theoretischen Artikel über das Problem unfreiwilliger Arbeitslosigkeit geschrieben, und nun wurde der von allen in Frage kommenden wissenschaftlichen Zeitschriften abgelehnt. Damit wollte Ernst Fehr sich nicht zufriedengeben: »Es kommt doch nicht darauf an, ob meine Ergebnisse den entscheidenden Personen in den Zeitschriften passen oder nicht, sie müssen stimmen.«

Und so begann Fehr 1991, die theoretischen Ergebnisse mittels psychologischer Experimente zu testen. Aus dem Theoretiker wurde ein experimenteller Ökonom. Die Sturheit zahlte sich aus: Seine neuen Arbeiten konnte er in wichtigen Fachzeitschriften plazieren, und seit zwei Jahren ist Fehr Professor für Sozialpolitik, Arbeitsmarkt und Verteilungstheorie an der Universität Zürich.

In der Phase der Umorientierung stieß Fehr auf Arbeiten, die sich mit Anomalien in der neoklassischen Theorie befaßten. Vor allem die Ideen und der Mut des Psychologen David Kahneman und seiner Anhänger kamen ihm wie eine Befreiung vor. Ausgehend von den Erkenntnissen über die Informationsverarbeitung durch den Menschen, verließen sie das Dogma der neoklassischen Wirtschaftswissenschaft, wonach alles Marktgeschehen aus dem rationalen Optimierungskalkül der Individuen zu erklären ist. Von der Last des Optimierens um jeden Preis befreit, wagte Fehr sich an psychologische Experimente heran. Sie erwiesen sich als äußerst fruchtbar. Die Behinderung der Wettbewerbskräfte auf dem Arbeitsmarkt durch soziale Normen stehen seither im Mittelpunkt seiner Forschung.

Immer wieder testet Fehr die Hypothese vom »gerechten Lohn«. Die Idee dahinter: Die Menschen vergleichen ihre Position in der Gesellschaft mit der anderer Menschen und bewerten danach ihre relative Einkommensposition. Fühlen sie sich im Vergleich zu Kollegen, Nachbarn oder Freunden schlecht bezahlt, schränken sie ihre Leistung am Arbeitsplatz ein und umgekehrt. Da es den Arbeitgebern meist schwerfällt, die Leistung der Angestellten genau zu kontrollieren, versuchen sie die Mitarbeiter mit höheren Löhnen zu motivieren. Nach dem Motto »Wie du mir, so ich dir« (Prinzip der Reziprozität) erhoffen die Unternehmer sich durch die faire Bezahlung eine höhere Produktivität der Angestellten.

Die Norm der Reziprozität konnte Fehr in mehr als 25 Versuchen nachweisen, unabhängig von nationalen oder sozialen Besonderheiten. Wenn diese sozialen Normen bei der Lohnfindung eine Rolle spielen, dann läßt sich damit auch das Phänomen lang andauernder, unfreiwilliger Arbeitslosigkeit erklären, das die alte Neoklassik eigentlich ausschließt. Aufgrund dieser Normen sinken nämlich die Löhne bei einem Überangebot an Arbeit nicht, auch wenn die Arbeitslosen Lohnsenkungen aus ihrem Eigeninteresse heraus in Kauf nehmen würden. Vollbeschäftigung ist somit nicht über den Preismechanismus herzustellen. Die Kräfte von Angebot und Nachfrage versagen, da die Unternehmer aus Furcht vor Produktivitätsverlusten niemanden zu niedrigeren Löhnen einstellen. Damit ließe sich auch die Starrheit der Geldlöhne nach unten erklären.

Im Gegensatz zur herrschenden Meinung tragen nicht zu starke Gewerkschaften und überregulierte Arbeitsmärkte die

Ernst Fehr, *geboren am 21. Juni 1956*
in Hard/Vorarlberg
Studium: 1975–1980 Volkwirtschaftslehre in Wien
Berufsweg: 1986–1992 Prokurist im Transportunternehmen des Vaters,
1988 Studienaufenthalt an der London School of Economics,
1991–1994 Assistenzprofessor an der TU Wien,
seit 1994 Professor für Sozialpolitik, Arbeitsmarkt und Verteilungstheorie an der Universität Zürich

Hauptschuld an der Arbeitslosigkeit, sondern menschliche Verhaltensweisen. »Bei diesen Ergebnissen kann die Neoklassik einpacken«, frohlockt Fehr. Es wäre damit bewiesen, daß in der Marktwirtschaft nicht alle, die tauschen wollen – Arbeit gegen Lohn –, auch tauschen können und somit in ihrer Freiheit erheblich eingeschränkt sind. Darüber hinaus führten freie Märkte in vielen Fällen zu ineffizienten Lösungen.

Doch der Professor weiß auch um die Schwächen von Experimenten. Von deren Aufbau hängen die Ergebnisse ab, und »das Labor ist nicht die soziale Realität«. Genauso ist der Einfluß des Gütermarktes auf den Arbeitsmarkt noch nicht experimentell untersucht worden. Aber eine vorsichtige Gestaltung der Experimente erlaube es, die Bedingungen herauszufiltern, unter denen eine Theorie Gültigkeit habe. Dadurch könnten Experimente zu einer »Entideologisierung der Volkswirtschaftslehre beitragen«. Diese Erfahrung machte Fehr auch selber. »Ich habe nie an Gleichgewichtslösungen auf dem Gütermarkt geglaubt.« Doch seine Experimente belehrten ihn eines Besseren. Schon nach wenigen Tauschvorgängen wurde der durch die Theorie vorhergesagte Gleichgewichtspreis erreicht und verharrte dort.

Der kritische Ökonom hat in Wien studiert. Dort engagierte er sich stark in der Basisgruppe Roter Börsenkrach- und wurde Ende der siebziger Jahre zum ersten linken Studentenvertreter der Sozial- und Wirtschaftswissenschaftlichen Fakultät gewählt. »Politik soll Spaß machen« war das Motto der inhaltlich orientierten Spontigruppe. Während dieser umtriebigen Zeit gelang es Fehr, den linken Neoklassiker Winfried Vogt, Professor aus Regensburg, für Seminare nach Wien zu locken. Fasziniert von der »brillanten Kritik an der Standardwissenschaft«, nahm Fehr am Arbeitskreis Politische Ökonomie um Vogt teil und arbeitete an mehreren Gegengutachten mit. Diese Gutachten richteten sich gegen die herrschende Meinung der etablierten Konjunkturforschungsinstitute. Wenn es überhaupt einen Lehrer im Leben von Fehr gegeben hat, dann war es Vogt.

Nach seinem Studium verweilte der gebürtige Österreicher in Wien und verdiente als Assistent und später als Assistenzprofessor für VWL an der Technischen Universität sein Geld. Nebenbei entfloh er dem Elfenbeinturm und arbeitete einige Jahre als Prokurist im Transportunternehmen seines Vaters. In seiner Doktorarbeit entwickelte Fehr eine ökonomische Theorie der betrieblichen Selbstverwaltung. Schon damals – noch vom Optimierungskalkül geprägt – galt sein wissenschaftliches Interesse dem Arbeitsmarkt. Auf die großen ökonomischen Fragen – warum in einigen Staaten relativ mehr Arbeitsplätze entstehen als in anderen und wie die Massenarbeitslosigkeit beseitigt werden kann – gibt der inzwischen 40 Jahre alte Fehr allerdings keine Antwort. »Ich betreibe Grundlagenforschung.«

Dissertation:
»Ökonomische Theorie der Selbstverwaltung und Gewinnbeteiligung«

Horst Albach forscht über Innovation und Wettbewerb. Er mißtraut Kartellamt und Banken

Der Unternehmer

Nikolaus Piper

Kafka, warum Kafka? Horst Albach, der prominenteste unter Deutschlands Betriebswirten, wählt, um auf sein Lebenswerk neugierig zu machen, einen 26 Jahre alten Aufsatz aus: »Unternehmer und Organisation bei Franz Kafka«. Auf Umwegen habe er schon damals das Leitmotiv seiner wissenschaftlichen Arbeit aufgenommen, nämlich die Frage: »Was macht Unternehmen groß, und was zerstört sie?«

Die »Schulphilologen«, meinte Albach seinerzeit, interpretierten in das Werk des großen Prager Schriftstellers alles Mögliche hinein, nur nicht das Naheliegendste: daß nämlich Kafka, der bei Alfred Weber Staatswissenschaften studiert hatte, nicht über irgendwelche mystischen Kräfte geschrieben habe, sondern ganz einfach über Macht und Ohnmacht der Bürokratie. In seinen Romanen und Erzählungen zeige sich die selbstzerstörerische Kraft der Bürokratie; Kafkas Unternehmer bezögen ihre Stärke aus dem Rationalitätsprinzip der Bürokratie, gleichzeitig seien sie dessen Gefangene – eine bizarre Variation der Bürokratismustheorie von Alfred Webers berühmtem Bruder Max.

Die Thesen mögen ein wenig spekulativ gewesen sein, doch stört dies Horst Albach nicht sehr. Schließlich sind die »Schulphilologen« auch auf Spekulation angewiesen. Bewahrt hat sich der mittlerweile 65 Jahre alte Professor für Betriebswirtschaftslehre an der Humboldt-Universität zu

Horst Albach, *geboren am 6. Juli 1931 in Essen*
Studium: 1952–1957 BWL und VWL in Köln und Brunswick (Maine); außerdem Jura in Köln und Mathematik in Bonn
Berufsweg: 1961–1990 Professor für BWL in Bonn, 1978–1983 Mitglied des Sachverständigenrates, 1987–1989 Stiftungslehrstuhl für Unternehmenspolitik an der Privaten WHU Koblenz, 1987–1990 Präsident der Akademie der Wissenschaften zu Berlin, 1990 – 1994 Professor für BWL an der FU Berlin, 1994 Professor an der Humboldt-Universität zu Berlin, Direktor des Schwerpunktes IV im Wissenschaftszentrum Berlin

Berlin bis heute die Freude an der Grenzüberschreitung und am Widerspruch gegen die Postulate der Lehrbücher.

Vor allem, wenn es um eine scheinbar so einfache Sache wie den Wettbewerb geht. Die gängige Theorie unterstelle, daß Unternehmer »dumm oder pervers« seien; sie deute deren Verhalten daher meist völlig falsch. Eine falsche Theorie aber führe zu einer falschen Wettbewerbspolitik, und die wirke zerstörerisch auf Unternehmen. Das Bundeskartellamt erweise sich häufig als »Innovationshindernis«, es sei mithin an der Zeit, »grundsätzlich umzudenken«.

Für die klassische Wettbewerbspolitik etwa gilt die Regel: Je mehr Anbieter, desto besser. Falsch, sagt Albach: In der Praxis ist eine hohe Zahl von Anbietern geradezu ein Zeichen für schwachen Wettbewerb. Auch wenn es viele verschiedene Produkte mit jeweils kleinen Marktanteilen gibt, ist dies kein gutes Zeichen, sondern vielmehr »Ausdruck hoher Kosten der Informationsbeschaffung bei den Konsumenten und der daraus folgenden Chance, freiwillige Unwissenheit der Kunden durch Produktdifferenzierung auszubeuten«. Will sagen: Die Verbraucher können die Produktvielfalt gar nicht mehr überblicken und werden abkassiert.

Ein anderes Beispiel: Kartellwächter begrüßen Nachahmer, weil sie die Preise drücken, wenn sie etwa billige Autoersatzteile nachbauen. Und dies nützt den Verbrauchern. Ein scheinbarer Nutzen, glaubt Albach, denn dieser »Imitationswettbewerb« behindere den »Innovationswettbewerb«. Der Betriebswirt entscheidet sich für letzteren und postuliert: »Wer verlangt, daß jeder Fortschritt sofort und allen Käufern zugute kommt, wird letztlich keinen Fortschritt mehr haben.«

Albach steht – nunmehr wenig überraschend – Fusionen und staatlicher Industriepolitik ziemlich wohlwollend gegenüber. Ganz im Gegensatz zur traditionellen Ordnungspolitik. Er bestreitet gar nicht die Gefahr, daß als Konsequenz seiner Ansichten marktmächtige Unternehmen demnächst tun und lassen könnten, was sie wollen. Jeder Kartellfall sei eben anders gelagert, dem könne man nur durch neue, betriebswirtschaftlich definierte Kriterien der Wettbewerbspolitik beikommen. Daß er diese Kriterien selbst (noch) nicht hat, räumt Albach freimütig ein.

Dabei schwingt aber auch noch eine andere »Wertentscheidung« mit: Viele liberale Ökonomen verteidigen zwar leidenschaftlich den Kapitalismus, hegen aber ein latentes Mißtrauen gegenüber konkreten Kapitalisten. Schließlich unterstellte schon Urvater Adam Smith Unternehmern eine Neigung, gegen das Gemeinwohl zu konspirieren. Horst Albach dagegen mißtraut, konsequent betriebswirtschaftlich, Theorien über den Kapitalismus, wenn diese nicht mehr die Erfahrungswelt des konkreten Kapitalisten widerspiegeln. Als er von 1978 bis 1983 dem Sachverständigenrat der fünf Weisen angehörte, so wird berichtet, lebte er im ständigen Clinch mit der Ratsmehrheit der Nationalökonomen.

Der Theoretiker Albach sucht gezielt den Kontakt mit der Praxis. Albach saß im Aufsichtsrat der Treuarbeit, der Mercedes Holding, der Dresdner Bank, der Schwarzhaupt-Gruppe. Noch heute leitet er die Aufsichtsgremien zweier mittelständischer Unternehmen und ist AEG-Aufsichtsrat.

Bemerkenswert und letztlich schmerzhaft die Jahre 1982 bis 1993, in denen Albach als Aufsichtsrat die FAG Kugelfischer in Schweinfurt begleitete: Das Familienunternehmen hatte – mit Albachs Unterstützung – nach der Wende die Kugellagerfabriken der früheren DDR übernommen und wäre daran fast zerbrochen. Die große Enttäuschung sei für ihn gewesen, wie die Banken das Unternehmen im Stich gelassen hätten, sagt Albach und kommt zu der These: »Die hohe Abhängigkeit mittelständischer Unternehmen von der Bankenfinanzierung ist ein Innovationshindernis.« Nur eine Vermutung fürs erste, für die er den Beweis aber zu erbringen hofft. Jedenfalls sei es notwendig, kleineren Unternehmen neue Finanzierungswege zu erschließen, unter anderem den Zugang zu ausländischen Börsen.

Albach denkt nicht nur als Unternehmer, er ist selbst einer. Er bekleidet so viele Ämter, daß deren Wahrnehmung nur mit ausgeklügeltem Organisationstalent, professionellen Mitarbeitern und einer verständnisvollen Familie möglich ist – Albachs Frau Renate ist die Tochter seines Doktorvaters, des einstigen BWL-Papstes Erich Gutenberg. Gegenwärtig pendelt Albach zwischen seinen beiden Arbeitsplätzen an der Humboldt-Universität und am Wissenschaftszentrum Berlin und seinem Wohnsitz in Bonn. Der Terminplan wird angereichert durch eine lange Liste wissenschaftlicher Gremien, in denen Albach Mitglied ist, vom Vorstand der Stiftung Preußische Seehandlung bis zur Polnischen Akademie der Wissenschaften. Dabei hat er, aus Gesundheitsgründen, den Terminkalender schon etwas gelichtet. Früher, so wird in der Bonner Universität kolportiert, war dies noch viel schlimmer. Als Albach Ende der achtziger Jahre von Bonn aus die Private Hochschule Koblenz mit aufbaute, ließ er die Sprechstunde für seine Bonner Studenten gelegentlich im InterCity zwischen Bonn und Koblenz stattfinden.

Dissertation:
»Wirtschaftlichkeitsrechnung bei unsicheren Erwartungen«

Literaturauswahl:
»Das Unternehmen als Institution« (gemeinsam mit Renate Albach), 1989;
»Unternehmen im Wettbewerb: Investitions-, Wettbewerbs- und Wachstumstheorie als Einheit«, 1991.

Jürgen B. Donges liebt die Provokation.
Er forderte schon früh vom Staat Entrümpelung

Der Deregulierer

Von Christine Mattauch

Als »blutleerer Professor« ist er schon beschimpft worden und als »Minenhund der FDP«. Doch deftige Worte hat Jürgen B. Donges seinen Widersachern nie übelgenommen, denn: »Wer austeilt, muß auch einstecken können.«

In beiden Disziplinen hat der streitbare Ökonom, seit 1989 Professor für Wirtschaftliche Staatswissenschaften an der Universität zu Köln, Übung. Anfang der siebziger Jahre legte er sich, kaum dreißig geworden, mit dem Bundeswirtschaftsministerium an. Das Ministerium hatte ihn und seinen Studienfreund Gerhard Fels, heute Direktor des Instituts der deutschen Wirtschaft, mit einer Studie über Protektionismus in Deutschland betraut. Die beiden Jungökonomen geißelten derart unverblümt die Behinderung von Importen aus Entwicklungsländern, daß die Bonner das Papier monatelang unter Verschluß hielten. Einer Veröffentlichung stimmten sie schließlich nur unter der Bedingung zu, daß der Auftraggeber nicht genannt werde.

Einen Maulkorb ließ Donges sich nie umlegen. Ende der achtziger Jahre nahm er es als Vorsitzender der sogenannten Deregulierungskommission gleich mit der halben Republik auf. Im Auftrag der Bundesregierung sollte die Kommission untersuchen, wo Eingriffe des Staates in das Wirtschaftsleben verzichtbar seien. Schon der Fragenkatalog, den das Gremium an Organisationen und Verbände versandte, löste einen Proteststurm aus: Die Handwerker bangten um den Bestand der Meisterordnung, die Gewerkschaften sahen das Tarifvertragssystem gefährdet, die Stromwirtschaft fürchtete die Abschaffung ihrer Gebietsmonopole – nicht ganz zu Unrecht. Die erzürnten Lobbyisten ahnten nicht, daß sie Donges damit genau die Öffentlichkeit verschafften, die sich der Wirtschaftswissenschaftler gewünscht hatte. Denn während Deregulierung in den Vereinigten Staaten und in Großbritannien bereits Anfang der achtziger Jahre ein Schlagwort war, fand das Thema in der deutschen Öffentlichkeit kaum Beachtung.

Regulierungen – Eingriffe des Staates in das Wirtschaftsleben – sind nach der Theorie dann erlaubt, wenn der Marktmechanismus versagt oder zu unerwünschten Ergebnissen führt. Das kann zum Beispiel der Fall sein, wenn Unternehmen die Umwelt belasten. Oder wenn beim Abschluß von Verträgen eine Partei von vornherein so sehr im Vorteil ist, daß sie die andere ausbeuten kann. Auch sogenannte natürliche Monopole – etwa wenn die Investitionskosten in einem Sektor so hoch sind, daß sie sich nur für ein einziges Unternehmen lohnen – werden als Marktversagen gewertet.

Selbst Deregulierungsbefürworter wie Donges räumen ein, daß Marktversagen vorkommt, etwa in Gestalt von Umweltschäden. Hier sind staatliche Auflagen und Verbote auch aus ökonomischer Perspektive zweckmäßig. Die weitaus größte Zahl von Markteingriffen aber dient lediglich der Festschreibung von Privilegien und dem Schutz vor Konkurrenz. Weshalb, fragt Donges, soll ein Ladeninhaber sein Geschäft nicht bis 22 Uhr öffnen dürfen, wenn er es für vorteilhaft hält? Warum brauchen gestandene Gesellen einen Meisterbrief, um sich selbständig machen zu dürfen?

Jürgen Donges hat es immer gereizt, gegen den Strom zu schwimmen und Tabus zu brechen. Er sieht sich gern in der Rolle eines intellektuellen Vordenkers, dessen Ratschläge

Jürgen Bernardo Donges,
geboren am 24. Oktober 1940 in Sevilla (Spanien)
Studium: 1961–1966 Volkswirtschaftslehre in Saarbrücken
Berufsweg: 1966 Assistent in Saarbrücken, 1969 Wissenschaftlicher Mitarbeiter am Kieler Institut für Weltwirtschaft, 1978 Ernennung zum Direktor und Professor, 1983 Vizepräsident, 1989 Professor für Wirtschaftliche Staatswissenschaften an der Universität zu Köln

dann aufgegriffen werden, wenn »die Zeit dafür reif ist«. Daß er mit seinen Ideen aneckt, nimmt er in Kauf. Diese Haltung hat er sich von seinen beiden Lehrmeistern während der Studienzeit in Saarbrücken abgeschaut: Egon Sohmen setzte sich zu einer Zeit für flexible Wechselkurse ein, in der kaum jemand am Bestand des Bretton-Woods-Systems mit seinen festgelegten Währungsparitäten zweifelte. Auch Herbert Giersch galt mit seinen Thesen über die offene Volkswirtschaft lange als Außenseiter. Als Giersch 1969 die Leitung des Kieler Weltwirtschaftsinstituts übernahm, zog Donges mit.

Während seiner Jahre in Kiel standen zunächst außenwirtschaftliche Themen im Vordergrund. Donges schrieb gegen die damals populären Autarkiemodelle an, in denen linke Ökonomen eine Lösung für die Probleme der Entwicklungsländer sahen: Wenn sich die Dritte-Welt-Staaten in der Hauptsache selbst versorgten und nur untereinander Handel trieben, so die Argumentation, könnten sie nicht von den Industrieländern ausgebeutet werden. Donges vertrat genau die entgegengesetzte Position: Nur durch einen intensiven Handel mit den Industrieländern könne die Dritte Welt Wohlfahrtsgewinne erzielen und sich weiterentwickeln. Dazu müßten die Industrieländer freilich ihre Handelsbarrieren abbauen, mit denen sie sich vor Billigprodukten aus Asien und Afrika zu schützen versuchten.

Was aber würde geschehen, wenn Deutschland seine Märkte für diese Produkte öffnen würde? Zusammen mit Fels untersuchte Donges in einem großen Forschungsvorhaben die Fortschritte der Entwicklungsländer und ihre Auswirkungen auf die inländische Industrie. Sie kamen zu dem Ergebnis, daß in Deutschland insbesondere arbeitsintensive Sektoren wie die Textil- und die Stahlindustrie vor einer Strukturkrise stünden – ein Befund, der heute niemanden überrascht, den damals aber keiner hören wollte. »Selbst in der Zunft galten wir als Exoten«, sagt Donges rückblickend.

In der Forschung, wo seine Laufbahn begann, wäre Donges gern geblieben. 1983 übernahm er in Kiel die Abteilung Strukturforschung und wurde Vizepräsident des Instituts. Seine Karriere als Nachfolger von Herbert Giersch im Amt des Präsidenten schien vorgezeichnet. Doch es kam anders: Als Giersch 1989 ausschied, fiel die Wahl auf den Konstanzer Horst Siebert. Der enttäuschte Donges folgte einem Ruf an die Universität zu Köln – eine Entscheidung, die er nicht bereute.

Die Nähe zu Bonn trug dazu bei, daß die Politik noch mehr als zuvor auf ihn aufmerksam wurde. 1992 holte ihn die Bundesregierung in den Sachverständigenrat zur Begutachtung der gesamtwirtschaftlichen Entwicklung (die fünf Weisen).

Nachdem inzwischen das Vermittlungsmonopol der Bundesanstalt für Arbeit abgeschafft wurde, Telekommunikations-, Versicherungsmarkt und das Ladenschlußgesetz liberalisiert sind und die ganze Nation über die Flexibilisierung von Arbeitszeiten debattiert, will Donges sich neuen Themenfeldern zuwenden. »Die Reform des Sozialstaats wird das fundamentale Thema der späten neunziger Jahre«, prophezeit er. Klar, daß er sich da einmischen will. Klar ist auch: Seine Vorschläge werden unpopulär sein.

Dissertation:
»Über das Inflationsproblem in Entwicklungsländern, unter besonderer Berücksichtigung von Argentinien, Brasilien, Chile und Mexiko«

Literaturauswahl:
»Protektion und Branchenstruktur der westdeutschen Wirtschaft«, 1973;
»Außenwirtschafts- und Entwicklungspolitik – Die Entwicklungsländer in der Weltwirtschaft«, 1981;
»Staatliche Interventionen in der Bundesrepublik Deutschland«, 1986;
»Deutschland in der Weltwirtschaft«, 1995.

Reinhard Selten erhielt als erster Deutscher den Wirtschaftsnobelpreis

Der Revolutionär

Uwe Jean Heuser

Leise, zurückhaltend, zuweilen zerstreut und allzeit nachdenklich: Reinhard Selten hat die Ausstrahlung des klassischen Gelehrten. Sein Bild ging um die Welt, als die Stockholmer Juroren ihm 1994 als erstem Deutschen den Nobelpreis für Wirtschaftswissenschaften zusprachen. Freundlich stellte der Spieltheoretiker aus Bonn sich auch noch den dümmsten Fragen.

Aber der Schein trügt. In Wahrheit handelt es sich bei dem netten Mann um einen Revolutionär. Der gelernte Mathematiker ist nicht nur ein Meister der Ökonomie, sondern auch einer ihrer verwegensten Kritiker.

Daß die Ökonomen den Menschen in ihren Modellen nicht realistisch, sondern idealtypisch darstellen, bestreiten sie nicht einmal selbst. Wer wollte schon ernsthaft behaupten, er sei ein rationales Wesen, das alle verfügbaren Informationen verwertet und – je nach Vorliebe – optimal entscheidet. Trotzdem halten die meisten Volkswirte das Menschenbild ihrer Wissenschaft für nützlich, weil sich die zufälligen Abweichungen vom Idealbild des rationalen Menschen im großen und ganzen doch wieder aufheben. Sagen sie jedenfalls.

Reinhard Selten verläßt diesen neoklassischen Pfad. Er hält Abweichungen von der Rationalität nicht für zufällig oder abnorm, sondern für die Regel. Die Optimierungstheorie müsse mitsamt der Nutzentheorie »zu Grabe getragen

Reinhard Selten,
geboren am 5. Oktober 1930 in Breslau
Studium: 1951–1957 Mathematik und Volkswirtschaftslehre an der Universität Frankfurt am Main
Berufsweg: 1967–1968 Visiting Professor an der Business School der University of California in Berkeley,
1969–1972 Lehrstuhl für Volkswirtschaftslehre an der Freien Universität Berlin,
1972–1984 Professor am Institut für Mathematische Wirtschaftsforschung in Bielefeld, seither Lehrstuhl für Wirtschaftstheorie an der Universität Bonn

werden«. Ein großes Wort, denn auf diesem Fundament ruht die gesamte neoklassische Theorie vom Verhalten und Zusammenspiel der Menschen auf Märkten und in Organisationen.

Aber der Nobelpreisträger hat starke Indizien. Aufmerksam geworden durch den Amerikaner Herbert Simon, der nach dem Krieg über Entscheidungen bei eingeschränkter Rationalität geforscht hatte, organisierte Selten schon Ende der fünfziger Jahre erste Laborexperimente, um das wirkliche Verhalten der Menschen zu erforschen.

Seither ist er zweigleisig gefahren. Einerseits entwickelte er die orthodoxe Spieltheorie weiter, die den einzelnen als rationalen Entscheider betrachtet – für diese Arbeiten bekam er schließlich auch den Nobelpreis. Mit dieser Theorie untersuchen Ökonomen mathematisch exakt Entscheidungssituationen, in denen Menschen mit unterschiedlichen Interessen aufeinandertreffen. Die Theorie spiegelt für Selten zwar oftmals nicht die Realität wider, verbessert aber das Verständnis und liefert für weitere Überlegungen den Maßstab, wie es in einer rationalen Welt aussähe.

Andererseits versucht er aus Laborresultaten tatsächliche Handlungsmuster abzuleiten. Die Ergebnisse Seltens und anderer Experimentalökonomen lassen vom Bild des rationalen Entscheiders kaum etwas übrig. Selbst die schlichtesten Annahmen der Ökonomen wollen die Menschen nicht erfüllen: So ist es in einem rein rationalen Universum für die Kaufentscheidung eines Konsumenten belanglos, in welcher Reihenfolge er die zur Auswahl stehenden Produkte wahrnimmt. Viele Experimente zeigen aber, daß diese Reihenfolge sehr wohl die Wahl der Käufer beeinflußt.

»Entscheidungen werden nicht gemacht«, sagt Selten, »sie quellen auf.« Dabei spiele Rationalität nur eine begrenzte Rolle, sei nur einer von mehreren »Beratern«. Wie vielfältig der Prozeß in Wirklichkeit ist, zeige sich, wenn man über sich selbst nachdenkt. Selten: »Wir können die eigene Entscheidung nicht voll verstehen und nicht ganz kontrollieren.« Dafür sprechen auch die Ergebnisse von Experimenten: In Unkenntnis der wahren Gründe versuchen Menschen oft, ihr Verhalten im nachhinein rational zu erklären. Sie wollen nicht einsehen, daß auch sie nur eingeschränkt rational sind, sagt Reinhard Selten. Doch sei es wichtig, mit genau dieser Tatsache seinen Frieden zu machen.

Im Kampf gegen die »Rationaltheologen« schrieb der heute 66jährige Nobelpreisträger in den siebziger Jahren auch seinen berühmten Artikel zum »Chain Store Paradox«: Ein Monopol wird in seiner Stellung jährlich durch einen neuen Konkurrenten bedroht. Wie wird er sich verhalten? Der Erfahrung nach wird der Monopolist in der Realität dem ersten Konkurrenten mit einem Preiskampf hart zusetzen, auch wenn er dabei selbst Geld verliert. Dadurch hofft er, die möglichen Wettbewerber der nächsten Jahre vom Einstieg in den Markt abzuhalten.

Im ersten Teil seines Artikels nimmt Selten an, daß die einzelnen Akteure sich nach dem Idealbild des rationalen Entscheiders verhalten – und kommt infolge der besonderen Logik rationaler Spieltheorie zu einem Ergebnis, das dem gesunden Menschenverstand widerspricht: Der Monopolist zeigt sich danach von Anfang an kooperationsbereit und lädt so die anderen Wettbewerber quasi ein, ebenfalls in den Markt zu kommen. Im zweiten Teil verläßt Selten dann das Rationalitätsideal und kommt zum realistischen Ergebnis, indem er den Handelnden neben der rationalen Analyse noch andere Entscheidungsebenen zugesteht.

Die führenden ökonomischen Zeitschriften wollten nur den ersten Teil drucken, der zweite fand keinerlei Anklang. Selten gab nicht klein bei und veröffentlichte die gesamte Arbeit in einem relativ unbedeutenden Journal. Die Reaktionen blieben indes gleich: Aus Teil eins entstand ein eigener theoretischer Zweig, dessen Autoren lauter neue Variationen entwickelten, um die rationale Theorie auch in diesem Fall zu retten. Den zweiten Teil über die verschiedenen Entscheidungsebenen nahm kaum jemand zur Kenntnis. Das hat sich geändert. Ein Reihe jüngerer Ökonomen hat sich auf Experimente verlegt, um wirtschaftliches Verhalten besser zu verstehen. Doch das sei schwierig, weil sich das Verhalten nicht mit ein paar Mustern erklären lasse und auch je nach Situation verschieden sei, wie Selten sagt. Hunderte von Prinzipien steuerten den Menschen, die man nur nach und nach entdecken könne. Da helfe es auch nicht, am Schreibtisch mehr oder weniger plausible Theorien über beschränkt rationales Verhalten aufzustellen. Die Hoffnung auf einen solchen axiomatischen Weg hat er längst aufgegeben. Nichts ersetzt die schwere Entdeckungsreise. Immerhin kann der Mann vom Rhein mittlerweile genug Ergebnisse vorweisen, um die Verteidiger der Orthodoxie hier und da zum Rückzug zu bewegen. »Wir haben eine Empirie, die haben gar keine«, sagt er halb zufrieden, halb trotzig.

Selten empfindet Genugtuung darüber, daß einige seiner vermeintlichen Abwege langsam zu Hauptstraßen der Wissenschaft geworden sind. Der Geehrte versteht indes nur zu gut, warum das Nobelkomitee ihm den Preis für seinen »Einfluß auf die Neoklassik gegeben hat«, also für die Weiterentwicklung der rationalen Spieltheorie, und nicht für die experimentelle Wirtschaftsforschung. Ohne Seltens Beiträge aus den sechziger und siebziger Jahren ließen sich viele Spielsituationen gar nicht vernünftig lösen. Das Neue braucht hingegen Zeit, um sich im zähen Wissenschaftsprozeß durchzusetzen.

Selten war allerdings überrascht, daß er den Preis zusammen mit zwei amerikanischen Kollegen überhaupt bekommen hat – im Gegensatz zu den Bonner Studenten: Wenn ihn ein Deutscher bekommt, dann Selten, hieß es unter den angehenden Ökonomen schon seit Jahren. Ihm half erst das Zeremoniell in Stockholm, das Ganze wirklich zu glauben. Er hatte andere auf der Rechnung gehabt, Kollegen mit mehr »mathematischer Kraft und Schnelligkeit«. Der deutsche Professor war indes kreativer als viele andere Theorieasse. Seine Devise: »Man muß das Abenteuer suchen in der Wissenschaft.« Und er suchte es: In den Vereinigten Staaten hat er in mehreren Projekten die Spieltheorie auf Probleme der Abrüstung und der Außenpolitik angewendet, später, in Bielefeld, half der engagierte Pflanzenkundler den Biologen dabei, mittels Spieltheorie die Evolution besser zu verstehen. Bereits in der Schule und während des Mathematikstudiums ist sein Interesse gewandert – von der Psychologie über die Astronomie, bis er schließlich zur Volkswirtschaft kam.

Diesen Winter wurde Selten emeritiert. Vorher las er zum letzten Mal experimentelle Wirtschaftsforschung und brachte Studenten vom Pfad der Neoklassik ab. Trotzdem wird er sich weiter im häßlichen Ökonomentrakt der Bonner Universität blicken lassen: Die Leitung seines Labors für die Experimente möchte er für die nächsten zwei Jahre noch nicht aufgeben.

Bei anderen Forschern sorgt er sich mitunter, daß sie nicht radikal genug sind und immer wieder versuchen, beobachtete Phänomene rational zu erklären. Um diese Erkenntnisfalle hat der Revolutionär Reinhard Selten immer einen großen Bogen gemacht.

Dissertation:
»Bewertung von n-Personenspielen«

Literaturauswahl:
»The Chain Store Paradox«, in: Theory and Decision 9, 1978;
»A General Theory of Equilibrium Selection in Games« (gemeinsam mit J. C. Harsanyi), 1988;
»Game Equilibrium Models«, Vol. I, II, III und IV, 1991.

Carl Christian von Weizsäcker will politisch wirken. Der Ex-SPDler ist heute ein Wirtschaftsliberaler

Der Hardliner

Von Andreas Hoffmann

Eines kann man ihm sicher nicht vorwerfen – daß er die Wirklichkeit aus seinem Denken ausblenden würde. Carl Christian von Weizsäcker schreckt eher das Bild des Forschers, der im Elfenbeinturm der Universität verharrt. »Es macht wenig Sinn, sich etwas auszudenken, wenn man damit keine Wirkung entfaltet«, sagt der Professor für Wirtschaftliche Staatswissenschaften und Direktor des Energiewirtschaftlichen Instituts an der Universität zu Köln. Da fühlt er sich bester Tradition verpflichtet: Auch John Maynard Keynes, David Ricardo und Joseph Schumpeter hatten sich in die Niederungen des Alltagsgeschäfts begeben. Öffentlichkeit findet Weizsäcker genug. Als Vorsitzender der Monopolkommission öffnen sich ihm leicht Zeitungsspalten und Mikrophone.

Wofür wirbt Weizsäcker? Der heute 58jährige Professor jonglierte in den drei Jahrzehnten seiner Hochschullaufbahn mit vielen Bällen, mit Wachstumstheorie, Energiewirtschaft oder Bildungsökonomie. Mal rührte er die Werbetrommel für die Kernenergie (»Wer Kernkraftwerke in den nächsten fünfzehn Jahren abschaffen will, muß mit vier Stunden Stromsperre am Tag rechnen«), mal redete er der Ökosteuer das Wort, und zwar schon 1983. Sein wichtigstes Thema aber ist der Wettbewerb: mehr Wettbewerb in der Telekommunikation, Wettbewerb in der Strom- und Gasversorgung, Wettbewerb auf dem Arbeitsmarkt.

Carl Christian von Weizsäcker,
geboren am 28. Januar 1938 in Berlin
Studium: 1957–1961 Volkswirtschaft, Jura, Geschichte, Soziologie in Zürich, Göttingen, Hamburg, Freiburg und Basel
Berufsweg: 1962–1964 Stipendiat am Massachusetts Institute of Technology, 1965–1986 Professuren in Heidelberg, Bielefeld, Bonn und Bern, 1986 Professor für Wirtschaftliche Staatswissenschaften und Direktor des Energiewirtschaftlichen Instituts an der Universität zu Köln

Das »Tarifkartell« von Gewerkschaften und Unternehmen will der Professor über niedrigere Einstiegslöhne aufbrechen und so mehr Arbeitsplätze schaffen. Weizsäcker, der Hardliner? Er selbst sieht sich als Liberaler »im Umkreis der FDP«. 1983 warb er für Otto Graf Lambsdorff, den damaligen Bundeswirtschaftsminister.

Angefangen hat er als Wunderkind. Mit 23 Jahren promoviert, wurde Weizsäcker 1965 mit 27 der jüngste Professor der Bundesrepubik. An der Ökonomie faszinierte ihn die »intellektuelle Herausforderung, die klare Sprache der Mathematik«. Sicher, bei der Karriere half der berühmte Name. Sein Vater, der Physiker und Philosoph Carl Friedrich; sein Onkel Richard, später Bundespräsident; Bruder Ernst-Ulrich leitet das Wuppertal-Institut für Klima, Umwelt, Energie. Doch Carl Christian hatte früh mit einer Arbeit zur Wachstumstheorie aufhorchen lassen. Bereits als Student grübelte er über das Problem der »optimalen Wachstumsrate« nach und fand in seiner Dissertation (bei Gottfried Bombach in Basel) eine sehr elegante Lösung: Das Optimum ist erreicht, wenn Wachstumsrate und Kapitalzins gleich sind – zumindest in einer idealen Modellwelt. Die Fragestellung war höchst aktuell in den sechziger Jahren, und Weizsäckers Ansatz faszinierte die Fachwelt. Eine englische Fassung schickte er zu Robert Solow am renommierten Massachusetts Institute of Technology (MIT).

Der spätere Nobelpreisträger war beeindruckt. Weizsäcker wurde Stipendiat am MIT, wo er noch einen anderen späteren Nobelpreisträger kennenlernte: Paul Samuelson. An den beiden Wissenschaftlern faszinierte den jungen Deutschen ihre intellektuelle Brillanz. Keynesianer wie Solow oder Samuelson beherrschten in den sechziger Jahren die Wissenschaft. Sie glaubten, mit ihren Methoden, etwa einer antizyklischen Konjunkturpolitik, könnten Regierungen die Wirtschaft sicher steuern.

In der Bundesrepublik machte der spätere Finanz- und Wirtschaftsminister der SPD, Karl Schiller, diese new economics unter dem Begriff »Globalsteuerung« populär. Weizsäcker hatte 1958/59 in Hamburg zwei Semester bei Professor Schiller gehört und war so begeistert, daß er in die SPD eintrat. Das Feuer erlosch bald. Er erlebte, wie sich Schiller und die SPD immer mehr entfremdeten, wie schwer ökonomische Vorschläge politisch durchzusetzen sind. Weizsäcker mußte dies selbst leidvoll erfahren. Anfang der siebziger Jahre sagte er eine Lehrerschwemme für die Achtziger voraus (die dann auch eintrat); doch das wollte niemand hören.

Damals wuchs seine Skepsis gegenüber Staatseingriffen in die Wirtschaft. Politiker müßten zu viele Rücksichten auf Interessengruppen nehmen. Es kamen die Jahre, in denen sich auch die Nationalökonomie wandelte. Die Keynesianer verloren an Einfluß, die »Chicago-Boys« dagegen gewannen – Vertreter der Universität Chicago um Milton Friedman und George Stigler, die Marktwirtschaft um jeden Preis lehrten. Weizsäcker gab 1978 sein SPD-Parteibuch zurück und wurde ein Anhänger der Chicago-Boys.

Er predigte den Wettbewerb, doch die gängige Wettbewerbstheorie fand er mangelhaft. Das neoklassische Modell der vollständigen Konkurrenz – es gibt ein einziges Gut und so viele Anbieter, daß sie den Preis nicht beeinflussen können – taugte kaum für die Praxis. Keinen Gefallen fand er auch am modifizierten Modell eines »weiten Oligopols mit mäßiger Produktdifferenzierung«, das der Staat mittels Fusionskontrolle oder Konzernentflechtungen anstreben sollte. Von diesen Mitteln halten die Chicago-Boys, und mit ihnen Weizsäcker, wenig. Sie glauben inbrünstig an die »Selbstheilungskräfte des Marktes«; die Regierungen sollten nicht bestimmte Marktmodelle anstreben, sondern nur die Zutrittsschranken zu den Märkten abräumen. Gerieten in den Vereinigten Staaten nicht auch vermeintliche Marktbeherrscher wie Coca-Cola unter extremen Konkurrenzdruck? Hatte ein Newcomer wie Apple dem Computerriesen IBM nicht mehr zu schaffen gemacht als ein dreizehn Jahre währendes Antitrustverfahren? Weizsäcker stimmt nicht allem aus Chicago zu, doch den freien Marktzutritt hält er für eine der wichtigsten Wettbewerbsregeln.

Gleichzeitig sieht er in der verstärkten Konkurrenz auch einen Grund für die zunehmende Konzentration. Heutzutage verdienten die Unternehmen ihr Geld immer weniger in der Fertigung und immer mehr mit Innovationen. Neue Güter zu entwickeln wird zusehends teurer, deshalb müßten die Firmen manchmal zusammengehen, um effizient produzieren zu können. Ähnlich argumentierte er bei der Fusion zwischen dem Rüstungsunternehmen MBB und Daimler-Benz, die die Monopolkommission mehrheitlich befürwortet hatte.

Doch dieser Fall zeigt auch, wohin Weizsäckers Wettbewerbsthesen in der Praxis führen können: in die Kapitulation vor den realen Machtverhältnissen. Der frühere Vorsitzende der Monopolkommission, Ulrich Immenga, warf seinem Kollegen damals vor, zu sehr Industrie- und zu wenig Wettbewerbspolitik betrieben zu haben. Und wenn der Kölner Professor – ökonomisch begründet – mehr Wettbewerb am Arbeitsmarkt einführen will, etwa durch gesetzliche Öffnungsklauseln für Tarifverträge, vernachlässigt er die politischen Folgen. Der Staat würde in die Tarifautonomie eingreifen und beispielsweise für Arbeitnehmer in kriselnden Regionen und Branchen geringere Löhne festlegen. Mühsam ausgehandelte Tarifverträge würden durch staatliche Sonderregelungen ausgehöhlt.

Die Folgen wären das Ende des Flächentarifvertrags und der Anfang staatlicher Tarifpolitik. Zudem ist der mögliche Gewinn an zusätzlichen Arbeitsplätzen fraglich. Ob niedrigerer Lohn tatsächlich mehr Beschäftigung bringt, ist sehr umstritten.

Kein Wunder, wenn Kritiker den Chicago-Boys vorwerfen, ihre Ratschläge enthielten zuviel politisches Glaubensbekenntnis und seien zuwenig wissenschaftlich untermauert. Weizsäckers Weg zwischen Theorie und Praxis ist schwer.

Dissertation:
»Wachstum, Zins und optimale Investitionsquote«

Literaturauswahl:
»Zur ökonomischen Theorie des technischen Fortschritts«, 1966;
»Barriers to Entry. A Theoretical Treatment«, 1980;
»Die Rolle des Wettbewerbs im Fernmeldebereich« (gemeinsam mit G. Knieps und J. Müller), 1981.

Rudolf Hickel gehört zu den bekanntesten Kritikern der deutschen Wirtschaftspolitik

Der Opponent

Von Petra Pinzler

Es gibt Wirtschaftswissenschaftler, und es gibt politische Ökonomen. Rudolf Hickel, Professor an der Bremer Universität, gehört zur zweiten Kategorie, und das nicht nur, weil sein heutiger Lehrstuhl für Finanzwissenschaften lange auch den Titel »Politische Ökonomie« trug. Der 54jährige Hickel ist ein politischer Wissenschaftler: Fast all seine Publikationen befassen sich mit der Wirtschaftspolitik der Bundesrepublik – und kritisieren sie von links. Die meisten seiner Veröffentlichungen sind populärwissenschaftlich, meinungsfreudig und mit vielen Ratschlägen versehen – wie etwa sein neuestes Buch »Nach dem Fehlstart«, das sich mit den ökonomischen Fehlern nach der Wiedervereinigung beschäftigt. Solche Bücher, zahlreiche Aufsätze, vor allem aber seine Zeitungsartikel, Radiobeiträge und auch Fernsehinterviews haben Hickel zu einem der bekannteren Ökonomen Deutschlands gemacht. Die Lust, sich oft und deutlich einzumischen, wird jedoch in der deutschen Ökonomenzunft zwiespältig beurteilt.

Dem Wissenschaftler Hickel hat die Bereitschaft, die Grenze zwischen wissenschaftlicher Erkenntnis und Politikberatung zu verwischen, den Vorwurf mangelnder Seriosität eingebracht. Er kontert dies selbstsicher mit dem Hinweis auf die Allgemeinverständlichkeit seiner Thesen. »Ich bin stolz, wenn mich Leute auf der Straße darauf ansprechen, daß sie meine Erklärung im Fernsehen verstanden haben.«

Mit solch einem Duktus nähert der Professor sich auch seinen Studenten: Der Bremer Finanzwissenschaftler lehrt gern. Er legt Wert darauf, daß seine Veranstaltungen interessant sind und daß sie den Bezug zur Realität und zu anderen Disziplinen nicht verlieren. Als Redner ist er kaum zu bremsen. »Mir macht es einfach Spaß zu lehren«, sagt er fast entschuldigend und: »Ich möchte, daß schon die Erstsemester begreifen, welche Theorie dahintersteckt, wenn der Zentralbankrat den Leitzins hochsetzt.«

Es ist durchaus kein Allgemeinplatz, wenn Hickel die »Praxisrelevanz« von Wissenschaft einfordert: Er wurde 1974 an die einstige Reformuniversität berufen, nachdem er sich zuvor bereits in Konstanz für eine Reform der verstaubten wirtschaftswissenschaftlichen Studiengänge engagiert hatte. An der neuen Fakultät bekam er dann die Chance, die Reformideen auch auszuprobieren – und damit mehr Spielraum, als er an einer etablierten Hochschule je gehabt hätte: Er konnte Veranstaltungen neu konzipieren, Studiengänge entwerfen und das Gesicht der Universität mitprägen.

Anfangs mußte der Reformer sich hin und wieder anhören, er sei ja gar kein richtiger Professor. Rudolf Hickel fehlt die Habilitationsschrift, die Professorenknappheit der siebziger Jahre machte seine Berufung auch ohne diese Eintrittskarte möglich. »Zu Beginn nahm man mich wohl weniger ernst. Das hat schon gestört.«

Er kompensierte das Manko, auf gut schwäbische Art (im Schwarzwald ist er aufgewachsen) – er arbeitete hart. »Ich habe das Schreiben gehaßt«, erinnert sich Hickel. Und daran, daß er dann schrieb und schrieb und schrieb. Das Buch »Ein neuer Typ der Akkumulation«, in dem er den Strukturwandel der achtziger Jahre beschreibt, erklärt der Professor heute gern zur »nachträglichen Habilitationsschrift«.

Rudolf Hickel,
geboren am 17. Januar 1942 in Nürnberg
Studium: 1962–1967 Wirtschaftswissenschaften in Tübingen
Berufsweg: 1967–1969 wiss. Assistent an der Wirtschaftswissenschaftlichen Fakultät der Universität Tübingen, 1969–1971 als wiss. Assistentenvertreter am Aufbau der Universität Konstanz engagiert, 1971/72 Assistenzprofessor an der Universität Bremen, seit 1974 Professor für Politische Ökonomie, Staats- und Bildungsökonomik an der Universität Bremen, seit 1993 für Finanzwissenschaft, Aufsichtsratsmitglied der Preussag-Stahl AG, der Sächsischen Edelstahlwerke, der Gewoba-Bremen, Mitglied der Arbeitsgruppe alternative Wirtschaftspolitik (Memorandumgruppe), Wiss. Direktor des PIW Instituts für Wirtschaftsforschung Bremen, seit 1976 Mithrsg. der »Blätter für deutsche und internationale Politik«, Mitglied des Sachverständigenrats zur Verwaltungsreform in Niedersachsen, Schlichter im Tarifkonflikt Metall- und Elektroindustrie in Sachsen 1993

Allein durch harte Arbeit war die anfänglich mangelnde Anerkennung durch das Establishment jedoch nicht zu beseitigen. Vor allem die Tatsache, daß Hickel bereits früh mit dem Marxismus sympathisierte, isolierte ihn lange von deutscher Standardökonomie.

Inzwischen hat der Professor die Zeit, in der er sich Marxist nannte, lange hinter sich. »Die Erklärung ökonomischer Prozesse durch den Marxismus stößt an Grenzen – beispielsweise bei der Globalisierung der Finanzmärkte«, sagt Hickel heute. Die Marxsche Wertlehre charakterisiert er als »wissenschaftlich nicht sauber«. Sich selbst ordnet der Wissenschaftler als »kritischen Postkeynesianer« ein. Und selbst wenn die Lehren von John Maynard Keynes und dessen Schülern zur Zeit eher unmodern sind, nutzt Hickel sie gern als Erklärungshilfe: »Der Keynesianismus erklärt, warum das rationale Verhalten der einzelnen nicht notwendigerweise zu einem gesamtwirtschaftlichen Gleichgewicht führen muß.«

Hickel als Vertreter überholter Theorien? Der Professor bleibt in diesem Punkt widersprüchlich. Zwar hält er den deutschen Versuch, Keynes auch politisch umzusetzen und die Konjunktur über den Bundeshaushalt zu steuern, für gescheitert. Trotzdem glaubt er nach wie vor an staatliche Konjunkturpolitik. »Ein einheitlicher Binnenmarkt erfordert nicht nur gleichgerichtete Geld- und Währungspolitik, sondern auch eine koordinierte Konjunkturpolitik, jedenfalls wenn sich die Politik nicht auf die passive Devise ›Warten auf den Markt‹ einlassen will«, schreibt Rudolf Hickel.

Das Mißtrauen gegenüber dem Markt hat der Professor sich aus seinen marxistischen Zeiten bewahrt. Arbeitslosigkeit und Armut sind für ihn nicht die Folgen von Staats- sondern von Marktversagen. Er grenzt sich von der Markteuphorie mancher Kollegen ab, bleibt systemkritisch und kämpft für eine aktive Rolle des Staates in der Wirtschaftpolitik. »Die Marktkräfte schaffen es nicht allein, die ökonomischen Probleme zu lösen«, sagt er und plädiert für Arbeitszeitverkürzung, aktive Arbeitsmarktpolitik oder Ökoabgaben.

Analysen solcher Art machen Hickel für manchen mittlerweile zum Hofökonomen der Gewerkschaften: Immerhin wollte die Gewerkschaftsführung ihn tatsächlich schon einmal als einen der fünf Weisen sehen, die jedes Jahr im Auftrag der Bundesregierung die Wirtschaftslage begutachten. Das Kanzleramt lehnte jedoch ab. Zwar gibt es unter den fünf Mitgliedern des Sachverständigenrates traditionell einen, der eher die Gewerkschaftsmeinung vertritt. Ein so bekannter Kritiker der Bonner Wirtschaftspolitik sollte es dann aber doch nicht sein.

Noch wird Hickel sich wohl auf das Reden im Hörsaal, auf die Stellungnahmen in Funk und Fernsehen – und auf das Gutachten der Memorandumgruppe beschränken müssen. Mit dieser Arbeitsgemeinschaft linker Wirtschaftswissenschaftler gibt er schon seit Jahren ein Gegengutachten heraus, das die Empfehlungen der fünf Weisen regelmäßig scharf kritisiert.

Möglicherweise ist aber auch der letzte Sprung ins Establishment nur noch eine Frage der Zeit. Ein Brief, den ihm ein Mitglied der sozialdemokratischen Bundestagsfraktion vor einiger Zeit geschickt hat, war an »Rudolf Hickel, Mitglied des Sachverständigenrates« adressiert.

Dissertation:
»Konstitutionsbedingungen der Marxschen Politischen Ökonomie«

Literaturauswahl:
»Radikale Neoklassik. Ein neues Paradigma zur Erklärung der Massenarbeitslosigkeit«, 1986;
»Ein neuer Typ der Akkumulation? Anatomie des Strukturwandels. Kritik der Marktorthodoxie«, 1987;
»Nach dem Fehlstart. Ökonomische Perspektiven der deutschen Einigung«, 1994.

Bruno Frey suchte Alternativen zur Neoklassik.
Er begründete die Lehre der Public Choice in Europa

Der Rebell

Von Robert von Heusinger

Seine Stirn legt sich in Falten, wenn er auf den Zustand der modernen volkswirtschaftlichen Theorie zu sprechen kommt. »Zuviel Mathematik, Formalisierung und irrelevante Annahmen«, sagt Bruno Frey. Und verschmitzt fügt er hinzu: »Meine Rebellion gegen die reine Theorie der Neoklassik ist noch nicht beendet.«

Die Reduktion der Wirklichkeit auf Märkte und Transaktionskosten, wie es die Neoklassik lehrt, war ihm bereits in jungen Jahren ein Dorn im Auge; das Ringen um mehr Realitätsnähe blieb die Triebfeder seines wissenschaftlichen Arbeitens. Frey begründete in Europa die Lehre der Public Choice – eine Theorie, die ursprünglich aus den Vereinigten Staaten kommt. Sie integriert die Politik in die Wirtschaftstheorie.

Auch in anderer Hinsicht probte Frey den Aufstand: Er wandte sich gegen Hierarchien im Forschungsbetrieb und propagierte Teamarbeit. Bereits mit 29 Jahren zum Ordinarius für Finanzwissenschaft an die junge Konstanzer Universität berufen, scharte er rasch eine Truppe von studentischen Hilfskräften und Assistenten um sich.

Vor allem das gemeinsame Veröffentlichen von Forschungsergebnissen kennzeichnet die Frey-Schule. Die nahezu gleichberechtigte Stellung seiner Mitarbeiter, denen er auf Konferenzen oft den Vortritt ließ, sorgte für Aufsehen und Unverständnis unter der deutschen Professorenschaft.

Bruno Frey,
geboren am 4. Mai 1941 in Basel
Studium: 1960–1965 Volkswirtschaftslehre in Basel
Berufsweg: 1963–1969 Assistent von Gottfried Bombach, Studienaufenthalte in Cambridge (England), an der Wharton School (Pennsylvania), der Stanford-Universität und der Universität von Virginia, 1970–1977 Ordinarius für Finanzwissenschaft an der Universität Konstanz, seit 1977 Professor für Nationalökonomie an der Universität Zürich

Als Frey ein paar Jahre später dem Ruf an die Universität Zürich folgte, gründete er mit drei seiner Mitarbeiter eine Wissenschaftler-Kommune. Von Dienstag bis Donnerstag lebten und forschten sie gemeinsam in Zürich. Wohnsitz und Familie blieben weiterhin in Konstanz. Friedrich Schneider, Professor für Wirtschaftspolitik an der Universität Linz, schwärmt noch heute von dieser Zeit. Gemeinsam mit Frey entwickelte er vielbeachtete Modelle, die die Wirtschaftspolitik demokratischer Regierungen aus dem Streben der Politiker nach Stimmenmaximierung erklären sollen. Über seinen Freund und Lehrer spottet Schneider: »Bruno blieb in der WG nichts anderes übrig, als die Wohnung zu putzen und den Abwasch zu machen. Kochen oder Handwerkliches konnten wir dem Intellektuellen nicht überlassen.«

Während seines Studiums in Basel prägten Frey drei Lehrer. Der Humanist Edgar Salin weihte Frey in die geschichtliche Dimension der Volkswirtschaft ein. Freys Mentor Gottfried Bombach, einer der führenden Theoretiker jener Zeit, verdeutlichte ihm den Sinn und Unsinn von Modellannahmen. Inspiriert von Jacques Stohler, der Neue Wohlfahrtsökonomie lehrte, galt seine Faszination rasch der Neuen Politischen Ökonomie, genannt Public Choice.

Der herkömmlichen Sichtweise, daß politische Entscheidungen von außen der Wirtschaft vorgegeben werden, setzte Public Choice einen anderen Gedanken entgegen: die Integration der Politik in die Wirtschaft. Nicht mehr: Wann soll der Staat handeln? wird gefragt, sondern: Wann handelt der Staat? Das ökonomische Verhaltensmodell wird auch Politikern, Beamten und Abgeordneten unterstellt.

Sie alle sind bestrebt, ausschließlich ihren eigenen Nutzen zu maximieren. Sie wollen mehr Macht, Prestige und Einkommen. Eingriffe in den Markt entspringen folglich nicht dem Streben einer Regierung, die um das Gemeinwohl bemüht ist. Diese Eingriffe sollen vielmehr Interessengruppen befriedigen und den Einfluß des Staates ausdehnen.

Nach mehreren Auslandsaufenthalten, unter anderem am Center for Political Economy an der University of Virginia, der Keimzelle der Public Choice, verschaffte Bruno Frey von Konstanz aus – dort war er von 1970 bis 1977 – der Neuen Politischen Ökonomie Gehör in Europa.

Zu Beginn noch angefeindet oder auch nur belächelt, trat die Gruppe um Frey spätestens seit dem Umzug nach Zürich ihren Siegeszug an. Während dieser Zeit, die der Gruppe den Beinamen Zürich-Mafia eintrug, wuchs die Wertschätzung für die politischen Institutionen der Schweiz.

Durch direkte Demokratie und Föderalismus werden die Wünsche der Bürger besser als in jedem anderen politischen System berücksichtigt, so eine der Hauptthesen des Frey-Teams. Volksentscheid und Referendum beschränken die Macht der Regierung und dämmen die Staatstätigkeit ein.

Der Steuerwiderstand der Bürger ist stärker, was die Effizienz der Bürokratie befördert. Heute gehören die Ansätze der Neuen Politischen Ökonomie längst zum Standardrepertoire der Finanzwissenschaft, und Bruno Frey zählt zu den weltweit am meisten zitierten Ökonomen. »Ein großer Triumph und erfolgreicher Schlag gegen die Neoklassik«, wie der Wirtschaftswissenschaftler nicht ohne Stolz feststellt.

Aber mehr als zwanzig Jahre Public Choice haben auch die Grenzen dieser Theorie deutlich gemacht: Der eigennützige Homo oeconomicus ist als idealisiertes Menschenbild zu restriktiv und erklärt viele Verhaltensweisen nicht. Irgendwann wird es langweilig, den Akteuren rein egoistisches Verhalten zu unterstellen. Neue Erkenntnisse gibt es schon lange nicht mehr. In konsequenter Weiterentwicklung seines Forschungsprogramms arbeitet Frey nun mit einer jüngeren Gruppe – bestehend aus Schweizer Studenten und Assistenten – an einem neuen Angriff auf die traditionelle Theorie.

Er will das klassische ökonomische Verhaltensmodell erweitern, indem er auch psychologische Erkenntnisse hinzuzieht. Soziale Normen, Fairneß, Identifikation und Kommunikation sollen berücksichtigt werden und den Erklärungsgehalt der Theorie verbessern. Eine »empirisch fundierte Theorie der Ethik« soll das Phänomen erklären, daß das menschliche Verhalten um so stärker von dem des Homo oeconomicus abweicht, je geringer die Anonymität ist. Die Grenzen des Preissystems zum Beispiel bei Blutspenden oder Organhandel interessieren Frey genauso wie die Frage, wann und wie die Einführung von Marktmechanismen vorhandene soziale Normen zerstört.

Für den liberalen, aber unkonventionellen Ökonomen, den nichts im stillen Forscherkämmerchen hält, zählen vor allem die Idee und der Intellekt. Da spielt es keine Rolle, ob sein Gegenüber ein radikaler oder ultraliberaler Ökonom ist. Bruno Frey liebt die Diskussion und fordert Interdisziplinarität.

Letzteres unterstreicht er durch zahlreiche Veröffentlichungen in soziologischen, psychologischen sowie philosophischen und politikwissenschaftlichen Zeitschriften. Schaffenskraft und Publikationswut des heute 55jährigen Professors sind noch ungebrochen.

Dissertation:
»Bildungsökonomie«

Literaturauswahl:
»Demokratische Wirtschaftspolitik« (gemeinsam mit G. Kirchgässner), 1994;
»Umweltökonomie«, 3. Aufl., 1992.

Michael Christopher Burda
forschte über Arbeitslosigkeit in Europa.
Für Ostdeutschland ist er optimistisch

Der Jungstar

Uwe Jean Heuser

Michael Burda bewegte sich langsam, aber stetig nach Osten. Vom heimatlichen New Orleans über Boston und Paris ist er 1993 ins vereinigte Berlin gekommen.

Ein Freund hatte ihm, eher zufällig, eine Stellenannonce der Berliner Humboldt-Universität gezeigt. Burda war begeistert – nicht aus Enthusiasmus für den Wiederaufbau, der kam später dazu. Die Liebe zog ihn nach Berlin. Der Wechsel war indes beruflich ein voller Erfolg: Kaum einen Jungprofessor empfehlen die arrivierten Ökonomen Deutschlands so gerne weiter wie den Mann aus Amerika, kaum einen bitten sie so oft in ihre Zirkel.

Schon in seiner Doktorarbeit hatte sich Burda, dessen Mutter aus England kommt, mit Europa befaßt – auch mehr aus Zufall. Zurückgekehrt von einem einjährigen Studienaufenthalt in Göttingen, wollte der Harvardianer eigentlich über ein reichlich sprödes Thema promovieren: optimale Lagerhaltung in der Konjunktur.

Doch dann nahm ihn sein Professor Jeffrey Sachs zur Seite; der hatte als umstrittener Berater lateinamerikanischer und osteuropäischer Regierungen beim Übergang zur Marktwirtschaft seinen Hang zur Praxis bewiesen. »Sie sind verrückt«, sagte Sachs, als Burda ihn mit seinem Thema konfrontierte, »Europa hat fünfzehn Prozent Arbeitslosigkeit, wir brauchen empirische Ergebnisse.« Dann, erinnert sich Burda, ließ der Doktorvater sich sechs Monate nicht mehr blicken – auch das typisch für den umtriebigen Professor. Trotzdem fügte sich der Doktorand und wandte sein Forscherinteresse dem Arbeitsmarkt des Alten Kontinents zu.

Die Arbeitslosigkeit in Westdeutschland erklärte der Jungforscher vor allem mit den rigiden Löhnen. Hohe, inflexible Tariflöhne und die »überaus großzügige« Versorgung der Arbeitslosen hätten diesseits des Atlantiks einen Beschäftigungsanstieg wie in den Vereinigten Staaten verhindert. Aufgrund starrer Vorschriften und Institutionen hätten kaum neue Dienstleistungsjobs entstehen können, um die Arbeitsplatzverluste in der Industrie wieder wettzumachen. An mangelnder Nachfrage, wie SPD und die Gewerkschaften früher glaubten, habe es jedenfalls kaum gelegen.

Damit begab sich Burda hierzulande ins liberale Lager. Am Kieler Institut für Weltwirtschaft, Hort der Marktwirtschaftler, schätzt man ihn denn auch besonders. Der Ökonom aus Amerika findet es zwar »toll, daß die Kieler mich so loben«, trotzdem will er sich von keiner Seite im hiesigen, ideologisch überfrachteten Streit zwischen Keynesianern und Neoliberalen vereinnahmen lassen. In guter Ostküstentradition lehre er beide Richtungen, sagt Burda, die Theorien in der Tradition des britischen Nationalökonomen John Maynard Keynes, die für Konjunkturflauten vor allem Kaufkraftmangel bei den Konsumenten verantwortlich machen, ebenso wie die Theorien der Neoklassiker, die auf zu hohe Kosten für die Unternehmen und damit vor allem auf inflexible Löhne verweisen. Burda: »Die Studenten sollen selbst sehen, was sie überzeugt.«

Ohnedies hält er den alten Konflikt für überholt, die Gräben zwischen beiden Seiten für viel kleiner, als sie oft dargestellt würden. Die Ökonomen sollten einzelne Streit-

Michael Christopher Burda,
geboren am 4. April 1959 in New Orleans, Louisiana
Studium: 1977–1981 Volkswirtschaftslehre am Harvard College und in Göttingen, danach Rückkehr nach Harvard
Berufsweg: 1987 Professor für Volkswirtschaft an der französischen Managementschule INSEAD in Fontainebleau, 1993 Professor an der Berliner Humboldt-Universität

punkte nicht an die große Glocke hängen, sondern ihre Kontroversen lieber unter sich austragen, sagt der Nachwuchsstar. Tatsächlich untersuchen maßgebliche Makroökonomen heute, statt auf allgemeinen Weisheiten zu beharren, viel intensiver als früher die konkreten Institutionen in konkreten Ländern; sie wollen wissen, wie es wirklich in der Welt aussieht. Daher verhaken sie sich weniger in den – vom Untersuchungsobjekt weitgehend unabhängigen – Grundsatzdebatten früherer Tage. Zudem nehmen sie an, daß der einzelne sich ein realistisches Bild von der Volkswirtschaft macht und keine abwegigen Erwartungen über die Entwicklung der Volkswirtschaft hegt.

Freilich müssen die Erwartungen nach diesem Modell nicht immer zutreffen: Unvorhersehbare Ereignisse können den Gang der Dinge verändern und damit den einzelnen überraschen. Mit diesem ausgeklügelten Erwartungskonzept können die Volkswirte viele Ergebnisse alter Theorien von vornherein ausschließen. So fußt die einfachste

Variante keynesianischer Ökonomie darauf, daß die Menschen auch vorhersehbare Steigerungen der Inflationsrate auf Dauer ignorieren – ein Ansatz, den heute kaum noch jemand vertritt.

In Deutschland hat der Mann, der sich nicht von einem Lager vereinnahmen lassen will, viel über transatlantische Unterschiede gelernt. Berufsanfänger in Europa versprächen sich beispielsweise von einem Job viel mehr als junge Menschen in den Vereinigten Staaten. »In Europa fragen sie gleich nach betrieblichen Renten«, sagt er, das käme in Amerika niemandem in den Sinn.

Die Werte seien bei ihm zu Hause ganz andere. Arbeitnehmer wechselten viel öfter mal den Job; deshalb gebe es in den USA auch so wenig Langzeitarbeitslose. Die Amerikaner, resümiert Michael Burda, »haben ähnlich viel Arbeitslosigkeit wie die Europäer. Aber sie verteilen sie besser.«

In der Tat arbeiten in den Vereinigten Staaten weitaus mehr Menschen als in Europa nur einen Teil der Woche. Oder ihre Arbeitsverhältnisse sind von vornherein auf ein Projekt oder auf eine bestimmt Zeit begrenzt. Außerdem sind vor allem einfache Arbeiten dort viel billiger zu haben als in der Alten Welt. So sind für viele ärmere Haushalte die Einkommen real gerechnet seit mehr als einem Jahrzehnt nicht mehr gestiegen – ein Trend, der sich erst jetzt ganz langsam zu drehen beginnt.

Etwas vom amerikanischen Optimismus hat der Ökonom gemeinsam mit einem Kollegen vor zwei Jahren in die innerdeutsche Debatte gebracht. Burdas Modell zufolge kann die ehemalige DDR schon in weniger als fünfzehn Jahren wirtschaftlich mit dem Westen gleichgezogen haben – rascher, als viele Skeptiker vermuten. Es ginge um so schneller, folgerten Burda und Co., je eher die ostdeutschen Unternehmen viele Mitarbeiter entließen und so ihre Produktivität westlichen Standards anpaßten.

Burda übersetzt diese Schlußfolgerung in einen Generationskonflikt: Erhält man den älteren Menschen heute unproduktive Jobs, finden die Jungen morgen keine Arbeit, weil die Wirtschaft nicht reüssiert.

Einen anderen Konflikt hat der Ökonom aus Amerika indes längst hinter sich. Die Liebe, derentwegen er in die deutsche Hauptstadt kam, hat nicht gehalten. So gern er Berlin auch hat: Michael Burda kann sich vorstellen, nach langer Zeit mal wieder in Richtung Westen zu ziehen. An Offerten für den Jungprofessor dürfte es kaum mangeln.

Dissertation:
»Essays über den Anstieg der Arbeitslosigkeit in Europa«

Literaturauswahl:
»Makroökonomik – eine Europäische Perspektive«
(gemeinsam mit Charles Wyplosz), 1994

Horst Siebert will den Erkenntnissen der Neoklassik in der Politik Geltung verschaffen

Der Ratgeber

Uwe Jean Heuser

Horst Siebert hat es geschafft. Seine Publikationsliste umfaßt rekordverdächtige 36 Seiten, seine Vita verzeichnet erstaunlich viele ehrenhafte Positionen, seine Lehrbücher sind nach den Maßstäben der Branche Bestseller. Er hat einen Namen als Theoretiker ebenso wie als praxisnaher Ratgeber, und selbst im elitären Kreis der führenden amerikanischen Wirtschaftswissenschaftler ist er vergleichsweise gut gelitten.

Als Präsident des Kieler Instituts für Weltwirtschaft, als Mitglied des Sachverständigenrates und Publizist spielt er ganz oben mit im informellen Wettstreit um den Titel des einflußreichsten Ökonomen in Deutschland. Lautstark fordert er seit Jahren, endlich die Lücke zwischen Angebot und Nachfrage auf dem Arbeitsmarkt zu schließen. Publikumswirksam hat er seine Thesen in dem Buch »Geht den Deutschen die Arbeit aus?« vorgetragen. Nach der mitunter drastischen Sprache zu urteilen, geht Horst Siebert langsam die Geduld aus – mit der Politik ebenso wie mit jenen Kollegen, die das Problem durch die Steigerung der Kaufkraft lösen wollen.

Seine Antwort auf die selbst gestellte Frage ist eindeutig: Den Deutschen geht die Arbeit aus, wenn sie sich nicht zügig auf die Grundregeln der neoklassischen Ökonomie besinnen. Die Arbeitslosigkeit läßt sich danach nur abbauen, wenn der Preis für Arbeit dem steigenden internationalen

Horst Siebert,
geboren am 20. März 1938 in Neuwied/Rhein
Studium: 1959–1963 VWL an der Universität zu Köln und der neuenglischen Wesleyan University
Berufsweg: 1965–1967 Sekretär des Wirtschaftspolitischen Ausschusses im Verein für Sozialpolitik, 1967–1968 Assistant Professor an der Texas A & M University,
1969–1984 Professor für VWL an der Universität Mannheim,
1984–1989 Professor für int. Wirtschaftsbeziehungen an der Universität Konstanz,
seit 1989 Präsident des Kieler Instituts für Weltwirtschaft und Professor für Theoretische VWL an der dortigen Universität,
seit 1990 Mitglied des Sachverständigenrats zur Begutachtung der gesamtwirtschaftlichen Entwicklung

Wettbewerbsdruck angepaßt wird. Damit es wieder zu einer Art Gleichgewicht auf dem Arbeitsmarkt kommt, müßten die Löhne vor allem für einfachere Arbeiten zurückbleiben und – noch wichtiger – ebenso wie die Arbeitszeiten insgesamt flexibler werden.

Behindert wird diese Anpassung, glaubt man Siebert, aber nicht nur von überhöhten Tarifabschlüssen, sondern auch vom Sozialstaat. Immer weiter hätten sich Löhne und Sozialhilfe einander angenähert und damit für viele den Anreiz geschmälert, überhaupt zu arbeiten. Gleichzeitig nehme ein rigider Kündigungsschutz den Arbeitgebern jeden Anreiz, neue Arbeitnehmer fest einzustellen.

Berufseinsteigern will er denn auch das Recht einräumen, für zwanzig Prozent weniger Geld zu arbeiten, als es der Tarifvertrag vorsieht. Die Gewerkschaften sollen Raum lassen für flexible Wochenarbeitszeiten; ihre Vereinbarungen dürften nicht mehr für allgemeinverbindlich erklärt werden. Vollzögen die Gewerkschaften die Dezentralisierung der Wirtschaft nicht nach, so Siebert, »erodiert ihre Position vollkommen«.

Der stets verbindlich auftretende Ökonom verlangt mehr Selbstbeteiligung in der Krankenversicherung, er will verschiedene Pläne für die Arbeitslosenversicherung zur Wahl stellen und die private Altersvorsorge gegenüber der Rentenversicherung stärken, damit Sozialabgaben und Lohnkosten sinken können.

Man müsse auch darüber nachdenken, ob die Arbeitnehmer nicht künftig – nach einer entsprechenden einmaligen Gehaltserhöhung – ihre Sozialbeiträge allein bezahlen und die Arbeitgeber sich nicht mehr beteiligen. Damit würde der Anreiz für die Versicherten wachsen, die Sozialkosten unter Kontrolle zu bringen, glaubt Siebert. Eine Erhöhung der Mehrwertsteuer zur Entlastung der Sozialkassen lehnt er aus heutiger Sicht ab. Die Steuerlast sei auch so hoch genug.

»Mehr Beschäftigung und weniger Arbeitslosigkeit kann es in einer Marktwirtschaft nur geben, wenn die Arbeitsproduktivität, die Wertschöpfung pro Beschäftigten, stärker steigt als die Löhne.« Da die Produktivität in den neunziger Jahren langsamer wächst, kann das für viele Deutsche nur eines bedeuten: Verzicht auf reale Lohnerhöhungen. Mit seinen konsequenten – oder aus Sicht der Gegner sturen – Kommentaren ist der Rheinländer für viele Sozialdemokraten und Gewerkschafter zum Buhmann geworden. Aber auch Teilen der Regierungsparteien geht seine Lehre zu weit.

Siebert dagegen sorgt sich, daß »die deutsche Politik insgesamt« noch nicht verstanden habe, wie sehr sich das Umfeld verändert und wie dringend der Umbau zur richtig verstandenen sozialen Marktwirtschaft sei. Die Volkswirtschaften befänden sich mit Steuern, Infrastruktur und Institutionen in einem harten Standortwettbewerb, wodurch »der Handlungsspielraum der Regierungen zurückgeht«.

Siebert weiß auch, warum sich ökonomischer Sachverstand, wie er ihn definiert, nur langsam durchzusetzen vermag. Anders als bei Juristen, deren Fehler in der Regel von Gerichten geahndet werden, bewegten sich Ökonomen auf unsicherem Terrain: Wirtschaftspolitik wirke sich wesentlich diffuser aus, etwa am Arbeitsmarkt mit zehn Jahren Verzögerung. Um so erstaunlicher ist es, wie sehr Siebert dennoch auf die Durchsetzungskraft seiner Wissenschaft vertraut.

Seine Meriten erwarb Siebert sich als Pionier der Umweltökonomie. Schon zu Beginn der siebziger Jahre bezog er als einer der ersten ökologische Fragen in die Wirtschaftstheorie ein. Immer noch steht sein neu aufgelegter Klassiker »Economics of the Environment« oben auf den einschlägigen Leselisten. So schnell er mit Rezepten für den Arbeitsmarkt bei der Hand ist, so sehr zögert er aber, heute noch Vorschläge zur Umweltpolitik zu machen – und greift auf die allgemeine Feststellung zurück, in der Umweltpolitik kämen die Preisinstrumente zu kurz. Die Deutung ist nicht allzu schwer: Wie viele Zeitgenossen hat auch Horst Siebert angesichts der Masse von Arbeitslosen heute andere politische Prioritäten als den Umweltschutz.

Unterdessen reist Siebert in Sachen Ökonomie um die Erde. Die chinesische Zhejiang-Universität hat ihn kürzlich zum Ehrenprofessor gemacht. Seine Vorlesungen dort, unter anderem über die deutsche Einigung, stießen auf großes Interesse, sagt Siebert. Schon als Student hörte er an der amerikanischen Wesleyan University begeistert Vorlesungen des legendären Wirtschaftslehrers Alvin Hansen. Wie die meisten Amerikastudenten war er beeindruckt von der Offenheit der Professoren und den kleinen Studentengruppen. Heute tritt Siebert dafür ein, daß Studenten hierzulande ihre Professoren wie in Amerika offiziell beurteilen.

Trotz der Nähe zu illustren Kollegen hat Siebert keine Vorbilder - selbst wenn er die »wunderbare Offenheit« seines Lehrers Hans Karl Schneider rühmt. Auch von den Klassikern will er für sich keinen herausgestellt wissen. Zwar ist er nicht von einzelnen Denkern begeistert, dafür aber wohl von seinem Fach insgesamt. Wie Siebert mit gleichbleibendem Interesse die Mechanismen scines wirtschaftlichen Weltbildes vermittelt, wirkt er mehr wie ein Ökonom aus Leidenschaft denn wie der Karrierewissenschaftler, als den ihn Kritiker schelten.

Dissertation:
»Zur Theorie des regionalen Wirtschaftswachstums«

Literaturauswahl:
»Einführung in die Volkswirtschaftslehre«, 11. Aufl., 1992;
»Das Wagnis der Einheit. Eine wirtschaftspolitische Therapie«, 2. Aufl., 1993;
»Geht den Deutschen die Arbeit aus?«, 1994;
»Außenwirtschaft«, 6. Aufl., 1994;
»Economics of the Environment«, 4. Aufl., 1995.

Klaus Mackscheidt ist bei Kölns Studenten der beliebteste Wirtschaftsprofessor

Der Lehrmeister

Von Petra Pinzler

Gäbe es in den deutschen Hochschulen einen Preis für hervorragende Lehre, so würde ihn in Köln regelmäßig ein Mann kassieren: Klaus Mackscheidt. Der Finanzwissenschaftler füllt seit Jahren die größten Hörsäle der Universität, und das nicht nur, weil seine Vorlesungen zum Pflichtprogramm gehören. Mackscheidt ist mit Abstand der beliebteste Professor der Fakultät – die Umfragen unter den Studenten belegen das. Der drahtige kleine Mann kommentiert den großen Andrang bei seinen Veranstaltungen damit, daß er »nicht für die Elite, sondern auch für die breite Masse« lehre.

Mackscheidt gehört nicht zu den Gelehrten, die jenseits ihrer eigenen Nische die Beschäftigung mit den Standardthemen der Ökonomie als lästige Pflicht verstehen. Ihn freut die Möglichkeit, nicht zu forschen, sondern auch Ökonomie verständlich und »möglichst ohne Mathematik« zu lehren. Seine Vorlesungsfächer sind neben Finanzwissenschaft auch Wirtschaftspolitik, Geldtheorie und Wohnungswirtschaft.

Zunächst schien dem Professor ein ganz anderer Weg vorgezeichnet: Seine ersten Meriten verdiente sich Mackscheidt als Assistent des bekannten Außenwirtschaftstheoretikers Klaus Rose mit einer Doktorarbeit über den internationalen Ausgleich der Faktorpreise. Bei seinem Doktorvater hätte er in der Außenwirtschaftslehre weiter reüssieren können, doch Mackscheidt entschied sich anders. Nach seiner Promotion zog er von Mainz an seinen Geburtsort Köln zurück und wechselte auch noch das Fach. Rose kommentierte den Entschluß seines Adlatus damals mit den Worten, er begehe den »schwersten Fehler des Lebens«. Mackscheidt hat den Schritt nie bereut. Als Assistent von Karl-Heinrich Hansmeyer beschäftigte er sich fortan vorwiegend mit der Finanzwissenschaft, dem, wie er sagt, »schönsten Gebiet« der Ökonomie. Nach einem kurzen Abstecher an die Hamburger Universität wurde er von den Kölnern zum Professor für Finanzwissenschaften berufen.

Durch den Schwerpunkt seiner Forschung unterschied sich Mackscheidt zunächst stark von seinem Kölner Vorgänger, dem Steuerexperten Günter Schmölders. Mit seiner Habilitationsschrift wandte er sich zum einen der Wohlfahrtsökonomie zu – einer Theorierichtung, die nach rationalen Kriterien für die Beurteilung und Optimierung wirtschaftspolitischer Maßnahmen sucht. Zum anderen befaßte er sich mit der ökonomischen Theorie der Politik, die Entscheidungen von Politikern aus deren Selbstinteresse heraus analysiert. »Manchen Finanzwissenschaftlern war meine Arbeit damals zu theoretisch«, erinnert sich Mackscheidt. Heute gehört das einst Ungewohnte längst zum Standardrepertoire der Finanzwissenschaft.

Mackscheidt untersuchte zum Beispiel, ob sich aufgrund theoretischer Überlegungen ein optimaler Staatshaushalt bestimmen läßt: Wie sollen die Steuern festgesetzt werden? Wieviel Geld soll der Staat überhaupt bekommen, und wofür soll er es verwenden? Das Ergebnis war theoretisch interessant, für Praktiker jedoch ernüchternd: Der optimale öffentliche Haushalt läßt sich so nicht finden.

Trotz ihrer Grenzen ist die Wohlfahrtsökonomie für Mackscheidt bis heute ein Gerüst, das er »nicht wegwerfen« würde, sondern sogar für ausbaufähig hält. Dennoch

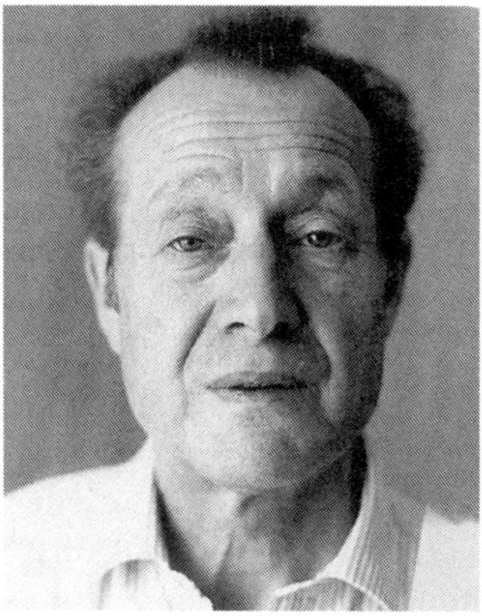

Klaus Mackscheidt,
geboren am 30. Juni 1930 in Köln
Studium: 1956–1960 Volkswirtschaftlehre in München, Wien und Köln
Berufsweg: 1961–1963 Kaufmann im elterlichen Bauunternehmen, 1963 Ass. am Lehrstuhl für Außenwirtschaftslehre der Universität Mainz, 1967 Wiss. Assistent am Lehrstuhl für Finanzwissenschaft in Köln, 1971 Privatdozent, 1972 Prof. für Finanzwissenschaft in Hamburg, seit 1973 Prof. für Finanzwissenschaft an der Universität zu Köln und Leiter des Finanzwiss. Forschungsinstitutes, 1981 Direktor im Institut für Wohnungsrecht und Wohnungswirtschaft in Köln

ist sein Umgang mit Theorien von Pragmatismus geprägt – schon das letzte Kapitel der Habilitationsschrift weist darauf hin: »Vom optimalen Budget zum akzeptablen Entscheidungsverfahren« lautet der Titel. Seither kennzeichnet die Suche nach zweitbesten Lösungen die Arbeit Mackscheidts, nach Verfahren, die zwar theoretisch nicht die besten sind, sich aber am ehesten in die Praxis umsetzen lassen.

Deutlich wird das auch bei seinen Vorschlägen für die praktische Politik: Er verzichtet auf jegliche Dogmatik; Mackscheidt versucht realitätsnah zu sein, ohne die theoretische Untermauerung ganz zu verlieren. Vor diesem Hintergrund spricht er sich zum Beispiel für eine negative Einkommensteuer aus. Minderbemittelte sollen vom Staat Geld in die Hand bekommen und ohne weitere Reglementierung selbst darüber entscheiden, wie sie es ausgeben wollen – die beste Lösung des Problems für mündige Bürger, findet er. Mackscheidt ficht für eine Marktwirtschaft, die den Bürgern möglichst viel Spielraum läßt und trotzdem sozial geprägt ist. Zum Beispiel bei seinem Steckenpferd, der Wohnungsbaupolitik: In einer liberalen Wirtschaftsordnung, so argumentiert Mackscheidt, ist der Konsument der Souverän. Also soll auch jeder nach seinem Einkommen selbst entscheiden, wo und wie er wohnt. Der klassische Wirtschaftsliberale würde nun sagen: Der Markt regelt das. Hier wendet Mackscheidt ein: Einige Menschen können gar nicht zu Konsumenten auf dem Wohnungsmarkt werden. Bestimmten Ausländern oder auch alleinerziehenden Müttern wird oft schlicht keine Wohnung angeboten. Dies rechtfertigt staatliche Eingriffe zur Sicherung eines kulturellen Minimalstandards für alle Menschen, etwa den Kauf staatlicher Belegungsrechte in Wohnungen und deren Zuteilung an Betroffene. Den Bau von Wohnungen will er, wieder ganz Marktwirtschaftler, der Wirtschaft überlassen. Finanzwissenschaftler, deren Sujet ja die Staatstätigkeit ist, haben wohl ein anderes Verhältnis zu Politik und Staat als die Ökonomen, die sich ausschließlich mit dem Markt beschäftigen. Mackscheidt hält beispielsweise Verteilungspolitik für sinnvoll, auch wenn dadurch das Ergebnis von Marktprozessen verändert wird. Und er steht zu dem Satz: »Hochrangige gesellschaftspolitische Ziele können es notwendig erscheinen lassen, in den Marktprozeß einzugreifen.« Er nennt das den »Sinn für mittlere Spielarten«.

Eine solche Haltung läßt manchen Fakultätskollegen auf Distanz gehen. Der beliebteste Kölner Professor ist alles andere als typisch für die eher neoliberal geprägte Fakultät – zumal er sich lange als Keynesianer bezeichnete. Trotzdem wird seine Karriere wohl in der Domstadt enden. Ihn hält dort nicht zuletzt das, was andere schreckt. Als er vor einiger Zeit einen Ruf an die Technische Universität Berlin erhielt, lehnte er, wie in früheren Fällen, ab: »Die Vorstellung, vor nur dreißig Hörern zu stehen, hat mich wenig begeistert.«

Dissertation:
»Der internationale Ausgleich der Faktorpreise«

Literaturauswahl:
»Zur Theorie des optimalen Budgets«, 1973;
»Grenzen des Steuerstaates«, 1982;
»Präferenzen für Staatsausgaben«, 1992.

Kurt W. Rothschild möchte den Supermarkt konkurrierender Wirtschaftstheorien aufmischen

Der Pluralist

Von Nikolaus Piper

Wenn es heute, allen Irrtümern des Marxismus zum Trotz, immer noch so etwas wie linke Wirtschaftswissenschaften gibt, dann hat dies viel mit Kurt W. Rothschild zu tun. Der emeritierte Wirtschaftsprofessor lebt mit 82 Jahren in einer Etagenwohnung im 19. Wiener Bezirk, dort, wie er sagt, »wo jedes zweite Haus ein Beethovenhaus ist«. Ihm danken nicht nur die österreichischen Sozialdemokraten entscheidende Einflüsse. Zu seinen mehr oder minder gelehrigen Schülern gehören auch in Deutschland die Alternativökonomen von der Memorandum-Gruppe und selbst manche Wissenschaftler des ökonomischen Mainstream. Andere Ökonomen beeinflußten die Welt, indem sie geschlossene Theorien entwarfen; Rothschild lehrte statt dessen, daß es solche Theorien gar nicht geben kann.

Rothschilds »nicht-lineare Biographie« (so bezeichnet er sie in einem Aufsatz) begann wenige Wochen nach Ausbruch des Ersten Weltkriegs in einer kleinbürgerlichen Wiener Familie; seine Eltern hatten übrigens nichts mit den Bankiers gleichen Namens zu tun. Im »roten Wien« der zwanziger Jahre wuchs der Junge auf, erlebte die Verelendung der Arbeiterklasse, aber auch die Neuerungen der Wiener Sozialisten auf dem Felde des Wohnungsbaus und der Sozialfürsorge. Die Atmosphäre war emotional und intellektuell so anregend, daß sich der junge Mann fast automatisch dem Sozialismus zuwandte.

Kurt W. Rothschild,
geboren am 21. Oktober 1914 in Wien
Studium: 1933–1938 Rechtswissenschaften in Wien, 1938–1940 Nationalökonomie und Politische Philosophie in Glasgow
Berufsweg: 1940–1947 Assistant Lecturer und Lecturer an der Universität Glasgow, 1947–1966 Wissenschaftlicher Referent am Österreichischen Institut für Wirtschaftsforschung in Wien, 1966–1985 Professor für Volkswirtschaftslehre an der Universität Linz

Zumal Österreichs Universitäten damals stockreaktionär und von bescheidenem wissenschaftlichem Niveau waren. Kurt Rothschild schrieb sich 1933 in Wien als Jurastudent ein – eigenständige wirtschaftswissenschaftliche Fakultäten gab es in Österreich damals noch nicht. Im nachhinein findet er nur zwei Professoren bemerkenswert: Oswald Spann, einen verschwommenen Romantiker, der etliches zur Gedankenwelt der Austrofaschisten beisteuerte. Und Hans Mayer, einen Nachfahren der legendären österreichischen Schule der Nationalökonomie, der stolz darauf war, nie ein Buch geschrieben zu haben. Obzwar faul, war Mayer doch ein begabter Lehrer und weckte bei Rothschild das Interesse an der analytischen Wirtschaftstheorie.

Währenddessen verschlechterte sich das politische Klima in Österreich immer mehr. Im Februar 1934 schlugen die faschistischen Heimwehrmilizen des Bundeskanzlers Engelbert Dollfuß das rote Wien blutig nieder, im Juli desselben Jahres wurde Dollfuß selbst von Nazis ermordet. Als sich

Rothschild 1938 auf sein Examen vorbereiten wollte, marschierte die deutsche Wehrmacht in Wien ein. Für den Juden und Sozialisten wurde die Stadt damit lebensgefährlich, doch hatte er das »unglaubliche Glück« (Rothschild), ein Stipendium für die Universität Glasgow angeboten zu bekommen. Im August 1938 brachte er seine junge Frau und sich selbst nach Basel in Sicherheit und wartete dort auf das britische Einreisevisum. In Basel riet ihm ein Kollege, doch einmal die »Allgemeine Theorie« eines gewissen John Maynard Keynes zu lesen; die werde er in Glasgow gut gebrauchen können. Die Lektüre stürzte den Studenten in tiefe Verzweiflung: Er verstand nichts von den angeblich bahnbrechenden Gedanken des Meisters, und das lag mindestens ebenso an der Weltabgewandtheit seiner wissenschaftlichen Ausbildung wie an seinem lückenhaften Englisch.

So kam er in ziemlich schlechter Verfassung in Glasgow an, wo ihn dann, wie er berichtet, ein Deus ex machina rettete: die »Einführung in die Allgemeine Theorie« der englischen Linkskeynesianerin Joan Robinson. »Das Buch öffnete mir Augen und Hirn. Es half mir nicht nur zu verstehen, was Keynes wollte, sondern zeigte mir auch, daß eine viel engere Verbindung zwischen dem intellektuellen Abenteuer ökonomischer Theoriebildung einerseits und den sozialen und sozialistischen Fragen der Zeit andererseits möglich ist, als ich dies in Wien für möglich gehalten hätte.« Rothschild machte sein Examen in Glasgow, wurde 1940 kurzfristig als »feindlicher Ausländer« interniert, arbeitete später im Free Austrian Movement mit und erregte mit ersten Beiträgen über monopolistische Konkurrenz, Lohntheorie und Werbung Aufsehen.

Nach dem Krieg kehrte Rothschild nach Österreich zurück, wurde jedoch in der befreiten Heimat alles andere als überschwenglich begrüßt. Der Anlauf zu einer akademischen Karriere mißriet zunächst – »nicht zuletzt, weil sich die

Verhältnisse in den Universitäten seit der Zeit vor 1945 nicht sonderlich verändert hatten«. Statt dessen heuerte Rothschild beim Österreichischen Institut für Wirtschaftsforschung an und machte sich einen Namen als Empiriker. Erst 1966 bekam er einen Lehrstuhl an der neugegründeten Universität Linz.

Es sei besser, »eine wichtige Frage zu stellen, als eine unwichtige zu beantworten« – so umschreibt ein Kollege den Kern der Rothschildschen Ökonomie. Einmal fragte Rothschild zum Beispiel, ob denn das verbreitete Urteil stimme, daß rechte Regierungen besser für die Wirtschaft sind als linke. Er sammelte die Wirtschaftsergebnisse mehrerer europäischer Länder und setzte sie in Beziehung zur Zusammensetzung der jeweiligen Regierung. Ergebnis: Linke Regierungen erzielten im Durchschnitt höhere Wachstumsraten und niedrigere Arbeitslosigkeit als rechte, während das Bild bei der Inflation uneinheitlich ist. Das alles beweist überhaupt nichts, nährt aber den Zweifel an gängigen Vorurteilen.

Besonders einflußreich waren zu Beginn der siebziger Jahre Rothschilds Aufsätze über Macht in der Wirtschaft; herausragend bis heute seine Forschungen zur Lohntheorie. Die Crux der neoklassischen Theorie ist es, so sagt Rothschild, daß sie die Arbeit als Ware wie jede andere behandelt, wo bei steigendem Preis die Nachfrage sinkt und das Angebot steigt. In Wirklichkeit haben Arbeitsmärkte viel mehr mit Macht, Institutionen und unsicheren Zukunftsperspektiven zu tun denn mit dem freien Spiel der Marktkräfte. Die Theorie kann zum Beispiel nicht erklären, warum riskantere Arbeiten schlechter bezahlt werden als angenehme. Der Widerspruch löst sich erst auf, wenn man die Widrigkeiten der Wirklichkeit in die Analyse miteinbezieht. Ein Schweißer kann eben nicht so ohne weiteres Steuerberater werden, wenn ihm sein Lohn nicht mehr paßt.

Die heute geläufige Forderung nach flexibleren Löhnen hält Rothschild für vergeblich und schädlich. Starre Löhne seien »keine Hauptursache der Arbeitslosigkeit, sondern, im Gegenteil, wichtiger Stabilisator in einer Welt, die anderenfalls ein gewaltiges Auf und Ab von Preisen und Einkommen erleben würde – mit all den Unwägbarkeiten, die dies mit sich brächte«.

Heute macht ihm Sorgen, daß die Deregulierungen im Zeichen des neoklassischen Marktparadigmas zu einer sich verfestigenden Zweidrittelgesellschaft führen werden. Und dies bringt ihn zu neuen Fragen: Flexibilität und lebenslanges Lernen in Ehren – »aber leben wir denn nur für die Mobilität?« Sollte die Politik den Menschen nicht ermöglichen, »relativ angstfrei in einem vertrauten Rahmen zu leben«? Oder die Klage über die »Eurosklerose«, die Verhärtung der Institutionen in den Wohlfahrtsstaaten: »Ist Sklerose nicht einfach ein häßliches Wort für Stabilität?« Was Rothschild von anderen linken, aber auch orthodoxen Ökonomen unterscheidet, ist sein extremer Pluralismus, seine Toleranz gegenüber anderen Lehrmeinungen. Für ihn gibt es keine definitiv richtigen oder falschen Theorien, nur mehr oder minder relevante. Er ist bis heute Linkskeynesianer geblieben, hält auch einen »dritten Weg« zwischen Kapitalismus und Planwirtschaft weiter für möglich; trotzdem räumt er ein, daß zum Beispiel die ausgewiesen konservative Theorie des Monetarismus einen bestimmten Ausschnitt aus der Wirklichkeit richtig darstellt. Das Problem beginnt für ihn dort, wo die Theorien die ganze Wirklichkeit erklären wollen.

Das Denken wird dann sowohl ideologisch als auch beliebig: Die Politiker können sich »im Supermarkt miteinander konkurrierender Theorien ein modern verpacktes Konzept aussuchen, das ihr jeweiliges Handlungs- und Legitimationsbedürfnis befriedigend abzudecken verspricht. Das

Angebot in diesem Supermarkt ist beachtlich.« Rothschilds Ehrgeiz ist es, unter möglichst vielen Kunden dieses Supermarkts ein wenig Zweifel zu säen.

Literaturauswahl:
»Einführung in die Ungleichgewichtstheorie«, 1981;
»Arbeitslose, gibt's die?«, 1990;
»Ethik und Wirtschaftstheorie«, 1992;
»Employment, Wages and Income Distribution«, 1993;
»Economic Methods, Theory and Policy«, 1995.

Ulrich Blum baut an der TU Dresden ein neues Studienmodell für Wirtschaftswissenschaft auf

Der Baumeister

Von Christine Mattauch

Es war die ansteckende Überzeugung eines polnischen Freundes, die DDR werde sich nicht mehr lange halten, die Ulrich Blum im Frühjahr 1989 zu einem Brief an das Bonner Ministerium für innerdeutsche Beziehungen bewog. Zu einer Zeit, da den meisten Deutschen ein Ende der DDR noch undenkbar erschien, fragte der Ökonom höflich an, welche Pläne denn für den Fall existierten, daß eines Tages die Mauer falle.

Wenn der 43jährige diese Geschichte heute in seinem Arbeitszimmer an der TU Dresden erzählt, dann ist ihm der Stolz auf die ungewöhnliche Briefaktion anzumerken. »Visionen liegen mir ein bißchen«, sagt er. Es versteht sich, daß die Ministerialbeamten seinerzeit mit weit weniger Weitsicht ausgestattet waren. Monatelang wartete Blum vergebens auf Antwort. Erst als die Mauer schon gefallen war, erhielt er ein lapidares Schreiben: Die Angelegenheit habe sich in der Zwischenzeit wohl erledigt.

Für Blum, damals Professor an der Universität Bamberg, war sie das nicht. Ihm war klar, daß an den ostdeutschen Universitäten schnell etwas passieren mußte, wollte man nicht Hunderte von sozialistisch geschulten Nachwuchsökonomen in eine unsichere Zukunft entlassen. So reiste er Anfang 1990 auf eigene Faust nach Ostdeutschland und versuchte, Kontakte aufzubauen. In Dresden stieß der Wirtschaftswissenschaftler auf offene Ohren – mit der Folge,

Ulrich Blum,
geboren am 19. Mai 1953 in München
Studium: 1975–1979 Wirtschaftsingenieurwesen in Karlsruhe
Berufsweg: 1979 Wissenschaftlicher Mitarbeiter an der Universität Karlsruhe, 1986/87 Gastprofessor an der Universität Montreal (Kanada), 1987 Professor für Volkswirtschaftslehre an der Universität Bamberg, 1992 Gründungsdekan der wirtschaftswissenschaftlichen Fakultät der Technischen Universität Dresden

daß sich der halbe Lehrkörper von Bamberg in Marsch setzte, um den sächsischen Studenten Nachschulungen zu geben. Daß sich Blum ein Jahr später in der Gründungskommission für den Aufbau der neuen wirtschaftswissenschaftlichen Fakultät in Dresden wiederfand, war dann fast schon eine Selbstverständlichkeit. 1992, nach dem Unfalltod seines Vorgängers Eduard Gabele, wurde er zum Gründungsdekan ernannt.

Pflichtgefühl und Neugier, erklärt Blum, hätten ihn veranlaßt, nach Ostdeutschland zu gehen: »Ich wollte nicht im Westen in der Kaserne sitzen, während im Osten das Manöver läuft.« Er verhehlt aber nicht, daß ihm die Entscheidung einiges an Durchhaltevermögen abverlangt hat.

»Sie haben schon einen Wohnsitz in Bayern, wir brauchen Sie hier nicht«, hörte er auf dem Einwohnermeldeamt. In seiner Unterkunft blieb der Fernseher dunkel, weil ihm der Zutritt zur »Antennengemeinschaft« verwehrt wurde. Und an der Universität verschwanden mit schöner Regelmäßigkeit Unterlagen – Versuche von »roten Socken« (Blum), den Neuaufbau der Fakultät zu sabotieren.

Für diese Neuorganisation setzte sich Blum ehrgeizige Ziele: Dresden sollte die beste Wirtschaftsfakultät im Osten werden – ein Modell, zukunftsweisend auch für die Universitäten der alten Bundesländer. Inzwischen ist der Aufbau der fünf Studiengänge – Betriebswirtschaftslehre, Volkswirtschaftslehre, Wirtschaftsinformatik, Wirtschaftsingenieurwesen und Wirtschaftspädagogik – abgeschlossen, und es scheint in der Tat, daß Dresden mancher westdeutschen Alma mater um Längen voraus ist.

Als innovativ gilt vor allem das modulare Studienkonzept: Im Grundstudium sind die Lehrveranstaltungen so aufgebaut, daß sie von den Studenten fachrichtungsübergreifend belegt werden können – das spart Personal und Räume. Die Studieninhalte orientieren sich an den Anforderungen der Praxis: Viel Wert wird auf die Vermittlung von Kommunikationstechnik gelegt, die Studenten müssen Pflichtpraktika machen und Fremdsprachen lernen. Die Regelstudienzeit inklusive Diplomprüfung beträgt gleichwohl nur acht Semester. »Studieren ist bei uns ein Fulltime-Job«, sagt Blum.

Sein eigenes Studium – Wirtschaftsingenieurwesen – hat Blum in Karlsruhe absolviert, zu einer Zeit, als der Richtungsstreit in der Ökonomie zwischen Keynesianern und Monetaristen bereits voll entbrannt war. Blum sah keinen Anlaß, Partei zu ergreifen: »Es ist gerade der Pluralismus der ökonomischen Theorie, der mich fasziniert.« Dem Mann, dessen heimliche Liebe der Architektur gilt, gefallen Modelle dann, wenn sie »sauber konstruiert« sind – »alles Weitere ist eine Sache der Annahmen«. Diese eher formale Herangehensweise ermöglicht es ihm, unterschiedliche Ansätze zu kombinieren und traditionelle Denkmuster aufzubrechen – immer auf der Suche nach neuen Blickwinkeln.

Wie die meisten Ökonomen übt Blum etwa Kritik an einer Industriepolitik, die nicht mehr wettbewerbsfähige Unternehmen künstlich am Leben zu erhalten sucht oder aber – was heute als besonders modern gilt – vermeintliche Zukunftsbranchen fördert. Blum hält es mit dem Nobelpreisträger Friedrich August von Hayek, der hinter solchen Strategien die »Anmaßung von Wissen« am Werke sah: Wieso sollte der Staat klüger sein als der Markt mit seinen vielen Akteuren?

Trotzdem kann sich Blum im Rahmen einer »Neuen Industriepolitik« Eingriffe des Staates in das Wirtschaftsleben vorstellen. Kann es nicht gerechtfertigt sein, so fragt er, durch eine Subvention schlichtweg Standortnachteile wie hohe Lohnnebenkosten auszugleichen, wenn dadurch das große technologische Potential eines Unternehmens oder einer Region erhalten bleibt? Und er macht die Gegenrechnung auf: Was kostet es, wenn das Unternehmen stirbt, die qualifizierten Arbeitskräfte abwandern und die Region verödet? Längerfristig, das weiß auch Blum, müssen zwar die nachteiligen Rahmenbedingungen verändert werden, doch das gehe nun einmal nicht von heute auf morgen. Verständnis zeigt er auch für die Entscheidung der EU-Kommission, dem amerikanischen Konzern Dow Chemical die Übernahme der ostdeutsche Buna-Werke mit milliardenschweren Finanzhilfen zu versüßen – für viele andere Ökonomen ein ordnungspolitischer Sündenfall. Doch für Blum ist ausschlaggebend, daß mit der Sanierung des traditionsreichen Chemieriesen die Exportkraft der ostdeutschen Wirtschaft gestärkt wird – ein Effekt, der durchaus als öffentliches Gut angesehen werden könne.

Die unkonventionelle Denkweise des Ökonomen hat sicherlich dazu beigetragen, daß ihn die Ministerpräsidenten Stoiber und Biedenkopf in die gemeinsame »Zukunftskommission« der beiden Freistaaten holten. Dort geht es um Arbeitsmarktpolitik und um die Veränderung der Bevölkerungsstruktur. Doch Blum sieht sich weniger in der Rolle eines Gestalters denn als Berater, der den Politikern verschiedene Optionen aufzeigt: Was würde passieren, wenn...? Es ist seine Lust, Visionen zu entwickeln und abseits ausgetretener Wege nach neuen Möglichkeiten zu suchen. Vielleicht ja auch in eigener Sache. Zu seinen Zukunftsplänen sagt Blum jedenfalls nur soviel: »Der Professor ist mobil.«

Dissertation:
»Regionale Wirkungen von Infrastrukturinvestitionen«

Literaturauswahl:
»Studienhandbuch Volkswirtschaftslehre«, 2. erw. Aufl., 1994;
»Raumwirkungen des Budgets der Gesetzlichen Rentenversicherung«, 1986.

Rüdiger Pohl leitet das Institut für Wirtschaftsforschung in Halle. Er gilt als Bundesbank-Kritiker

Der Geldpolitiker

Von Thomas Fischermann

Es soll wohl nicht jeder gleich merken, aber der Mann ist hier der Chef. In Pulli, Anzughose und braunen Wildlederschlappen stürmt Rüdiger Pohl in sein Büro, verwechselt den Namen der Sekretärin und fragt: »Haben wir jetzt einen Termin?« Dann stellt er einen Karton mit Keksen auf den Tisch und lächelt. Für das Photo zum Interview werde er eine Krawatte tragen, das sei er dem Ruf des Instituts schuldig. »Ich habe das Gefühl, ich werde zunehmend fremdbestimmt.«

Professor Rüdiger Pohl, Jahrgang 1945, gehört zu den gefragtesten Ökonomen der Republik. Acht Jahre lang machte er sich als »Weiser« im Sachverständigenrat einen Namen. 1993 wurde er überraschend Professor für Volkswirtschaftslehre an der Martin-Luther-Universität Halle und ist seit 1994 außerdem Präsident des dortigen Instituts für Wirtschaftsforschung (IWH). »Das war für mich zunächst unvorstellbar«, sagt er. »Was soll ich im Osten, habe ich mich gefragt. Aber ich war fast fünfzig, die Kinder im Studium – da habe ich mich mit meiner Frau zusammengesetzt, und wir haben uns dazu entschieden.« Die Studenten in Halle sehen ihren namhaften Dozenten allerdings immer seltener. Der Professor hat den Montag für sein Pflichtpensum an Vorlesungen und Seminaren reserviert; an den anderen Tagen widmet er sich der wirtschaftlichen Prognose – das IWH wirkt als sechstes Institut an den regelmäßigen Frühjahrs- und Herbstgutachten der Arbeitsgemeinschaft wirtschaftswissenschaftlicher Forschungsinstitute mit. Pohl sieht sein Wirkungsfeld »im vorpolitischen Raum« und ist um knackige Zitate zur Tagespolitik selten verlegen. Als Mitglied des Sachverständigenrates kritisierte er immer wieder hörbar die Bonner Wirtschaftspolitik, die seiner Meinung nach zu knappe Geldversorgung durch die Bundesbank oder die »Unternehmerpropaganda« in der Standortdebatte. »Professoren werden dafür bezahlt, daß sie sich eine eigene Meinung bilden«, findet er.

Pohl gilt als gewerkschaftsnah. Er ist sensibel für Probleme der gesamtwirtschaftlichen Nachfrage, spricht mit Blick auf Ostdeutschland schon mal von »zerstörerischen Marktkräften« und engagiert sich lieber für Arbeitsplätze als für abstrakte Stabilitätsziele. »Strukturwandel ist eine brutale Sache«, weiß Pohl. Für den Sachverständigenrat war er seinerzeit vom DGB vorgeschlagen worden, doch gerne läßt er sich nicht in die linke Ecke drängen: »Ich bin nicht in der SPD.«

Bekannt wurde Rüdiger Pohl vor allem als Experte für Geld- und Währungsfragen. Zu diesem Thema war er durch seine Promotion und Habilitation bei Claus Köhler gekommen, dem späteren Mitglied des Bundesbankdirektoriums. Pohls geldpolitische Analysen sorgen heute immer wieder für Zündstoff bei den Bundesbankern. 1986 machte er sich besonders unbeliebt, als er das auf monetaristischen Gedanken basierende Geldmengenkonzept der Bundesbank zu einer Idee von gestern erklärte. Bis heute ist dies eines seiner Lieblingsthemen. Je weiter die Globalisierung der Wirtschaft fortschreite, desto unmöglicher werde eine feine Regulierung der nationalen Geldmenge. Und die sei an sich schon ein schwieriges Geschäft. »Das ist, als ob man durch die Kontrolle des Rheins den Pegel der Nordsee steuern wollte«, sagt Pohl, der auch eine europäische Währungs-

Rüdiger Pohl,
geboren am 18. Februar 1945 in Jüterbog
Studium: 1964–1968 Volkswirtschaftslehre und Politikwissenschaft in Berlin
Berufsweg: 1977–1993 Lehrstuhl für Volkswirtschaftslehre an der Fernuniversität Hagen, 1986–1994 Mitglied des Sachverständigenrates zur Beurteilung der gesamtwirtschaftlichen Entwicklung, seit 1988 Vorstandsmitglied des Rheinisch-Westfälischen Instituts für Wirtschaftsforschung, 1993 Ordinarius für Volkswirtschaftslehre an der Martin-Luther-Universität Halle, 1994 Präsident des Instituts für Wirtschaftsforschung Halle (IWH)

union befürwortet. »Es ist an der Zeit, monetäre Zielvorgaben aufzugeben.«

Geldmengensteuerung sei aber nicht nur unpraktikabel, sondern gedanklich zu simpel. So könne zum Beispiel eine rasch wachsende Geldmenge für höhere Zinsen sprechen – während ein Konjunktureinbruch mit rückläufiger Inflation gleichzeitig Zinssenkungen nahelege. »Das hat zur Konsequenz, daß die Geldpolitik nicht mechanistisch geführt werden kann«, schrieb Pohl 1994. Der Zentralbankrat solle nicht stur auf eine stabile Geldmenge pochen, sondern müsse abwägen.

Pohl selber ficht für stabile Zinsen. Das begründet er empirisch: Kräftige Zinserhöhungen der Bundesbank haben schon mehrmals Rezessionen ausgelöst – und eine diese Rezessionen überdauernde Arbeitslosigkeit. So etwas müsse man künftig verhindern. Beinahe wäre er selber zum Entscheidungsträger in solchen Fragen geworden: Pohl galt einige Male als Kandidat für das Bundesbankdirektorium. Dies seien Gerüchte gewesen, wiegelt er heute ab, doch gewehrt hätte er sich auch nicht: »Mein Fachgebiet ist Geld und Währung. Mich hat allerdings keiner gefragt.«

Eine zentrale Aufgabe sei es heute, die Rolle des Staates neu zu definieren: Was kann der Staat in einer offenen Volkswirtschaft überhaupt noch leisten? Kann man von ihm noch verlangen, daß er für Vollbeschäftigung sorgt? »Wir wissen zuwenig«, sagt Pohl. Die Ökonomie bringt keine großen Visionäre mehr hervor. »Man merkt immer wieder: Die meisten guten Ideen haben schon andere gehabt.«

Pohl tritt denn auch weniger als Verkünder reiner Lehren auf, eher als deren pragmatischer Anwender. Abstrakte Modelle könne man nicht direkt aus dem Lehrbuch in die Praxis übertragen, auch im Sachverständigenrat habe er »nie ein formales Modell auf dem Tisch gehabt«. Das Einholen von Stimmungsbildern aus der Wirtschaft sei entscheidender gewesen. Die vielgescholtenen Modelle hätten aber dennoch ihren Platz: im Hinterkopf. Ohne systematische Grundlagen reduziere sich die ökonomische Diskussion auf den Austausch von Stammtischargumenten.

Mit seinem Team aus vierzig Wissenschaftlern beim IWH widmet sich Pohl nun der Forschung für den Aufschwung Ost. »Der Osten bleibt eine Zuwendungsregion«, ist seine Prognose. Das werde auch in den kommenden zehn Jahren so bleiben, zum Teil wegen vergangener Fehlentscheidungen. So habe das schnelle Wachstum der Tariflöhne zu hohen Flurschäden im Osten geführt. Pohl ist zwar »aus gesellschaftlichen Gründen« gegen ein dauerhaftes Lohngefälle – doch er argumentiert auch ganz konservativ, daß höhere Löhne »erst verdient werden« müßten.

Die westliche Wirtschaftsförderung für die Ostunternehmen sieht Pohl zunehmend kritisch. Er propagiert für die Subventionen einen »sanften Gleitflug nach unten«, da die Wirksamkeit der Förderung nachlasse. Die Probleme vieler

Ostunternehmen seien heute nicht mehr Investitionslücken oder Eigenkapitalmangel, sondern Marktzutrittsbarrieren, Unerfahrenheit und Fremdheit auf neuen Märkten. Dagegen könne Geld aus dem Westen wenig ausrichten – und Subventionsmentalität sei ohnehin hinderlich. Wenn schon Förderung, dann würde Pohl sie am liebsten auf den Mittelstand und das Handwerk beschränken – womit er sich gegen manche Kollegen stellt, die dann Wettbewerbsverzerrungen befürchten. Doch Pohl sagt: »Überleben wird Ostdeutschland durch Hunderttausende von Klein- und Mittelunternehmen.« Pohls Mannschaft beim IWH ist derzeit auf Ostdeutschland sowie Mittel- und Osteuropa spezialisiert. Doch der Chef sucht fleißig nach neuen Forschungsfeldern. Pohl will sein Institut nicht zu weit in die Ecke drängen lassen, denn: »Irgendwann ist Ostdeutschland kein Thema mehr.«

Dissertation:
»Regionale Leistungsbilanzsalden in integrierten Wirtschaftsräumen«

Literaturauswahl:
»Geld und Währung«, 1993;
»Währungspolitische Probleme im integrierten Europa« (gemeinsam mit Claus Köhler), 1992.

Werner Abelshauser hat die Wirtschaftsgeschichte der Bundesrepublik neu geschrieben

Der Historiker

Von Wolfgang Zank

Deutschland war bis in die dreißiger Jahre dieses Jahrhunderts hinein geprägt von der Historischen Schule der Nationalökonomie. Heute dagegen interessieren sich deutsche Ökonomen nur noch wenig für Wirtschaftsgeschichte. Ein Wirtschaftshistoriker allerdings versteht es immer wieder, die Zunft nicht nur zu interessieren, sondern auch zu provozieren.

Werner Abelshauser studierte Volkswirtschaft in Mannheim. Dort weckte sein Lehrer Knut Borchardt bei ihm das Interesse für die Wirtschaftsgeschichte: »Borchardt machte mir deutlich, daß die Wirtschaftsgeschichte unverzichtbares Basiswissen für eine realistische Theoriebildung bereithält.«

Abelshausers eigene Karriere führte ihn schließlich nach Bielefeld, wo er seit 1991 Professor für Wirtschafts- und Sozialgeschichte ist. In den siebziger Jahren begann Abelshauser, sich in die westdeutsche Wirtschaft der Nachkriegszeit einzuarbeiten. Fachleute und Laien hatten sich damals von den Anfängen der Bundesrepublik ein ziemlich simples Bild gemalt: Deutschland war 1945 eine einzige Trümmerwüste, dann kamen die Währungsreform, die freie Marktwirtschaft und der Marshallplan, und plötzlich ging es wie von alleine aufwärts.

Abelshauser fand heraus, daß das Bild so nicht stimmen konnte: Deutschlands Industrie war keineswegs zerstört ge-

Werner Abelshauser,
geboren am 24. November 1944 in Wiesloch (Baden)
Studium: 1966–1970 Volkswirtschaftslehre in Mannheim
Berufsweg: 1983 Gastprofessor in St. Louis (Missouri), Professor am Europäischen Hochschulinstitut Florenz, 1983–1989 Professor für Sozial- und Wirtschaftsgeschichte in Bochum, Gastprofessuren in Sydney und Florenz, 1989–1991 Professor für Geschichte in Florenz, seit 1991 Professor für Sozial- und Wirtschaftsgeschichte an der Universität Bielefeld

wesen. Die alliierten Luftangriffe hatten bis 1944 auf die Wirtschaft so gut wie keinen Effekt gehabt. Danach legten gezielte Schläge das Verkehrswesen lahm und trafen so auch die Produktion. Trotz Bomben und Demontage verfügte Westdeutschland jedenfalls 1948 über höhere Kapazitäten als vor dem Krieg. Und was wohl noch wichtiger war: Es gab viele hochqualifizierte Arbeitskräfte – ebenfalls mehr als vor dem Krieg. Auch wuchs die Wirtschaft schon vor der Währungsreform. Im Herbst 1945 lag die Industrie bei kümmerlichen 12 Prozent ihrer Vorkriegsproduktion, im Frühjahr 1948 bereits bei 57 Prozent.

Eine Schlußfolgerung drängte sich auf: »Die Bedeutung der Währungsreform und der Aufhebung der Bewirtschaftung muß relativiert werden. Die Währungsreform war nicht der Startschuß für das Wirtschaftswunder, vielmehr schuf umgekehrt die erfolgreiche Ankurbelung der deutschen Industrie die notwendigen Voraussetzungen, damit die Währungsreform zu einem Erfolg werden konnte.« Die Währungsreform war dann eine notwendige, aber keineswegs hinreichende Bedingung für die Fortsetzung des Wirtschaftswunders. Auch der Marshallplan hatte nach Abelshausers Meinung lange nicht die Bedeutung, die ihm oft zugeschrieben wird. Dies wird schon durch die Tatsache belegt, daß die ersten Lieferungen überhaupt erst im Frühjahr 1949 in Deutschland ankamen.

Der Marshallplan war natürlich wichtig, weil er Dollar für eine Anschubfinanzierung bereitstellte und viele Lieferbeziehungen, die im Krieg zerrissen waren, wieder reparierte. Sonst hätte das alles viel länger gedauert. Aber er konnte nur so segensreich wirken, weil in den westeuropäischen Ländern leistungskräftige Wirtschaftspotentiale existierten. Die Marshall-Dollar halfen mit, diese bereits bestehenden Potentiale zu verknüpfen, aber sie schufen keine neuen. Westeuropa war seinerzeit ohnehin ein »wirtschaftspolitisches Wunderland«, wie Abelshauser ironisch anmerkte: Ob Liberalismus oder Dirigismus – jede Politik war damals ungewöhnlich erfolgreich.

Der Rückgang der westdeutschen Wachstumsraten in den späten fünfziger und sechziger Jahren kann vor diesem Hintergrund nicht überraschen. Die Ökonomie kehrte schlicht in die Normalität zurück, in der die Unternehmer eben nicht mehr auf freie Kapazitäten und freie hochqualifizierte Arbeitskräfte zurückgreifen konnten.

Abelshausers Ergebnisse fanden relativ rasch Verbreitung. Seine 1983 erschienene Wirtschaftsgeschichte der Bundesrepublik Deutschland erschien in sieben Auflagen. Der Kern seiner Analysen, beispielsweise die Bilanz der westdeutschen Ressourcen, gehört mittlerweile zum Handbuchwissen der Wirtschaftshistoriker. Und im *Journal of European Economic History* wurde seine Arbeit als der »wichtigste Beitrag« zur Erforschung der westdeutschen Wirtschaftsgeschichte eingestuft.

Es gab auch viel Kritik, vor allem von liberalen Ökonomen wie etwa Rainer Klump oder dem Kieler Altmeister Herbert Giersch, die vor allem in Ludwig Erhards marktwirtschaftlicher Politik die Wurzel des Wirtschaftswunders sehen. Und bei der Schätzung eines Produktionsindexes konnte Abelshauser schon mal ein Irrtum nachgewiesen werden. Trotzdem sagt er: »Ich kann mich über die Aufnahme meiner Ergebnisse nicht beklagen.«

Auf Ludwig Erhard hält Abelshauser im übrigen große Stücke: »Der rechte Mann zur rechten Zeit.« Allerdings hat er von dem Wirtschaftsminister ein ganz anderes und näher an der Realität liegendes Bild als seine wirtschaftsliberalen Kontrahenten. Die Bundesrepublik war nämlich zu Erhards Zeiten keineswegs ein liberales Musterland: Die Steuerpolitik schaltete den Markt als Steuerungsinstanz der Kapitalbildung weitgehend aus, die Energiewirtschaft und der Wohnungsbau wurden praktisch staatlich administriert. 1951 wurde die Bewirtschaftung der Kohle wieder eingeführt, und 1952 wurden alle Unternehmen zu einer Zwangsabgabe für die Ruhrindustrie verdonnert.

Der große Einfluß, den die Verbände in den fünfziger Jahren errangen, war aus historischer Sicht nichts Neues, auch nicht die starke Position des Staates gerade zu Erhards Zeiten. Bereits im Kaiserreich entwickelte sich eine, wie Abelshauser es nannte, »korporatistische Marktwirtschaft«: Wettbewerb soviel wie möglich, aber nur so weit , wie er die soziale Stabilität nicht gefährdete. »Deutschland wurde nach 1879 zur ersten postliberalen Nation und gerade darum zur modernsten Nation Europas.« Die große Frage ist allerdings, ob die traditionsreichen korporatistischen Strukturen auch in Zukunft noch adäquat sind.

Immer wieder stößt Abelshauser auf die aktuelle Relevanz historischer Ergebnisse: »1990 hofften viele, daß die Abschaffung der Planwirtschaft und die Einführung der D-

Mark in Ostdeutschland ein neues Wirtschaftswunder entfachen würden. Aber die DDR-Wirtschaft war im Gegensatz zur westdeutschen 1948 völlig marode, die Währungsunion konnte daher 1990 unmöglich dieselben Effekte haben. Und wenn ich nun von einem Marshallplan für Bosnien oder Rußland höre, dann kann ich dazu nur sagen: Wenn man weiß, warum es 1949 so gut klappte, dann weiß man auch, warum es in Bosnien nicht so klappen wird.«

Dissertation:
»Wirtschaft in Westdeutschland 1945–1948.
Rekonstruktion und Wachstumsbedingungen in der amerikanischen und britischen Zone«

Literaturauswahl:
»Wirtschaftsgeschichte der Bundesrepublik Deutschland 1945–1980«, 1983;
»Die Weimarer Republik als Wohlfahrtsstaat. Zum Verhältnis von Wirtschafts- und Sozialpolitik in der Industriegesellschaft« (Herausgeber), 1987;
»Wirtschaft und Rüstung in den fünfziger Jahren«, 1996.

Lutz Hoffmann leitet das Deutsche Institut für Wirtschaftsforschung in Berlin

Der Pragmatiker

Von Petra Pinzler

Über dem Schreibtisch hängt ein Gemälde in Pastell. Sanftes Gelb, helles Blau und zartes Rosa fließen ineinander – nichts Grelles stört die Harmonie der Farben. Das Bild ist Programm. Ruhig, zurückhaltend und bewußt jede provozierende Formulierung vermeidend, gibt sich auch der Mann am Schreibtisch, der Berliner Wirtschaftswissenschaftler Lutz Hoffmann. »Ich bin gegen einfache Dogmen«, sagt er. Eine Feststellung, die ihm äußerst wichtig ist. Erstaunlich, daß ausgerechnet dieser Mann alles Plakative so vehement ablehnt, gehört es doch zu seiner Aufgabe, schwierige Sachverhalte auf einen einfachen Nenner zu bringen. Als Leiter des Deutschen Instituts für Wirtschaftsforschung (DIW) in Berlin hat er eine höchst öffentlichkeitswirksame Stelle inne. Das siebzig Jahre alte DIW, eines der sechs wichtigsten deutschen Forschungsinstitute, analysiert regelmäßig die Wirtschaftslage der Republik und berät Regierungen bei Entscheidungen in der Wirtschaftspolitik.

Das DIW gilt als Institut mit sozialdemokratischer Tradition. »Linksaußen« titelte das *Handelsblatt* sogar einst – eine Formulierung, über die sich Hoffmann noch heute ärgert. Und auch das »sozialdemokratisch« ist ihm gar nicht recht. Nicht daß er etwas gegen die SPD hätte, doch für sein Institut lehnt der Wirtschaftswissenschaftler jede politische Ausrichtung ab. Aus naheliegenden Gründen: »Wenn wir etwas Arbeitnehmerfreundliches sagen, heißt es in bestimmten Kreisen nur: Ach ja, natürlich – bei der Tradition.« Es sei oft schwer, den Leuten die Unterschiede zwischen wissenschaftlichen Aussagen und politischem Interesse klarzumachen.

Dabei ist es eines der Grundanliegen Hoffmanns, wissenschaftliche Erkenntnisse in die politische Debatte zu bringen – beispielsweise in die Diskussion um die Ökosteuer. Das DIW war das erste Institut, das sich überhaupt mit einer Studie über die möglichen Wirkungen einer solchen Steuer auf den Markt der Meinungen traute – und aus konservativer Ecke dafür Prügel bezog.

Daß Ökonomie als Gesellschaftswissenschaft nicht im politikfreien Raum stattfindet, konnte Hoffmann schon früh lernen. Im Hause seines Vaters Walther Hoffmann, der sich als empirischer Wirtschaftsforscher einen Namen gemacht hatte, gingen Wissenschaftler ein und aus, der spätere Nobelpreisträger Jan Tinbergen etwa oder auch Wassily Leontief, Erfinder der Input-Output-Rechnung und Nobelpreisträger auch er. Die Karriere des jungen Mannes war also vorgezeichnet.

Den entscheidenden Kick bekam seine Laufbahn in Saarbrücken, wo der spätere Chef des Kieler Weltwirtschaftsinstituts, Herbert Giersch, eine Kaderschmiede aufgebaut hatte. Dort arbeitete Hoffmann als Akademischer Rat mit Ökonomen wie Olav Sievert, Manfred Streit, Gerhard Fels und Jürgen Donges, die sich heute längst als Professoren einen Namen gemacht haben. Während die meisten von ihnen heute dem Neoliberalismus anhängen, blieb Hoffmann allen Theorien gegenüber skeptisch. »Es gibt viele Ansätze in der Theorie der Wirtschaftspolitik, die für bestimmte Situationen geeignet sind. Aber keine eignet sich als formelhafte Lösung.«

Hoffmann begründet diese Erkenntnis mit den praktischen Erfahrungen, die er in der Dritten Welt gemacht hat.

Lutz Hoffmann,
geboren am 15. Mai 1934 in Flensburg
Studium: 1954 Studium der Volkswirtschaftslehre in Münster, Freiburg und Kiel
Berufsweg: 1959/60 Forschungstätigkeit am Niederländischen Oekonomischen Institut in Rotterdam, 1962/63 Referent bei der Glanzstoff AG, 1963–1969 Akademischer Rat am Institut für Europäische Wirtschaftspolitik in Saarbrücken, 1969–1989 Professor für VWL an der Universität Regensburg, 1985–1989 Direktor bei der Unctad in Genf, seit 1989 Professor an der FU Berlin und Präsident des Deutschen Instituts für Wirtschaftsforschung (DIW)

Kurz nach dem Studium, während eines Forschungsjahres in Rotterdam bei Jan Tinbergen, entdeckte er die Entwicklungspolitik als Arbeitsfeld. Er habilitierte über »Importsubstitution und wirtschaftliches Wachstum in den Entwicklungsländern« und nutzte dann die erste Gelegenheit, auch die Realität eines Entwicklungslandes kennenzulernen. Kaum zwei Jahre nachdem er in Regensburg zum Professor berufen worden war, durfte der junge Akademiker nach Malaysia reisen. Die dortige Regierung brauchte wirtschaftspolitische Berater.

Zwei Jahre blieb Hoffmann in Asien, lernte nicht nur Malaysisch, sondern erforschte auch die Wachstumschancen armer Länder. Er untersuchte die positive Wirkung ausländischer Direktinvestitionen in Malaysia, verglich binnen- und weltmarktorientierte Wachstumsstrategien und schrieb über die Folgen von Handelsliberalisierung. Das wissenschaftliche Interesse an Entwicklungsländern hat er seither nicht mehr verloren. Ende der achtziger Jahre versuchte Hoffmann, als einer der Direktoren, der Unctad wieder auf die Beine zu helfen.

Diese von Dritte-Welt-Ländern dominierte UN-Handelsorganisation hatte in den siebziger Jahren vehement für eine neue Weltwirtschaftsordnung gekämpft und litt dann zusehends unter Bedeutungsverlust. Hoffmann scheiterte; ein wenig durchsetzungsfähiger Präsident, eine lethargische Bürokratie und die Unfähigkeit der Organisation, sich gegen die Partikularinteressen einzelner Staaten durchzusetzen, haben die Unctad zu einem Schattendasein verurteilt.

Hoffmann kehrte nach Deutschland zurück und bekam gleich zwei Chefsessel angeboten, den des Hamburger Weltwirtschaftsarchivs (HWWA) und den des DIW. Obwohl die Hamburger internationaler ausgerichtet sind, zog Hoffmann das Berliner Institut vor. Hier kann er mehr gestalten, mehr Umweltforschung und eine stärkere Ausrichtung nach Osten stehen auf dem Programm. Außerdem kann Hoffmann nebenbei an der Freien Universität Berlin Entwicklungspolitik lehren. Sein »Hobby«, wie er sagt.

Die Skepsis gegenüber einfachen Formeln ist wohl Hoffmanns wichtigster Import von der Dritten in die Erste Welt. Sie kennzeichnet bis heute seine Einstellung zu vielen Wirtschaftsproblemen. »Wissenschaftler, die in der Wirtschaftspolitik tätig sind, haben eine hohe Verantwortung. Sie dürfen nicht mit theoretischen Modetrends auf reale Probleme reagieren«, sagt er. Was das konkret bedeutet? Hoffmann erklärt dies anhand der Frage nach der richtigen Rolle des Staates in der Marktwirtschaft. Antworten auf solche Fragen suchen auch die Kasachen und Ukrainer, die sich vom Institut beim Übergang zur Marktwirtschaft beraten lassen. Hoffmann plädiert für einen starken Staat – gerade in armen Ländern. »Der Staat kann sich nicht nur auf den Ordnungsrahmen beschränken. Er muß sich auch Gedanken über den Entwicklungsprozeß machen.«

Manches, was er im Süden gelernt hat, überträgt Hoffmann heute auf den Osten. Auch beim Übergang von der Staats- in die Marktwirtschaft müsse man über Prozesse nachdenken: Wie schafft man die nötigen Institutionen, die die Veränderung regulieren? Wie können Politiker eine Entwicklung wie in Rußland vermeiden – wo Hoffmann eher Züge einer Mafia- denn einer Marktwirtschaft entdeckt? »Manche neoliberalen Kollegen tun so, als ob die Privatisierung alle Probleme löst. Das ist statisch gedacht.« Und da er sich gern zwischen die Stühle setzt, fügt er lächelnd hinzu: »Der Keynesianismus bietet auch keine Lösung.«

Hoffmann weiß, welche Gefahr das fehlende Bekenntnis zu einer Theorie mit sich bringt: »Wenn man sich nicht in eine Schublade packen läßt, gilt man hierzulande schnell als Wischiwaschi.« Doch damit kann er leben. Nicht zuletzt seine Besonnenheit hat ihn immerhin bis auf den jetzigen Posten gebracht.

Dissertation:
»Theoretische Untersuchungen zum Problem des Unternehmungsstandorts, der Unternehmungsgröße und der Unternehmungszahl unter dem Gesichtspunkt der Kostenminimierung«

Literaturauswahl:
»Importsubstitution und wirtschaftliches Wachstum in Entwicklungsländern – unter besonderer Berücksichtigung von Argentinien, Brasilien und Chile«, 1970;
»Industrial Growth, Employment and Foreign Investment in Peninsular Malaysia«, 1980;
»Warten auf den Aufschwung. Eine ostdeutsche Bilanz«, 1993.

Peter Bofinger befürwortet als einer der letzten Professoren die Europäische Währungsunion

Der Häretiker

Von Mario Müller

Bisweilen muß sich der Professor wie ein Paria vorkommen. Peter Bofinger gehört zu dem schrumpfenden Häuflein deutscher Ökonomen, die noch tapfer die Fahne der Europäischen Währungsunion hochhalten – angesichts der zahlenmäßigen Übermacht von Maastricht-Gegnern und -Skeptikern innerhalb der Zunft ein ebenso mühsames wie frustrierendes Unterfangen.

Mit seiner Außenseiterrolle hat sich Bofinger zwar abgefunden, nicht jedoch mit der Art und Weise, wie das Projekt in Deutschland behandelt wird. Vor allem irritiert den Würzburger Volkswirt, wie »emotional« seine wissenschaftlichen Widersacher auf allfälligen Podiumsdiskussionen gegen die Währungsunion argumentieren. Jene Kollegen sprächen den europäischen Nachbarstaaten schlicht die Fähigkeit ab, einzusehen, wie wichtig ein stabiler Geldwert für die Wirtschaftspolitik ist. »Dieses Mißtrauen gegenüber anderen Ländern finde ich erschütternd«, sagt Bofinger und verweist auf die großen Fortschritte, die Europa im Kampf gegen die Inflation bereits erreicht hat.

Anders als die Maastricht-Gegner vertraut er zum einen auf die Rationalität der Tarifparteien – »warum sollten die portugiesischen Arbeiter (bei einer Einheitswährung) plötzlich höhere Löhne verlangen?« Zum anderen vertraut er auf den Erfolg der Geldpolitik, die seiner Meinung nach aus einer Währungsunion »erhebliche Effizienzvorteile« ziehen könnte.

Peter Bofinger,
geboren am 18. September 1954 in Pforzheim
Studium: 1973–1978 Volkswirtschaftslehre in Saarbrücken
Berufsweg: 1978 Wissenschaftlicher Mitarbeiter im Stab des Sachverständigenrates zur Begutachtung der gesamtwirtschaftlichen Entwicklung, 1981 Mitarbeiter am Lehrstuhl von Wolfgang Stützel, 1985 Mitarbeiter in der Volkswirtschaftlichen Abteilung der Landeszentralbank in Baden-Württemberg, 1992 Professor für Volkswirtschaftslehre, Geld und internationale Wirtschaftsbeziehungen in Würzburg

Auch mit seiner Kritik an den in Maastricht vereinbarten Konvergenzkriterien stellt sich der 42jährige Wissenschaftler ins akademische Abseits. Die Meßlatten für den Beitritt zur Währungsunion sind seiner Überzeugung nach willkürlich gewählt und bis auf die der kritischen Inflationsrate ökonomisch nicht zu rechtfertigen. Eine solche Auffassung, und sei sie noch so gut begründet, gilt als grober Verstoß gegen die herrschende Meinung und wird mit Platzverweis bestraft, wie Bofinger aus vielen Diskussionsrunden weiß: »Wer die Konvergenzkriterien in Frage stellt, wird aus dem Saal getragen.«

Dabei ist der Mann mit der jugendlichen Erscheinung, wenn es um den Geldwert geht, alles andere als ein Softie. Im Gegenteil: Bofinger sieht in der Währungsunion die »einmalige Chance, in ganz Europa eine stabilitätsorientierte Geldverfassung zu installieren«. Bereits seit 1987 engagiert er sich für das Projekt und hat unterdessen mehrere Manifeste für Maastricht unterschrieben. Doch die Befürworter haben einen schweren Stand. Die Nachteile der Währungsunion sind eher zu vermitteln als ihre Vorteile, muß Bofinger einräumen. Gleichwohl erregt er sich über die Einseitigkeit der Debatte: Die Gefahren des monetären Einigungsprozesses würden hervorgehoben, die Risiken des Scheiterns jedoch ausgeblendet. Sollte der Vertrag die Maas hinuntergehen, befürchtet Bofinger die Rückkehr in die Verhältnisse zu Beginn der siebziger Jahre mit dem Import von Inflation in die Bundesrepublik. »Die Folgen werden immens teuer, weil dann auch eine Rezession droht«, warnt er.

Doch in seine ökonomischen Überzeugungen mischen sich zunehmend psychosozial begründete Zweifel darüber, ob das Jahrhundertwerk tatsächlich realisiert wird. Bofinger ist nicht so blauäugig, die Widerstände gegen die Abschaffung der D-Mark nicht ernst zu nehmen. Er betrachtet die Erfolgsaussichten der Währungsunion inzwischen eher skeptisch: »Man kann die Bevölkerung nicht zu etwas zwingen, was sie nicht will.«

Immerhin würde die Beibehaltung des Status quo mit D-Mark und Bundesbank einen Teil seiner Beschäftigung sichern. Denn die Frankfurter Währungsbehörde ist Bofingers weiteres Lieblingsthema. Auch hier zählt der Professor aus der Stadt am Main zu einer kleinen Minderheit von Ökonomen, die das Nationalheiligtum der Bundesrepublik zu kritisieren wagen. Seine Einwände richten sich dabei weniger gegen die praktische Geldpolitik – die mache die Bundesbank ganz ordentlich – als vielmehr gegen ihr ideologisches Rüstzeug. Obwohl sich der Zentralbankrat bei seinen Zinsbeschlüssen längst nicht mehr an die selbstgesteckten Geldmengenziele halte, verteidige er das Konzept »mit Klauen und Zähnen«. Diese »zur Leerformel verkommenden Bekenntnisse« schaden aber, befürchtet Bofinger, der Glaubwürdigkeit der Geldpolitik.

Seine Spitzen gegen die Bundesbank und ihre Lenker erhalten aus zwei Gründen eine pikante Note: Erstens arbeitete Bofinger selbst gut fünf Jahre lang bei der Währungsbehörde, und zwar in der volkswirtschaftlichen Abteilung der Landeszentralbank von Baden-Württemberg. Und zweitens sitzt er nun ausgerechnet auf dem Lehrstuhl, den vor ihm Professor Otmar Issing, mittlerweile Direktoriumsmitglied und Chefvolkswirt der Bundesbank, innehatte. Kaum anzunehmen, daß der Frankfurter Geldmengenpapst der Berufung eines Häretikers zu seinem Nachfolger in Würzburg die Absolution erteilte. Dabei hält sich Bofingers Ketzerei in Grenzen. Im Gegensatz zu anderen Bundesbankkritikern glaubt er nicht, mittels lockerer Geldpolitik die Konjunktur beleben zu können. Andererseits bedarf es seiner Meinung nach aber auch nicht des monetaristischen Modells, das die Preisstabilität über die Geldmenge sichern will. Bofinger plädiert statt dessen für eine Geldpolitik, welche die Inflationsrate direkt über die Zinsen niedrig zu halten versucht, und empfiehlt dieses *inflation targeting* auch für die geplante Europäische Zentralbank (EZB). Sollte sie das Geldmengenkonzept übernehmen, befürchtet er fatale Folgen. Da die EZB gerade am Anfang ihrer Tätigkeit einem »erheblichen Glaubwürdigkeitsdefizit« gegenüberstehen werde, könne sie sich eine ähnlich geringe Trefferquote, wie sie die Bundesbank bei den Geldmengenzielen aufweist, nicht leisten. Denn der EZB werde eine Zielverfehlung weithin als »mangelnde Stabilitätsorientierung« ausgelegt werden.

Die Beispiele zeigen: Bofinger lehnt sich gerne aus dem Fenster und bezieht, häufig auch in Zeitungsartikeln, Positionen im öffentlichen Streit. Ohnehin beklagt er, daß die Volkswirte zuwenig nach dem Sinn ihrer Modelle und deren praktischer Anwendung fragten. Außerdem vermißt er in seiner Zunft oft den Mut, komplizierte Zusammenhänge einfach darzustellen. Schließlich sei es die Aufgabe der Wissenschaft, die Komplexität der Welt zu reduzieren, um sie analysierbar zu machen. Ob er selbst diesem Anspruch genügt, können künftig auch die Studenten außerhalb von Würzburg besser beurteilen. Im Januar nächsten Jahres erscheint als sein erstes größeres Werk ein Lehrbuch über Geldpolitik, das in Inhalt und Form zu mehr Klarheit beitragen soll.

Mögen Kollegen auch seine wissenschaftlichen Positionen ablehnen, einen Mangel an Engagement können sie ihm nicht vorwerfen. Bofinger ist Mitglied von Institutionen wie dem Centre for Economic Policy Research in London und organisiert Tagungen zu Fragen der Währungspolitik. Ob seine Geldrezepte auch den Praxistest bestehen, wird sich in Kasachstan erweisen, wo Bofinger die Regierung in Sachen Wirtschaftspolitik berät.

Dissertation:
»Währungswettbewerb. Eine systematische Darstellung und kritische Würdigung von Friedrich A. von Hayeks Plänen zu einer grundlegenden Neugestaltung unserer Währungsordnung«

Literaturauswahl:
»Festkurssysteme und geldpolitische Koordination«, 1991:
»Geldpolitik in der Europäischen Währungsunion«, 1995;
»Braucht die gemeinsame Währung die Politische Union?«, 1995.

Heinz Haller hat die moderne Finanzwissenschaft in Deutschland mitbegründet

Der Perfektionist

Von Thomas Fischermann

Am Freitag nachmittag sagte er seiner Sekretärin so nebenbei, er werde am Montag wohl nicht wiederkommen. Dann fuhr er in die Schweiz und teilte den Herren Willy Brandt und Karl Schiller per Einschreiben seinen Abschied als Staatssekretär mit. Anschließend erholte er sich eine Woche lang in den Glarner Alpen, ohne Telefon.

So beendete Professor Heinz Haller, Mitbegründer der modernen deutschen Finanzwissenschaft, 1972 sein zweijähriges Gastspiel in der Politik. Der damalige Bundesfinanzminister Alex Möller hatte Haller als Staatssekretär nach Bonn geholt und ihm den Entwurf einer umfassenden Steuerreform anvertraut. Der parteilose Professor diente Möller auch als Aushängeschild: Die Presse bejubelte den »international renommierten Finanzwissenschaftler« als Garanten für das Gelingen der Reform.

Der heute 82jährige Emeritus empfängt Besucher im Wohnzimmer seines Hauses in Stäfa am Zürichsee, eine knappe Autostunde von Zürich entfernt. »Man hatte mich damals gerufen, und ich war gekommen«, berichtet er. »Damit da nichts Dummes passiert.« Und als er schließlich erkannt habe, daß »in der damaligen politischen Pattsituation« wohl doch keine Reform durchzusetzen sei, habe er eben seine Sachen gepackt. Die Steuerpläne waren fertig, seine Arbeit war getan. »Was hätte ich da in Bonn machen sollen? Herumsitzen?«

Doch ein ganz so demütiger Diener seiner politischen Herren war Haller wohl nicht. So hatte der Wissenschaftler gleich zum Amtsantritt Empfehlungen in den Wind geschlagen, er solle sich Berater aus der Wirtschaft holen. »Ich wollte keine Lobbyisten.« Statt dessen engagierte er seinen Professorenkollegen Fritz Neumark. »Ich brauchte einen Ratgeber, der mir sagen konnte, welche Kompromisse man noch hinnehmen konnte, ohne die Wissenschaft zu verraten.«

Die zwei Dozenten mit den reinen Herzen stießen in der Kompromißfabrik Bonn auf Widerstände. »Für manchen dort ist ein Wissenschaftler ein rotes Tuch«, mußte Haller erfahren. Während sich heute viele Finanzwissenschaftler den Kopf zerbrechen, wie sie ihre Vorschläge auch politisch durchsetzbar machen, wollte Haller mit seinem »rationalen Steuersystem« damals durch die Wand: »Ein Wissenschaftler hat die Aufgabe, einen Sollzustand zu präsentieren«, sagte er in einem Interview.

Möllers Nachfolger Karl Schiller war zwar auch Professor. Doch auf Kompromisse ließ sich der Minister bereitwilliger ein. Seinen perfektionistischen Staatssekretär wurde Schiller schließlich los, indem er ihn mit den eigenen Waffen schlug: Schiller kritisierte öffentlich ein paar Details aus dem Hallerschen Reformwerk – die in der Presse prompt zu großen Fehlern aufgebauscht wurden. Die Gespräche wurden frostiger, Haller ging und sagt heute: »Ich mußte so etwas erst verdauen. Als Hochschullehrer hat man ja keinen Vorgesetzten und kann nicht gerügt werden.«

Der Professor kehrte zur reinen Lehre nach Zürich zurück. Seine Sicht auf die »rein kontemplative« Finanzwissenschaft hatte sich durch den Ausflug in die Politik allerdings verändert: Wenn er seine Wissenschaftskollegen neue Steuerlehren entwickeln sah, fragte er sich: »War das alles so wichtig, wie man glaubte?« 1973 veröffentlichte Haller

Heinz Haller,
geboren am 19. März 1914 in Schwenningen
Studium: 1932–1935 VWL in Tübingen
Berufsweg: Nach Rückkehr aus der Kriegsgefangenschaft kurze Tätigkeit in der Buch- und Bilanzprüfung der Schwäbischen Treuhand AG, Stuttgart, 1946 Assistent an der Universität Tübingen, 1948 Habilitation, 1953 außerplanmäßiger Professor, 1954 Professor für VWL und Finanzwissenschaft in Kiel, 1957 Ruf an die Universität Heidelberg, 1967 Lehrstuhl an der Universität Zürich, 1970–1972 außerdem Staatssekretär im Bundesfinanzministerium, 1981 in Zürich emeritiert

einen Text mit dem bezeichnenden Titel: »Ideale und weniger ideale Bedingungen für eine Steuerreform«.

Das »rationale Steuersystem«, das er den Bonnern erfolglos hatte schmackhaft machen wollen, fußte auf seinem schon 1964 erschienenen Buch »Die Steuern«. Darin hatte Haller ein in sich geschlossenes System aus Einkommensteuer, Mehrwertsteuer und einer überschaubaren Zahl Ergänzungssteuern zusammengestellt. Schon zuvor war Hallers 1957 erschienenes Lehrbuch »Finanzpolitik« ein in viele Sprachen übersetztes Standardwerk geworden.

Haller orientiert sich konsequent am Leistungsfähigkeitsprinzip. Ein Steuersystem müsse erreichen, so schrieb er 1966, »daß die einzelnen Staatsbürger zur Finanzierung der allgemeinen Staatsleistungen nach ihrer Belastungsfähigkeit herangezogen werden«. Die wirkliche Herausforderung für Finanzwissenschaftler liegt allerdings nicht in der Klärung solcher Grundsatzfragen, sondern in deren praktischer Umsetzung. Wer ein Steuersystem entwirft, muß klären, wie sich die Leistungsfähigkeit der Steuerzahler feststellen läßt – und welche Tarife man ihnen aufbürden muß, damit der Staat das nötige Geld für seine Aufgaben bekommt. Der talentierte Mathematiker Haller beherrscht dieses knifflige Geschäft – was ihm neben seinem Posten als Staatssekretär zu Sitzen in zahlreichen Gremien in Deutschland und im Ausland verhalf.

Eifrig trat Haller dafür ein, daß alle Faktoren, die die Leistungsfähigkeit ausmachen, auch akribisch »in gleicher Vollständigkeit und Konsequenz erfaßt werden«. Er nahm auch in Kauf, daß Steuersysteme durch solchen Perfektionismus manchmal komplizierter werden – für Haller eine Frage der Gerechtigkeit. So schrieb er: »Es erscheint nicht statthaft, daß unternehmerisches Einkommen weniger scharf erfaßt wird.« Dabei stritt er zeitweise für niedrigere Spitzensteuersätze und erörterte die positiven Folgen von Steuersenkungen für das Wirtschaftswachstum.

Zum Studium der Ökonomie in Tübingen entschied sich Haller 1932, unter anderem wegen der Erfahrungen seiner Kindheit. »In meiner Heimat war ein Drittel der Leute arbeitslos, und in den Geschäften waren Waren, aber niemand konnte sie kaufen. Das waren Dinge, die ich verstehen wollte.« Den Ursprüngen seines ökonomischen Interesses ist Haller später treu geblieben. Hin und wieder mischte er sich in die Beschäftigungsdiskussion ein. So gab er 1984 den Lohnforderungen der Gewerkschaften die Mitschuld an der hohen Arbeitslosigkeit. Bis heute ist ihm »politiknahe Wissenschaft« lieber als zum Beispiel seine Rolle als Ehrenautor in Festschriften. Die sieht er mit selbstironischer Distanz: »Das mißliche ist, daß Festschriften kaum besprochen und vermutlich auch wenig gelesen werden.«

Auf die Frage, ob er jetzt ein Privatmann sei, reagiert Haller fast ärgerlich. Er sei ein »Selbständiger, der seinen Interessen nachgehen kann«. Haller malt und spielt Orgel.

Den Kontakt zu seiner Zunft hält er vor allem als Beobachter und gelegentlicher Ratgeber in wissenschaftlichen Beiräten. Er sieht, wie die zunehmende internationale Verflechtung der Märkte die Wirtschaftswissenschaft verändert: »Das Bild wird sicher unübersichtlicher.« Doch herausreden könne sich damit keiner. »Ich lese täglich drei Zeitungen. Wer sich anstrengt, behält auch den Überblick.«

Dissertation:
»Gibt es eine Lohntheorie?«

Literaturauswahl:
»Finanzpolitik. Grundlagen und Hauptprobleme«, 1957;
»Die Steuern. Grundlinien eines rationalen Systems öffentlicher Abgaben«, 1964;
»Das Problem der Geldwertstabilität«, 1966.

Joachim Mitschke kommt aus der Finanzverwaltung. Er plädiert für ein Bürgergeld

Der Späteinsteiger

Von Wolfgang Hoffmann

Nach einer passenden Schublade für Joachim Mitschke wird man lange suchen müssen. Der Professor für Volkswirtschaftslehre und Betriebswirtschaftliches Rechnungswesen an der Universität Frankfurt hält zu »bereits Vorhandenem« fast »fundamentalistisch Distanz«. Von Prinzipien läßt er sich auch nicht sehr stören, sind die doch »nur ein Instrument zur Erreichung gewisser Ziele« oder – wie er ergänzt – nur da, »weil man nicht nachdenken will«. Entsprechend distanziert ist sein Verhältnis zu Theorien, weil er zu viele Theoreme kennt, »die keinerlei Bedeutung haben, außer der, daß danach Studenten geprüft und Seminarbibliotheken mit Büchern darüber vollgestellt werden«.

Dogmatisch ist der Sechzigjährige höchstens bei der Frage nach der »erklärenden und gestalterischen Kraft« einer Sache. Selbstverständlich steht Joachim Mitschke fest auf dem Boden der Marktwirtschaft, wobei ihn allerdings schon amüsiert, daß »alles, was auf Marktwirtschaft setzt, erst mal das Etikett ›konservativ‹ erhält«. Konservativ ist er ganz sicher nicht, wenngleich Kapitalismus für ihn die effizienteste Methode ist, um die Produktion zu organisieren. Was durch den Zusammenbruch des Sozialismus gerade erst belegt worden sei. Vom sozialethischen Standpunkt aus sei die Ausnutzung materieller Anreize vielleicht nicht so schön, im Kern bleibe der Kapitalismus dennoch humaner als der Sozialismus: »Er braucht den Menschen nicht zu verändern.«

Joachim Mitschke,
geboren am 21. Juni 1936 in Berlin-Lichtenberg
Studium: 1968–1971 Wirtschaftswissenschaften in Saarbrücken
Berufsweg: 1958–1965 Beamter in der bayerischen Finanzverwaltung, Entlassung aus dem Beamtenverhältnis auf eigenen Antrag, 1966–1967 Leiter der Organisation und Systemanalyse bei der Dillinger Hütte, 1975 Professur für Volks- und Betriebswirtschaftliches Rechnungswesen an der Universität Frankfurt am Main

Darüber dürfe nicht verdrängt werden, daß der Kapitalismus weder die Verteilungsprobleme löst noch verhindert, daß die Alten, Kranken und Leistungsschwachen auf der Strecke bleiben. »Wenn die Demokratie stabil eingerichtet werden soll, muß der Kapitalismus durch entsprechende Sicherungen ergänzt werden.«

Es gibt Professoren, denen man nachsagt, sie hätten vom Kindergarten bis zur Emeritierung immer nur Schulgebäude von innen gesehen. Joachim Mitschke gehört ganz sicher nicht dazu: Beamter im mittleren Dienst in der bayerischen Finanzverwaltung, Umstellung der Steuerverwaltung auf EDV, Entlassung auf eigenen Antrag, Leiter der Organisation und Systemanalyse bei der Dillinger Hütte. Das Abitur hat er erst mit 31 nachgemacht. Danach hätte eigentlich das Studium der Betriebswirtschaft nahegelegen. An diesem Fach vermißte er jedoch die »soziale Relevanz«. Was betriebswirtschaftlich zu tun sei, liege zu sehr auf der Hand. Außerdem habe seinerzeit Hochkonjunktur geherrscht.

»Arbeitsplätze durch Management zu erhalten war damals kein Thema.«

Zudem war Mitschke an der mathematischen Ökonomie interessiert, einer Richtung, die er auch nach dem Examen 1971 eingeschlagen hätte, wäre da nicht sein Lehrer gewesen. Wolfgang Stützel, der legendäre Saarbrücker Ökonomieprofessor, nahm Mitschke beiseite und sagte: »Schauen Sie mal raus, was für Probleme wir da haben, mit denen wir nicht fertig werden. Und Sie wollen sich mit Modellspielereien abgeben, bei denen Sie von vornherein wissen, daß sie zur Erklärung und Gestaltung der Realität nichts beitragen werden?« Mitschke nahm Stützels Angebot an und wurde Assistent bei ihm.

Seine praktischen Erfahrungen haben Mitschke davor bewahrt, »Ökonomie von der grünen Wiese« aus zu lehren. Sich in das Denken oder die Interessenlage von Praktikern hineinzudenken, hält er für selbstverständlich. »Die Praktiker sind auch nicht dümmer; im Unterschied zu uns kommen sie im Alltagsgeschäft nur nicht zum Nachdenken darüber, warum etwas funktioniert oder auch nicht. Diese Nachdenklichkeit kann man sich eigentlich nur auf der Universität leisten.«

Wissenschaft kann, davon ist Mitschke überzeugt, »nur aus der Beobachtung gedeihen und auf der Erfahrung aufbauen«. Das gilt auch für seine Arbeiten über das Bürgergeld, eine von Mitschke entwickelte Variante der negativen Einkommensteuer. Nach diesem Konzept sollen alle steuerfinanzierten Sozialleistungen wie Sozialhilfe, Kindergeld, Erziehungsgeld, Wohngeld oder Bafög durch einen einzigen, nach Sozialmerkmalen gestaffelten Universaltransfer ersetzt werden. Vereinfacht ausgedrückt: Die Bürger, die wegen niedriger oder fehlender Einkommen keine Steuern zahlen, aber Anspruch auf Sozialleistungen haben, erhalten Bürgergeld. Dahinter steht ein relativ schlichter Grundgedanke: »Der Staat entzieht den wirtschaftlich Leistungsfähigen durch Zwangsabgaben Kaufkraft nach Maßgabe ihrer Leistungsfähigkeit und überträgt sie an wirtschaftlich Bedürftige nach Maßgabe ihrer Bedürftigkeit.« Zur angestrebten Einfachheit gehört, daß für die Umverteilung dieselbe Behörde zuständig ist, die bisher nur die Abgaben kassiert – das Finanzamt.

Entstanden ist Mitschkes Bürgergeld-Modell bereits Mitte der siebziger Jahre als Nebenprodukt von Studien über die Sozialbürokratie und ihre Ineffizienz (»Vierzig Behörden sind für 152 Sozialleistungen zuständig!«). Mittlerweile ist das Bürgergeld Mitschkes Markenartikel. Abgesehen von der bestechenden Schlichtheit des Modells, ist die Bedeutung einer zuverlässigen ermessensfreien und damit nicht diskriminierenden Grundsicherung für die Sozialpolitik und für die Beschäftigungspolitik kaum voll erkannt. Das Bürgergeld würde die Einrichtung von Leicht- oder Niedriglohngruppen sozial erträglicher machen, für Beschäftigte mit niedriger Arbeitsproduktivität könnten entsprechende Tarife vereinbart werden. Bestimmte Arbeiten könnten billiger werden, weil das Bürgergeld verhindert, daß Beschäftigte unter das Existenzminimum rutschen. Der Anreiz zur Arbeit bliebe erhalten, weil sich niedrig bezahlte Arbeit in Verbindung mit dem Bürgergeld lohnt.

Der Vorwurf, dies bedeute nichts anderes als Lohnsubventionen, und die hätten nichts mit Marktwirtschaft gemein, läßt ihn kalt: »Für mich ist nichts sakrosankt. Wenn das Problem es erfordert und wenn es die bessere Lösung ist, als die Folgen der Arbeitslosigkeit zu finanzieren, ist mir das gleich.« Mehr drückt Mitschke der Zweifel, ob das politische System der Bundesrepublik noch mehr Arbeitslose aushalten wird.

Die Politiker tun sich mit Mitschkes Idee schwer. Beifall findet er bei so gegensätzlichen Gruppen wie der FDP und den christlich-demokratischen Arbeitnehmern, während die Sozialdemokraten Distanz wahren. Letzteres ist erstaunlich, denn das Bürgergeld würde nicht nur entwürdigende Pflichten von Bedürftigen obsolet machen, es könnte auch die Verlagerung von einfacheren Arbeitsplätzen bremsen.

Die Verständnisprobleme haben wohl mit der Struktur des Modells zu tun. Es ist eine Symbiose von Wirtschafts-, Fiskal- und Sozialpolitik. Während zwischen Wirtschafts- und Finanzpolitikern noch ein Mindestmaß an Verständigung möglich ist, liegt zwischen diesen beiden Disziplinen und der Sozialpolitik ein breiter Graben. Mitschke: »Die Crux ist: Mit wem immer ich auch rede, die meisten kennen immer nur eine Seite der Medaille.«

Dissertation:
»Über die Eignung von Einkommen, Konsum und Vermögen als Bemessungsgrundlagen der direkten Besteuerung – eine meßtechnische Analyse«

Literaturauswahl:
»Staatsbürgersteuer« (gemeinsam mit W. Engels und B. Starkloff), 1975;
»Steuer- und Transferordnung aus einem Guß: Entwurf einer Neugestaltung der direkten Steuern und Sozialtransfers«, 1985;
»Wirtschaftliches Staatsmanagement«, 1990.

Winfried Vogt entwickelte die Theorie eines »laboristischen Gleichgewichts«

Der Außenseiter

Von Christine Mattauch

Ende der sechziger Jahre erlangte Professor Winfried Vogt dadurch eine gewisse Berühmtheit, daß er eine Vorlesung über die ökonomische Theorie von Karl Marx mit dem Abspielen der Internationale einleitete. Die Mär von dieser unerhörten Tat verbreitete sich wie ein Lauffeuer – selbst im Ausland sprachen Kollegen Vogt darauf an.

Dabei hatte der Professor als guter Pädagoge sein Thema lediglich jugendgerecht präsentieren wollen. Daß die Wahl schließlich auf das Kampflied der sozialistischen Arbeiterbewegung gefallen war – und nicht, wie er eigentlich geplant hatte, auf den Beatles-Song »Revolution« –, hatte ein Freund mit der Anmerkung bewirkt, die Internationale komme bei den Studenten besser an.

Vermutlich hat ihm damals kaum jemand diese Erklärung abgenommen, denn der heute 61jährige Regensburger Ökonom stand und steht nicht gerade in dem Ruf, ein Konservativer zu sein. Mit seiner gesellschaftskritischen Haltung sorgte er häufig für Zündstoff – zum Beispiel, als er 1972 bei einer Tagung des Vereins für Socialpolitik zum Thema »Das ökonomische Gesetz der Macht« referierte und dabei die Marxsche Ausbeutungstheorie ins Zentrum seiner Analyse stellte.

Er habe, sagt Vogt rückblickend, eine ganz sachliche Diskussion über seine Thesen in Gang bringen wollen – »das war wohl ein bißchen naiv«. Seine Zuhörer jedenfalls empfanden den Vortrag als Provokation, einige verließen den Raum, andere verliehen ihrem Protest lautstark Ausdruck. Vogt wird bei der Erinnerung verlegen und versichert: »Ich sehe Marx heute etwas kritischer als damals.«

Daß sich ein Wirtschaftswissenschaftler ernsthaft mit Marx auseinandersetzt und auch noch wesentlichen Teilen seiner Analyse zustimmt, mag heutigen Jungökonomen exotisch erscheinen, erklärt sich aber aus den Zeitumständen. Vogt, der bis dato einen recht konventionellen Werdegang hinter sich hatte, ließ sich von der Aufbruchstimmung der Studentenbewegung anstecken. Er war damals gerade von Kiel nach Regensburg gegangen, wo er an der neu gegründeten Universität die wirtschaftswissenschaftliche Fakultät mit aufbaute. Von dieser Zeit schwärmt er noch heute, vom engen Kontakt zwischen Dozenten und Studenten, von den vielen interdisziplinären Seminaren mit Historikern, Soziologen und Ökonomen. Man war fortschrittlich, was sich nicht zuletzt in dem einstimmigen Beschluß der Fakultät niederschlug, Talare gar nicht erst einzuführen.

Vogt begann sich mit der Frage zu beschäftigen, wie die wirtschaftlichen Rahmenbedingungen beschaffen sein müssen, damit die Menschen ein selbstbestimmtes, weniger materialistisch dominiertes Leben führen können. In der Verknüpfung von ökonomischen und gesellschaftlichen Fragestellungen sieht er den eigentlichen Sinn der Wirtschaftswissenschaft. Eines seiner Vorbilder in dieser Hinsicht war Erich Preiser, der bis zu seinem Tod in München lehrte und noch an der Gründung der Regensburger Fakultät beteiligt war.

Geprägt hat Vogt aber auch Erich Schneider, bis 1968 Direktor des Kieler Instituts für Weltwirtschaft. Von ihm lernte Vogt das wirtschaftstheoretische Arbeiten. Schneider bewirkte auch, daß Vogt, kaum hatte er seine Habilitation

Winfried Vogt,
geboren am 25. November 1935 in München
Studium: 1954–1959 Volkswirtschaftslehre in München und Kiel
Berufsweg: 1961 Wissenschaftlicher Assistent am Kieler Institut für Weltwirtschaft, 1964–1967 Professor für wirtschaftliche Staatswissenschaften an der Universität Kiel, seit 1967 Professor für Volkswirtschaftslehre an der Universität Regensburg

beendet, einen Ruf nach Kiel erhielt. Sein damaliges Spezialgebiet, die Wachstumstheorie, verlor für Vogt jedoch in dem Maße an Faszination, in dem er dem technischen Fortschritt Bedeutung zumaß. Das Wesen des technischen Fortschritts liegt aber gerade darin, daß er heute noch nicht bekannt ist – und demnach nicht erforscht werden kann.

Vogts neues Spezialgebiet wurde die Kapitalismuskritik. Bei aller Distanz zur bestehenden Wirtschaftsordnung sah er die Alternative jedoch nicht in einer Zentralverwaltungswirtschaft. Seine Überlegungen mündeten in den achtziger Jahren vielmehr in die Theorie eines »laboristischen Gleichgewichts«. Vogt entwirft darin das Modell einer Marktwirtschaft, in der ausschließlich selbstverwaltete Unternehmen existieren. Er glaubt, daß dieser Unternehmenstyp der klassischen kapitalistischen Unternehmung mit ihrer vergleichsweise strengen Hierarchie und Arbeitsteilung überlegen sein muß, weil Motivation und Arbeitszufriedenheit der Beschäftigten steigen und zu höheren Leistungen führen. Daß sich derartige liberale Betriebe bislang nicht durchgesetzt haben, ist für ihn kein Widerspruch. Eine der Ursachen sieht er darin, daß Kapitalgeber dieser Unternehmensform ein erhöhtes Risiko beimessen, was zu übersteigerten Finanzierungskosten führt. In seinen früheren Schriften forderte Vogt deshalb eine Vergesellschaftung des Kapitalmarktes. Später rückte er davon ab und favorisierte öffentliche Kreditbürgschaften.

Die Theorie, von konservativen Ökonomen kaum zur Kenntnis genommen, löste unter Linken eine heftige Kontroverse aus – weil sich Vogt bei seiner Analyse neoklassischer Methoden bedient hatte. Das Gleichgewichtsparadigma, schrieb etwa der Bremer Rudolf Hickel, »läßt eine empirische Verarbeitung der Geschichte kapitalistischer Systeme nicht zu, weil es zur enthistorierenden Analyse einlädt«. Der Aachener Ökonom Karl Georg Zinn warf Vogt vor, die »ideologische Funktion« der Neoklassik zu mißachten: »Er (Vogt) vergißt, daß die Kapitalfraktion aus wohlerwogenen Gründen an der neoklassischen Interpretation der ökonomischen Realität interessiert ist.« Vogt freilich mochte nicht einsehen, daß eine in seinen Augen »hervorragende wissenschaftliche Methode« nur deshalb diskreditiert sein sollte, weil sie auch von der konservativen Seite verwendet wird. »Ich bin überzeugt davon, daß Marx seine Kritik im Rahmen der neoklassischen Theorie formuliert hätte, wenn er statt der klassischen politischen Ökonomie schon (den französischen Ökonomen Léon) Walras hätte lesen können«, antwortete er seinen Kritikern.

Überzeugt hat er sie nicht. Bis heute ist Vogt mit seinem Alternativkonzept, an dem er unbeirrt weiterarbeitet, ein Außenseiter geblieben. Inhaltlich sieht er sich in jüngster Zeit durch Experimente, etwa in der Automobilindustrie, bestätigt, bei denen die Beschäftigten in weitgehend autonomen Arbeitsgruppen mehr Freiraum erhalten – in der

Hoffnung, daß dadurch die Produktivität steigt. Den Einwand, daß viele Menschen möglicherweise ganz zufrieden sind, wenn sie ein festumrissenes Aufgabengebiet und genaue Anweisungen erhalten, kann Vogt zwar nicht entkräften. Als Arbeitsgrundlage will er die daraus resultierenden Präferenzen gleichwohl nicht akzeptieren: »Dann kann man ja gleich sagen, alles soll bleiben, wie es ist« – und das ist für ihn, der noch immer den Traum einer menschlicheren Gesellschaft träumt, keine Lösung.

Literaturauswahl:
»Makroökonomische Bestimmungsgründe des wirtschaftlichen Wachstums der Bundesrepublik Deutschland von 1950 bis 1960«, 1964;
»Theorie der kapitalistischen und einer laboristischen Ökonomie«, 1986;
»Radikale Neoklassik« (Herausgeber), 1986;
»Capitalist versus Liberal Firm and Economy«, 1992.

Heinz König entwickelte die Ökonometrie weiter und beantwortet mit ihrer Hilfe Zukunftsfragen

Der Prognostiker

Von Heinz-Peter Arndt

Von Frührente hält Heinz König wenig. Zumindest, wenn es um seine Person geht. Deshalb hat der 68jährige Ökonomieprofessor seinen Vertrag als Direktor des Zentrums für Europäische Wirtschaftsforschung (ZEW) bis März kommenden Jahres verlängert. »Die Arbeit mit jungen Leuten hält mich geistig auf Trab«, erklärt der gebürtige Westerwälder. »Und das Durchschnittsalter beim ZEW liegt knapp unter Dreißig, mich eingerechnet«, fügt er schmunzelnd hinzu.

Die Jugendlichkeit der Mitarbeiter entspricht der ZEW-Philosophie; die lange Zeit provisorische Unterbringung des Instituts weniger. Doch Anfang Dezember ist das Institut endlich aus den beengten Etagen des Iduna-Hauses in einen Neubau am Mannheimer Schloß umgezogen. Das dokumentiert schon äußerlich den Aufstieg: Binnen fünf Jahren hat sich das 1991 gegründete ZEW in der Riege der renommierten deutschen Wirtschaftsforschungsinstitute etabliert.

Die Gründungsidee für das ZEW stammt noch vom Exlandesvater und Wirtschaftsförderer Lothar Späth. Ein landeseigenes, europaorientiertes Institut sollte die stark exportabhängigen Unternehmen Baden-Württembergs unterstützen. Heinz König, seit 1962 Ordinarius an der Mannheimer Universität, übernahm die Leitung. Sein ehrgeiziges Ziel: »Ich will Politik- und Wirtschaftsberatung wissen-

Heinz König,
geboren am 25. Dezember 1927 in Montabaur (Westerwald)
Studium: 1948–1951 Volkswirtschaftslehre in Mainz
Berufsweg: 1958–1959 Rockefeller Fellow am Massachusetts Institute of Technology (MIT) in Harvard und an der Stanford University, 1959–1962 Privatdozent an der Universität Münster, seit 1962 Ordinarius für Volkswirtschaftslehre an der Universität Mannheim, 1979–1982 Rektor der Universität Mannheim, seit 1991 Wissenschaftlicher Direktor des Zentrums für Europäische Wirtschaftsforschung (ZEW)

schaftlich anspruchsvoller machen.« Eine Tradition, die auch sein bekanntester Schüler, Wolfgang Franz, inzwischen als Mitglied im Sachverständigenrat der fünf Weisen, pflegt.

Der wissenschaftliche Anspruch ist für Heinz König in der Ökonomie seit Studienzeiten unlösbar mit Mathematik verbunden, genauer, mit der Ökonometrie. König gehört neben seinem Bonner Freund Wilhelm Krelle in Deutschland zu den wichtigsten Vertretern dieser ökonomischen Spezialdisziplin, die Theorie mit Empirie verbindet. Einfacher gesagt: Der Ökonometriker übersetzt eine Theorie in ein Gleichungssystem, spielt es mit verfügbaren Daten durch und gibt dann Prognosen für die Zukunft ab. Noch in den sechziger Jahren glaubte König, mit Hilfe von riesigen Gleichungssystemen die (Wirtschafts-) Welt komplett zu erfassen und sie dann nach der keynesianischen Lehre steuern zu können.

Diese kühne Hoffnung, die er mit vielen Kollegen der Ökonomenzunft teilte, erfüllte sich jedoch nicht. Die »Globalsteuerung« ist nicht nur wegen permanent leerer öffentlicher Kassen kein Thema mehr. Zu häufig lagen die mit Hilfe großer Modelle erstellten Wachstumsprognosen von Konjunkturforschern und Finanzministern daneben. Denn: Je größer das Modell, desto stärker addieren sich viele kleine Abweichungen zu einem großen Schätzfehler.

In Teilbereichen der Wirtschaftswissenschaften wird die Ökonometrie allerdings nach Meinung von Heinz König immer wichtiger und durch bessere Umfragedaten sowie neue Computertechnologien auch zunehmend effizienter.

Deshalb bietet das ZEW zwar wie die Konkurrenzinstitute Wachstums- und Konjunkturprognosen an; ihre Marktnische haben die Mannheimer jedoch in der ökonometrischen Analyse einzelner Forschungsschwerpunkte gefunden: Arbeitsmarkt, Industrieökonomik/Innovation und Finanzwirtschaft sind schon seit Jahrzehnten Spezialgebiete von Heinz König, mit Umweltökonomik und Finanzmärkten deckt das ZEW außerdem Trendthemen ab.

Die Publikationen des ZEW kommen gut an: So genießt der Branchenreport *Dienstleistungen*, der auf einer vierteljährlichen Umfrage bei 850 Unternehmen beruht, inzwischen ähnliches Ansehen wie sein Vorbild, der ifo-Konjunkturtest. Die Kapitalmarktprognose »G-Mind« (German-Market-Indikator) verbindet eine ökonometrische Analyse der historischen Entwicklungen an den Geld- und Kapitalmärkten mit Umfrageergebnissen unter deutschen Finanzmarktexperten. Mit dem »G-Mind« ist das ZEW sogar im *Wall Street Journal* vertreten.

Stärker als andere Institute setzt das ZEW auf Interdisziplinarität. Unter den rund 85 Mitarbeitern sind nahezu ebenso viele Betriebs- wie Volkswirte, dazu kommen Juristen, Politologen und Geographen. Das Spektrum der Forschung ist dementsprechend groß. Es reicht von der branchenspezifischen Analyse von Ökosteuern bis zu den Exportchancen baden-württembergischer Unternehmen in Asien. Etwa vierzig der sechzig laufenden Projekte sind Auftragsarbeiten, vornehmlich für Bund, Länder und die Europäische Union.

Methodisch schätzt der Mannheimer Professor die Verbindung von Theorie und Praxis via die Mathematik. Zwar geht Heinz König nicht so weit wie der Philosoph Bertrand Russell, der die Mathematik als »eine Stätte des Friedens, ohne die ich nicht wüßte, wie ich weiterleben sollte« bezeichnete. Aber als »Sprache der Logik« ist sie König bei ökonomischen Fragen »unentbehrlich«.

Ökonomische Antworten – und das erklärt die rege Nachfrage nach dem ZEW-Gutachten – sollten nach seiner Meinung jedoch auch für mathematische Laien verständlich sein. Heinz König weiß, daß »im Beratungsgeschäft neben der Analyse immer mehr Therapievorschläge gefragt sind«. So hält er zum Beispiel den Gegnern von Ökosteuern entgegen, daß die »ökologische Ausrichtung des deutschen Steuersystems auf Dauer unvermeidbar ist«. Im Gegenzug warnt er jedoch: »Ein radikaler Schwenk brächte ganze Branchen zum Erliegen.«

Ebenso reichen König »zu hohe Löhne« als Erklärung für die Massenarbeitslosigkeit in Deutschland nicht aus. »Die Verengung auf dieses Argument ist ein Kieler Problem«, tadelt er mit leichtem Spott das dort ansässige Institut für Weltwirtschaft. »Aber auch die Zeit nationaler Beschäftigungsprogramme kommt nicht wieder«, räumt der Mannheimer Ökonom ein, der sich noch »gut an die dreißiger Jahre erinnert, als Heerscharen von Arbeitern die Autobahn an Montabaur vorbeibauten«. Es gebe in einer international ausgerichteten, kapitalintensiven Wirtschaft nun mal kein Patentrezept mehr gegen die Arbeitslosigkeit. Mit einem Maßnahmenmix könne man die Jobkrise jedoch mildern: Dazu gehören für ihn Steuervergünstigungen für forschungsintensive Unternehmen und die zielgerichtete Qualifizierung von Arbeitslosen, aber auch Lohnsubventionen.

Heinz König ist mit einer starken Portion Skepsis gegenüber einfachen Lösungen ausgestattet. Er habe zwar viele seiner alten Positionen revidiert, Postkeynesianer sei er doch irgendwie geblieben, sagt der Mannheimer Wirtschaftsprofessor. Bereits die erste Ökonomie-Vorlesung, die den jungen Jurastudenten Heinz König 1948 in Mainz zu den Volkswirten lockte, handelte vom Altmeister John Maynard Keynes. Seine eigene Abschiedsvorlesung an der Universität hatte er im Februar dieses Jahres der Zukunft der Makroökonomie »60 Jahre nach der ›Allgemeinen Theorie‹ von Keynes« gewidmet. Und sein nächstes Buch trägt den programmatischen Titel: »Welche Gesetze sind in der Ökonomie von Dauer?«

Dissertation:
»Wirtschaftskreislaufmodelle und die Methode der Input-Output-Analyse«

Literaturauswahl:
»Einführung in die Spektralanalyse ökonomischer Zeitreihen« (gemeinsam mit Jürgen Wolters), 1972;
»Wohnungsbauinvestitionen als Instrument der Stabilisierungspolitik«, 1982;
»Möglichkeiten und Probleme der Rezessionsbekämpfung«, 1988;
»Bringt die EU-Beschäftigungsoffensive den Aufschwung? Die deutsche Wirtschaftsforschung nimmt Stellung zum Delors-Weißbuch« (Herausgeber), 1994.

Guy Kirsch glaubt, daß die Probleme der Menschheit mittels Ökonomie zu lösen sind

Der Brückenbauer

Von Thomas Fischermann

Ja, er sei ein Konservativer, sagt der Mann in Pulli und Jeans. »Wenn man Brücken bauen will, muß man an dem Ufer beginnen, an dem man steht. Die anderen...«, hier unterbricht er kurz und zeigt mit dem Finger in eine Ecke seines kleinen Dienstzimmers, in der es wirklich nichts zu sehen gibt, »...die anderen sind die, die Brücken mitten ins Meer bauen.«

Wenn Guy Kirsch, 58, redet, dann mit großen Gesten. Der Direktor des Seminars für Finanzwissenschaft an der Universität Freiburg (Schweiz) ist kein Freund von trockenem Zahlenwerk. Als Zeugen für seine Betrachtungen zieht er schon mal die Scholastiker, Konfuzius oder Goethe heran, sein Postulat klingt fast theologisch: »Der Mensch will mit sich, den Mitmenschen und den Dingen im Einklang stehen.« Seine Studenten finden, daß sich ein Besuch von Kirschs Vorlesungen schon wegen dessen schauspielerischer Leistung lohnt.

Kirsch will aber nicht nur die Didaktik, sondern auch einige Denkmuster seiner Disziplin ändern. Herkömmliche Vorstellungen vom »Wohlstand« erscheinen ihm zu eng. Sein eigenes Wirken hat er nicht der Maximierung des Bruttosozialprodukts verschrieben, sondern dem »guten Leben der Menschen« – zufrieden mit sich und der Welt.

Die Regierung von Margaret Thatcher in Großbritannien schalt er für die »Einseitigkeit einer fast ausschließlich auf wirtschaftliche Prosperität ausgerichteten Politik« – und warnte vor »offensichtlich in Kauf genommenen sozialen Spannungen«. Mit Marx klagt Kirsch über die Ökonomisierung der Gesellschaft: »Wenn Sie jemanden fragen, wer er ist, sagt er Ihnen, was er beruflich macht – also als was er sich verkauft. In den USA wird er Ihnen vielleicht sogar sagen: Ich bin ein 200.000-Dollar-Mann.«

Fast erscheint es paradox, daß Kirsch im deutschsprachigen Raum als Vorreiter einer Schule auftritt, die den Einfluß ökonomischen Denkens sogar noch ausdehnen will. Die Neue Politische Ökonomie – der Begriff entstand Ende der sechziger Jahre in den USA – wendet Erkenntnisse aus der Wirtschaft konsequent auf nichtökonomische Lebensbereiche an. Der Finanzwissenschaftler Kirsch hat schon über die Psychologie des Bundeskanzlers geschrieben oder über den Konfuzianismus.

Kirsch warnt gleich vor einem Mißverständnis: »Ich bin gegen Wirtschaftsimperialismus.« Er vertrete nicht die Ansicht, daß sich alle menschlichen Entscheidungen etwa mit Geldgier erklären lassen. Vielen Entscheidungen liege aber ein Kosten- und Nutzenkalkül im weiteren Sinne zugrunde: Ehe oder Junggesellentum, CDU oder SPD wählen, Diebstahl oder Gesetzestreue – bei all diesen Alternativen würden vernünftige Menschen die Vor- und Nachteile abwägen. Und für die Analyse solcher Entscheidungen, »Wahlhandlungen«, liefere die Theorie rationaler Entscheidungen *(rational choice)* nützliche Begriffe und Verfahren.

Bescheiden steht gleich über dem ersten Kapitel seines Lehrbuchs »Neue Politische Ökonomie«, daß Kirsch darin nicht »die, sondern eine Theorie der Politik« aufgeschrieben hat. Das gilt um so mehr für seine weiteren Spekulationen, die geradewegs in die Philosophie münden. Moral, sagt Kirsch, lasse sich zu einem guten Teil mit Eigennutz erklären: »Der Mensch will als Mitglied der Gesellschaft

Guy Kirsch,
geboren am 1. September 1938 in Luxemburg
Studium: 1958–1968 Wirtschafts- und Sozialwissenschaften in Bonn und Köln
Berufsweg: Assistent von Prof. Dr. Günter Schmölders an der Universität Köln, 1972 ordentlicher Professor für Finanzwissenschaft an der Universität Freiburg (Schweiz), Direktor des Seminars für Finanzwissenschaft in Freiburg

anerkannt sein« – und halte sich schon aus purem Eigennutz an Regeln, damit man am nächsten Tag nicht mit Fingern auf ihn zeigt. Auch in der christlichen Nächstenliebe ist in Kirschs Welt noch Platz für egoistisches Kalkül: »Es ist möglich, daß dem einzelnen die Wohlfahrt seines Nächsten so sehr am Herzen liegt, daß es ihm selbst nur gutgeht, wenn sich dieser gut fühlt.«

Ökonomenkollegen, die das alles ein wenig abwegig finden, hält Kirsch entgegen, daß schon Adam Smith neben seinem »Wohlstand der Nationen« auch ein Buch über die »Theorie der ethischen Gefühle« geschrieben hat. Außerdem sei die Integration der Gesellschaft in die Analyse der Ökonomie nicht bloß intellektueller Zeitvertreib: Sie schärfe die Waffen der Wirtschaftspolitiker. Wurden etwa nicht lange Zeit am grünen Tisch immer neue Steuersysteme entworfen – ohne darauf zu achten, ob diese auch außerhalb der Lehrbücher durchsetzbar sind? Die Analyse der Wahlhandlungen kann das Problem lösen.

Kirsch zögert bei der Frage, ob er seinen Arbeitsschwerpunkt eher in der Forschung oder der Lehre sieht. »Ich bin kein Lehrer«, sagt er. »Ich bin Professor. Ich werde von der Gesellschaft bezahlt, damit ich mir Gedanken mache über das Zusammenleben der Menschen.«

Zum Gedankenmachen beordert der Professor von Zeit zu Zeit seine Assistenten auf eine Berghütte – um zum Beispiel ein neues Philosophiebuch durchzuarbeiten. »Das ist dann fast klösterlich.« Die Ergebnisse des gemeinsamen Nachdenkens verkündet er vor wissenschaftlichen Zirkeln oder Unternehmerversammlungen, in Büchern und Zeitschriftenaufsätzen. »Um Anstöße zu geben, damit die Leute selbständig weiterdenken«, sagt er, »und natürlich auch wegen der Eitelkeit.«

Manchmal klingt Kirsch pessimistisch. »Wir feiern als Liberale den freien Markt und die Mobilität«, sagt er. »Vielleicht zerstört der Markt aber Werte, die er selber nicht hervorbringen kann.« Noch immer zeichneten sich die Märkte in westlich geprägten Gesellschaften durch hohe Sicherheit und folglich geringe Transaktionskosten aus. »Die Menschen verhalten sich anständig, weil sie auch noch morgen mit Ihnen Geschäfte machen wollen. Vergleichen Sie das mal mit einem Markt in Shanghai: Da versucht jeder jeden zu betrügen.« Kirsch sieht aber zwei Gründe, warum das nicht so bleiben muß. Erstens: Mobilität führe zur zunehmenden »Flüchtigkeit der Beziehungen«, damit werde Betrug unter den Marktteilnehmern wahrscheinlicher. Zweitens: Institutionen werden immer wichtiger. »Aber eine Institution kann kein Gewissen haben. Und der einzelne betrügt auch viel eher eine Institution als einen Geschäftspartner persönlich.«

Kirsch plädiert trotzdem nicht für Revolutionen. Er bleibt bei seinem Bild mit den Brücken und ruft zur Weiterentwicklung des Bestehenden auf: »Die liberale Marktordnung und der demokratische Staat sind die bisher einzig erfolgreichen Modelle. Die jetzige Ausprägung unserer Gesellschaft muß aber nicht die letzte und definitive sein. Die Bundesrepublik ist heute auch nicht mehr so wie 1948, obwohl sie damals wie heute eine soziale Marktwirtschaft hat und eine Demokratie ist.« Gerade darin liege die Stärke von Demokratie und Marktwirtschaft: Man kann »Irrtümer erkennen, ohne die Irrenden umzulegen«.

Bei der Gestaltung dieses Wandels sieht Kirsch vor allem die Ökonomen in der Pflicht. Sie hätten die richtigen Konzepte und Analyseverfahren entwickelt, um über die kommenden großen Auseinandersetzungen »vernünftig reden zu können«: über Arbeitslosigkeit, Umweltschutz, Knappheit an Rohstoffen. Kirsch: »Ich bin sehr froh, in unserer Zeit ein Ökonom zu sein. Wir dürfen die Welt nicht den Träumern überlassen.«

Dissertation:
»Systemanalytische Grundlagen der Forschungspolitik«

Literaturauswahl:
»Jenseits von Markt und Macht. Eine Ordnung für den Menschen«, 1984;
»Entfremdung. Der Preis der Freiheit?«, 1984;
»Das freie Individuum und der dividierte Mensch«, 1990;
»Neue Politische Ökonomie«, 3. Aufl., 1993.

Herbert Hax fürchtet, daß die Betriebswirtschaft zur bloßen Managementlehre verkommt

Der Grenzgänger

Von Gerhard Schröder

Die Überraschung war groß, auch bei dem frisch Gekürten selbst. Ein Betriebswirt als Vorsitzender des wichtigsten ökonomischen Beraterstabes in Deutschland, des Sachverständigenrates zur Begutachtung der gesamtwirtschaftlichen Lage? Unmöglich. Für viele Volkswirte, so notierte die *Frankfurter Allgemeine Zeitung* damals, »dürfte eine Welt zusammengebrochen sein«, als Herbert Hax im März 1992 in die Domäne der Nationalökonomen einbrach.

Theoriebewußte Volkswirte tun sich schwer, die Betriebswirtschaft als gleichwertige Disziplin anzuerkennen. Das schmerzt den hageren Gelehrten zwar, gleichwohl zeigt er auch ein wenig Verständnis für die Vorbehalte, die Betriebswirten von der Nachbarzunft entgegenschlagen. Er sieht große Defizite, die seine Fachdisziplin nicht ganz zu Unrecht in Verruf gebracht haben: »Die ökonomische Theorie kommt zu kurz. Die Betriebswirtschaft verkommt mehr und mehr zu einer reinen Managementlehre.«

Der rheinische Wirtschaftsprofessor, der seit 1972 an der Universität zu Köln Allgemeine Betriebswirtschaft und Finanzierungslehre lehrt, ist ein Grenzgänger zwischen den Disziplinen. Nicht erst seit er in den Rat der fünf Weisen berufen wurde, zählt er zu den gefragten Politikberatern. Schon 1971 berief ihn die Bundesregierung in eine Expertenkommission, die den wirtschaftlichen und sozialen Wandel in Deutschland erforschen sollte. Seit 1985 gehörte er

Herbert Hax,
geboren am 24. September 1933 in Köln
Studium: 1953–1957 BWL in Darmstadt, Chicago und Frankfurt am Main
Berufsweg: 1958 Assistent am Seminar für Allgemeine BWL und Wirtschaftsprüfung, 1962 Stipendiat an der Wirtschafts- und Sozialwissenschaftlichen Fakultät der Universität zu Köln, 1964 Professor für BWL in Saarbrücken, 1968 dort Direktor des Instituts für Ökonometrie und Unternehmensforschung, 1972 Professor für BWL in Wien, seit 1976 Professor für Allgemeine BWL und Betriebswirtschaftliche Finanzierungslehre an der Universität zu Köln, seit 1982 Vorstand des Instituts für Mittelstandsforschung in Bonn

dem wissenschaftlichen Beirat beim Bundeswirtschaftsminister an.

Die Karriere des Wissenschaftlers war vorgezeichnet: Sein Vater Karl Hax, der in Frankfurt lehrte, zählte zu den bedeutendsten Betriebswirten seiner Generation in Deutschland. Sohn Herbert schlug die gleiche Richtung ein. In seiner Dissertation befaßte er sich 1962 mit der »Preisbindung in der Markenartikelindustrie«, doch von Beginn an legte er Wert auf den Brückenschlag zur volkswirtschaftlichen Theorie. In den sechziger Jahren war er derart fasziniert von der keynesianischen Sicht, wie sie Karl Schiller damals populär machte, daß er »ernsthaft« überlegte, in die SPD einzutreten. Er blieb parteilos. Zumal auch die Zweifel am Konzept der staatlichen Konjunktursteuerung zunahmen. Heute gilt Hax als ideologisch gefestigter Marktökonom. Staatseingriffe in die Wirtschaft beurteilt er hinreichend skeptisch. »Wir sprechen nicht mehr so leichtfertig von Marktversagen«, sagt Hax.

Profiliert hat sich Hax durch seine Forschungen zur Finanzierungslehre. Seit 1982 leitet er das Institut für Mittelstandsforschung in Bonn. Die zentrale Frage, der er dort nachgeht: Woran liegt es, daß kleine Unternehmen oft nicht an das nötige Kapital kommen? Die reine Lehre ist da eindeutig: Ein Unternehmen findet dann keine Geldgeber, wenn es keine Gewinne macht. Aus der Praxis weiß Hax jedoch, daß selbst wirtschaftlich erfolgreiche Kleinunternehmer häufig Finanzierungsschwierigkeiten haben. Erst neue mikroökonomische Ansätze aus Amerika boten Ende der siebziger Jahre stichhaltige Erklärungen. Sie wiesen auf zwei gravierende Probleme hin, auf die asymmetrische Verteilung von Informationen und das opportunistische Verhalten von Marktteilnehmern. Einfacher formuliert: Selbst rentable Kleinunternehmen werden am Kapitalmarkt diskriminiert, weil sie den Geldgebern nicht ausreichend Sicherheiten bieten können. Doch wie kann das Problem gelöst werden? Die einfachste Variante: Der Staat hilft den Mittelständlern mit Förderprogrammen aus der Klemme. Eine schlechte Lösung für einen Markttheoretiker wie Hax, doch derzeit hält auch er die Mittelstandsprogramme für unverzichtbar. Vor allem in Ostdeutschland. Dort untersucht das Haxsche Mittelstandsinstitut derzeit anhand von Einzelbeispielen, wie der Mangel an Kapital bei den kleinen Unternehmen ohne die Subventionen des Staates gelöst werden kann. Doch verläßliche Antworten fehlen bislang. »Es gibt noch großen Forschungsbedarf.«

Hax pflegt die Haltung des objektiven Wissenschaftlers; sein besonderer Blick auf die Unternehmen, speziell den Mittelstand, hat ihm allerdings auch den Ruf eingetragen, er betreibe einseitige Interessenvertretung. Niedrigere Steuern für die Unternehmen, geringere Lohnerhöhungen, flexiblere

Tarifverträge zählen zum Standardprogramm seines Forderungskatalogs für die Wirtschaftspolitik. Schon 1982 klagte er in einem Aufsatz über die hohen Sozialbeiträge, die die Lohnkosten in Deutschland in unerträgliche Höhe schraubten.

Als Ratsvorsitzender prescht der sonst eher zurückhaltende Wissenschaftler dann auch schon mal mit unkonventionellen Vorschlägen vor. So forderte er etwa, die Kosten der Pflegeversicherung allein auf die Beschäftigten abzuwälzen oder den Arbeitgeberanteil an den Sozialbeiträgen zu streichen, um die Unternehmen zu entlasten.

Dafür gab's reichlich Schelte, nicht nur von seiten der Gewerkschaften. Selbst die Arbeitgeber lehnten dankend ab. Denn sie wußten, daß sie ihren Anteil doch würden zahlen müssen – über entsprechend höhere Löhne, die die Gewerkschaften dann erzwingen würden. Der Protest rührt den Sachverständigen jedoch wenig. »Die Wissenschaftler müssen die Vorschläge machen, für die Realisierung sind die Politiker zuständig.« Derartige Alleingänge sind für Hax eher untypisch. Der Chef der fünf Weisen mag sich nicht allzusehr in den Vordergrund stellen. »Ich habe keine beherrschende Funktion im Rat«, wiegelt Hax ab. Anders als etwa sein Kölner Ratskollege Jürgen Donges, der gern mit saftigen Polemiken provoziert, neigt er eher zu akademischer Verklausulierung denn zu Pointierung. Die inszenierte Selbstdarstellung ist seine Sache nicht. »Vielleicht bin ich gerade deshalb zum Vorsitzenden gewählt worden«, sinniert er. »Der Vorsitzende soll ja in erster Linie den Rat in der Öffentlichkeit vertreten, nicht seine eigene Meinung.«

Dissertation:

»Vertikale Preisbindung in der Markenartikelindustrie«

Literaturauswahl:
»Die Koordination von Entscheidungen«, 1965;
»Investitionstheorie«, 1970;
»Entscheidungsmodelle in der Unternehmung«, 1974;
»Finanzwirtschaft der Unternehmen und der Kapitalmarkt«, 1988.

Hans-Werner Sinn will in möglichst vielen ökonomischen Teilgebieten mitreden

Der Generalist

Von Christine Mattauch

Eines steht heute schon fest: Hans-Werner Sinn wird seiner Nachwelt ein interessantes wissenschaftliches Erbe hinterlassen. Der Ökonom besitzt noch einen reichen Fundus von Arbeiten, die ihm aus dem einen oder anderen Grund nicht perfekt zu sein scheinen: Aufsätze und Modellrechnungen, denen der letzte Schliff oder der endgültige Lösungsschritt fehlt. Nie würde er sie so veröffentlichen. Er wartet lieber auf die zündende Idee, den treffenden Gedanken, der das Werk zu einem makellosen Abschluß bringt. Da ist Sinn geduldig: »Manche Dinge müssen eben zehn Jahre reifen.«

Sorgfalt und Ehrgeiz haben den Münchner Wirtschaftswissenschaftler weit gebracht. Er war kaum vierzig, da richtete ihm die Ludwig-Maximilians-Universität bereits ein eigenes Forschungsinstitut ein – um zu verhindern, daß Sinn einem Ruf nach Bern folgte. Seitdem ist er nicht nur Professor für Volkswirtschaftslehre an der Münchner Universität, sondern trägt zudem den klangvollen Titel »Director of the Center for Economic Studies«.

Auch die Politik hat Sinn schon früh als Ratgeber geschätzt. Seit 1989 gehört er dem wissenschaftlichen Beirat beim Bundeswirtschaftsministerium an, und er war Vorsitzender der Expertenkommission Wohnungspolitik der Bundesregierung, die vor zwei Jahren ein Gutachten zur Reform der Wohnungsbauförderung vorlegte. Keine Frage, für Sinn sind solche Ämter wichtig. Er will beeinflussen und verändern, und das kann er nur, wenn er Autorität und Aktionsfelder besitzt. »Es reicht mir nicht, im stillen Kämmerlein Erkenntnisse zu gewinnen«, sagt er, »ich bin ein Weltverbesserer.« Aber keiner von der allzu idealistischen Sorte. Von seinem Lehrmeister in Münster, dem Finanzwissenschaftler Herbert Timm, hat er gelernt, daß wirtschaftspolitische Forderungen einer exakten theoretischen Fundierung bedürfen. Daran hat er sich gehalten, auch wenn es, wie er mit einem Seufzer sagt, oft »ein großer Schritt von der verbalen Diskussion bis zum mathematischen Nachweis ist«.

In dieser Hinsicht kann Sinn freilich sehr hartnäckig sein. Schon während seines Studiums in Münster hat er sich zum Beispiel mit der Frage beschäftigt, wie sich die Besteuerung von Kapitaleinkommen auf das Wirtschaftswachstum auswirkt. Mangels geeigneter Methoden blieb die Antwort unbefriedigend. Doch Sinn ließ nicht locker. Jahre später, nach seinem Wechsel an die Universität Mannheim, entwickelte er in seiner Habilitationsschrift ein intertemporales Gleichgewichtsmodell, das eine umfassende Analyse der Besteuerungswirkungen ermöglichte. »Ein nützliches Werkzeug«, sagt Sinn selbstbewußt, »ich werde damit noch heute oft zitiert.«

Mit Steuerpolitik und Steuerwirkungen hat Sinn sich im Laufe der Jahre immer wieder befaßt. Doch ebenso hat er, meist aus aktuellem Anlaß, ganz andere Themen aufgegriffen: In seiner Publikationsliste finden sich Beiträge zur Effizienz des Versicherungswesens, zu den konjunkturellen Wirkungen der Schuldenstrukturpolitik, zum Problem der Baulücken, zur Bedeutung des Risikos als Produktionsfaktor. Er hat sich mit Marx beschäftigt und mit Keynes, mit dem Coase-Theorem und mit dem Haavelmo-Effekt. Einen klaren wissenschaftlichen Schwerpunkt, wie ihn viele

Hans-Werner Sinn,
geboren am 7. März 1948 in Brake (Westfalen)
Studium: 1967–1972 Volkswirtschaftslehre in Münster
Berufsweg: 1972 Wissenschaftlicher Assistent an der Universität Münster, 1974 Wissenschaftlicher Angestellter an der Universität Mannheim, seit 1984 Professor für Volkswirtschaftslehre an der Ludwig-Maximilians-Universität München, seit 1991 außerdem Direktor des Center for Economic Studies

andere Ökonomen für sich setzen, besitzt Sinn nicht: »Ich bin Generalist.« Er will mitreden, präsent sein – auf möglichst vielen Gebieten. In der Fachwelt fanden seine Beiträge stets Beachtung, breiteres Aufsehen erregte er jedoch erst 1991 durch das Buch »Kaltstart«, das die Wirtschaftspolitik nach der Wiedervereinigung behandelt.

Zu einem Zeitpunkt, zu dem sich die meisten anderen Ökonomen in ratloses Schweigen hüllten, kritisierten Sinn und seine Frau Gerlinde drei ökonomische Kardinalfehler der Politik. Erstens: die Rückgabe von Alteigentum, die eine rasche Festlegung der Eigentumsverhältnisse – unverzichtbarer Ordnungsrahmen für eine Marktwirtschaft – verhindert. Zweitens: den Verkauf von Ost-Unternehmen durch die Treuhandanstalt, der die Möglichkeiten des Kapitalmarkts überstrapazierte und zur »Schleuderaktion« verkam. Und drittens: die viel zu hohen Tarifabschlüsse, welche die Wettbewerbschancen der ostdeutschen Betriebe beeinträchtigen und, so die Ökonomen, wie ein »industrielles Beschäftigungsverbot« wirken.

Das Alternativkonzept der Sinns sah unter anderem ein fünfjähriges Lohnstillhalteabkommen vor. Als Ausgleich sollten die Ostdeutschen stille Unternehmensbeteiligungen von der Treuhand erhalten. An Investoren sollten (Mehrheits-)Beteiligungen gehen, die dem Wert ihrer Investitionen und dem eingebrachten Know-how entsprachen.

Ob dieses Modell einem Praxistest standgehalten hätte, bleibt bis heute umstritten – seine Vorteile indessen liegen auf der Hand: Das niedrigere Lohnniveau hätte Arbeitsplätze gerettet und eine Unternehmensübernahme für Investoren attraktiver gemacht – zumal diese dafür weniger Kapital hätten einsetzen müssen. Zugleich wären die Ostdeutschen am früheren Volkseigentum beteiligt worden – auch aus politischer Sicht eine elegante Lösung.

Durchsetzbar waren die Ideen nicht, obwohl Sinn in Interviews, Artikeln und Gesprächen für sein Konzept geworben hat. Das ärgert ihn noch heute – nicht nur als Ökonomen. Als Dreizehnjähriger erlebte Sinn in Berlin den Mauerbau mit. Die Verzweiflung der Menschen hat er nie vergessen. Nach der Wiedervereinigung war ihm der Aufbau Ost ein persönliches Anliegen. Effizient und gerecht hätte es vor sich gehen sollen – eine Chance, die nach Sinns Überzeugung vertan wurde. Die Folgen: hohe Arbeitslosigkeit, unnötige Konkurse, ungleiche Vermögensverteilung, Streit um die Finanztransfers aus dem Westen. Sinn: »Dieser Fehler hat Deutschland um Jahrzehnte zurückgeworfen.«

Wenn sein Engagement auch vergeblich war, seiner Karriere hat es nicht geschadet. 1993 hätte Sinn die Leitung des neugegründeten Max-Planck-Instituts zur Erforschung von Wirtschaftssystemen übernehmen können. Die Aufgabe hätte ihn gereizt, doch er lehnte ab, weil ihm das Gesamtkonzept nicht stimmig erschien. Aber Sinn wäre nicht Sinn, wenn er die Offerte nicht geschickt genutzt hätte, um bei den Münchnern zusätzliche Mittel für sein Forschungsinstitut lockerzumachen. Dessen Gästeliste liest sich inzwischen wie ein Who's who der Wirtschaftswissenschaft: Richard und Peggy Musgrave, Kenneth Arrow, Bruno Frey, Barry Eichengreen... »Die deutschen Ökonomen schmoren viel zu sehr im eigenen Saft«, sagt Sinn, »das Institut ist unser Fenster zur Welt.« Und dahin lädt er die zweite Garnitur erst gar nicht ein.

Dissertation:
»Ökonomische Entscheidungen bei Ungewißheit«

Literaturauswahl:
»Kapitaleinkommensbesteuerung – Eine Analyse der intertemporalen, internationalen und intersektoralen Allokationswirkungen«, 1985; »Kaltstart – Volkswirtschaftliche Aspekte der Deutschen Vereinigung«, 3. Aufl., 1993.

Johann Eekhoff war Staatssekretär in Bonn.
Enttäuscht verließ er die politische Bühne

Der Ordoliberale

Von Uwe Jean Heuser

Eigentlich sollte es Johann Eekhoff gefallen, in einem Atemzug mit Otto Schlecht genannt zu werden. Der war nicht nur sein Vorgänger als Staatssekretär im Bonner Wirtschaftsministerium, sondern galt lange als das ordnungspolitische Gewissen der Nation – eine Rolle, in die Eekhoff hineinwachsen möchte.

Doch angesichts des vermeintlichen Lobes zeigt sich der 55jährige Wirtschaftsprofessor spröde. Er wolle leisten, »was man von Schlecht erhofft hat«. Der habe zwar das Thema Ordnungspolitik besetzt, nicht jedoch konsequent angewendet. Auch nach seiner Zeit im Wirtschaftsministerium habe Schlecht beispielsweise bei Einführung der Pflegeversicherung ein Auge zugedrückt und beim Entsendegesetz gegen EU-Billigarbeiter den Verstoß wider die guten ordoliberalen Sitten am Ende gebilligt.

Dem trockenen Ostfriesen würde das kaum passieren: Mit seiner Sturheit ist Johann Eekhoff den Ministern in Bonn oft auf die Nerven gegangen. In den achtziger Jahren mußte zunächst CSU-Bauminister Oscar Schneider unter Eekhoff leiden, der in dessen Ressort das Wohnungswesen betreute. Mehrmals habe ihn sein Chef nach hitzigen Debatten schon gefeuert, sagt Eekhoff – um den Rausschmiß dann schnell wieder zurückzunehmen. So richtig überwarf sich der störrische Beamte mit der freidemokratischen Ressortchefin Irmgard Schwaetzer. Entgegen allen hehren Prin-

Johann Eekhoff,
geboren am 25. Juli 1941 in Boekzetelerfehn, Kreis Aurich
Studium: 1964–1968 VWL in Saarbrücken, 1969–1970 Doktorandenstudium an der University of Pennsylvania in Philadelphia
Berufsweg: 1974 Mitarbeiter am Institut für empirische Wirtschaftsforschung an der Universität des Saarlandes, 1979 Leiter der Planungsgruppe beim Ministerpräsidenten des Saarlandes, 1983 Abteilungsleiter für das Wohnungswesen im Bonner Bauministerium, 1991 Staatssekretär im Wirtschaftsministerium, 1995 Professor für Wirtschaftspolitik an der Universität zu Köln

zipien der Ökonomie kämpfte die Bauministerin gerne für die Klientel der eigenen Partei – etwas, das CDU-Mitglied Eekhoff an der gesamten FDP irritiert.

Eekhoff machte seinen Sorgen später in einem Buch über Wohnungsbau Luft, dessen konsequent marktwirtschaftliche Aussagen so ziemlich allem widersprachen, was die Exchefin betrieb. Der unvermeidliche Ausstieg wurde indes zum Aufstieg: Eekhoff machte Karriere als Staatssekretär fürs Grundsätzliche im Wirtschaftsministerium. Seine Fehde mit den Freidemokraten wurde damit um so heftiger: Gerade aus dieser kleinen Partei seien ständig Sonderwünsche gekommen, klagt Eekhoff heute.

Während sich Dienstherr Jürgen Möllemann vielfach als neugierig und lernfähig erwies, fand der Staatssekretär später mit Günter Rexrodt laufend neue Reibungspunkte. »Wir haben das ausgetragen«, sagt Eekhoff, der freilich bei vielen Entscheidungen den kürzeren zog und durch Versprechen Rexrodts an Ministerkollegen oft vor vollendete Tatsachen gestellt wurde.

Seinen Platz mußte Eekhoff dann Ende 1994 aber nicht für die FDP räumen, sondern für den Kanzler-Intimus Johannes Ludewig. Als Reaktion hat Eekhoff in dem Buch »Beschäftigung und soziale Sicherung« seine ordnungspolitischen Überzeugungen notiert.

In der Bonner Bürokratie hat sich Eekhoff den Weg zurück an dic Universität immer offengehalten. Mit Erfolg: Seit einem Jahr sitzt er auf dem Kölner Lehrstuhl für Wirtschaftspolitik, einem Hort der liberalen Lehre, und leitet auch das dazugehörige Institut. Zudem hat er Aufnahme gefunden in dem wirtschaftsliberalen Kronberger Kreis.

Immer mehr wird der streitbare Professor zum Mister Ordnungspolitik – auch im Fernsehen. Der wohlfrisierte Ökonom mit der Goldrandbrille gibt sich stets verbindlich, aber, wie er selbst sagen würde, »hart in der Sache« – und damit zieht er sich auch schon einmal Volkes Zorn zu. So haben ihn Anfang des Jahres aufgebrachte Seeleute im Hamburger Hafen vor laufenden Kameras beschimpft, weil er ihnen einreden wollte, es sei vollkommen in Ordnung, daß Hafenschlepper aus den Niederlanden hanseatischen Schleppern die Preise kaputtmachten.

Was er Norbert Blüm in seinen Bonner Zeiten zu den Rentengefahren gesagt hat, klingt dem Arbeitsminister vielleicht heute in den Ohren. Blüm, so läßt sein ehemaliger Kontrahent aus den Bonner Wirtschaftsrunden durchblicken, rechne sich immer wieder reich. Auch daß ernstzunehmende Ökonomen, etwa vom Deutschen Institut für Wirtschaftsforschung, sozialen Zielen oft den Vorrang geben, macht Eekhoff nicht unsicher: »Da ist zuviel an der Verteilung aufgehängt.«

Nein, Johann Eekhoff wundert sich nur immer wieder, wie »aussagekräftig« das ordoliberale System doch sei. Man dürfe den einzelnen nicht an der Leistung hindern, sagt er – und müsse gleichzeitig den gesellschaftlichen Anspruch durchsetzen, daß jeder etwas beizutragen habe. Weithin übliche soziale Denkmuster hält er dagegen für verlogen. Hinter der Debatte zur Umverteilung der Arbeit vermutet er vor allem den Wunsch, Ansprüche umzuverteilen. Und das Entsendegesetz erledigt sich für ihn schon nach einer Frage: »Kann es denn ein Nachteil sein, wenn ein Portugiese uns ein billiges Haus hinstellt?« Wenn jemand den Staat schon zu Hilfe rufe, müsse er wenigstens einen Beitrag liefern. Für das Entsendegesetz hätte der Purist Eekhoff einen Lohnstopp am Bau gefordert – »so daß niemand das Gesetz mehr will«. Der ordnungspolitische Sündenfall wiegt für den eingeschriebenen Christdemokraten so schwer, daß man zur Bekämpfung schon einmal die Tarifautonomie außer Kraft setzen könne. Ohnedies vergessen die Tarifpartner nach seiner Meinung viel zu schnell die Arbeitslosen.

Selbst in der evangelischen Kirchengemeinde versucht der »christlich verwurzelte« Professor, ökonomischen Sachverstand zu vermitteln. Gerade in der Kirche seien viele Forderungen gut gemeint, sagt er, aber trotzdem schädlich. Ein ähnliches Sendungsbewußtsein kann man ihm selbst im rheinischen Hauseigentümerverband zutrauen, dem er nun auch noch vorsteht. Irritationen dürfte der konsequente Mann mit seinen Thesen in nahezu jeder Gruppe auslösen.

«Ordnungspolitik kann so brutal konkret sein«, sagt Johann Eekhoff – so brutal, wie viele Betroffene sie auch empfinden. Eekhoff meint, daß der Staat seine soziale Verantwortung besser wahrnähme, wenn er möglichst wenig auf besondere Ansprüche eingehe: »Bei uns gibt es zu viele soziale Komponenten.« Problematisch wird es freilich, wenn Ordnungspolitiker sich nur ab und zu durchsetzen – womöglich weil die Betroffenen nicht laut genug schreien können – und ansonsten die mächtigen Interessengruppen siegen.

Mit derlei Gedanken im Kopf müßte ein gläubiger Ordnungspolitiker indes resignieren. Und davon ist Eekhoff trotz aller Bonner Enttäuschungen weit entfernt. Er baut unverdrossen auf die Vernunft des Ökonomen – auch wenn die ihm rät, seinen Reformdrang zu zügeln. »Wir brauchen die ökologische Steuerreform«, postuliert Eekhoff, doch der Umbau könne erst später kommen; jetzt, sagt der Professor, müßte erst einmal der Strukturwandel vorangetrieben werden, »um zu überleben«.

Er fordert aber neben internationalem Einsatz für den Umweltschutz eine Absichtserklärung der Politiker für später, »damit jeder sich darauf einstellen kann«. Viele würden einen solchen Plan für blauäugig halten. Johann Eekhoff vertraut auf die Honorigkeit der Politik – und natürlich auf die vorurteilsfreie »Diskussion in der Sache«.

Dissertation:
»Nutzen-Kosten-Analyse der Stadtsanierung«

Literaturauswahl:
»Wohnungs- und Bodenmarkt«, 1987;
»Wohnungspolitik«, 1993;
»Beschäftigung und Soziale Sicherung«, 1996.

Hans-Christoph Binswanger erfand das heftig diskutierte Konzept der ökologischen Steuerreform

Der Ökologe

Von Walter Oswalt

Lange Zeit hat die akademische Ökonomie die Ökologie ignoriert. Hans-Christoph Binswanger gehörte zu jener kleinen Avantgarde von Wirtschaftswissenschaftlern, die Ende der sechziger Jahre die Umweltzerstörung zum Thema ihrer Forschung machten. Schon 1969 hielt Binswanger seine Antrittsvorlesung als Professor der Universität St. Gallen zu dem Thema: »Wirtschaftliches Wachstum – Fortschritt oder Raubbau?« Drei Jahre bevor der Club of Rome seinen berühmten Bericht »Die Grenzen des Wachstums« veröffentlichte, stellte Binswanger die These auf, bei dem, was von der Ökonomie als »Wachstum« bezeichnet werde, handele es sich nicht nur um Fortschritt, sondern auch um Raubbau. Damals begriff kaum einer, welche Bedeutung diese Fragestellung bekommen würde.

Heute berät Binswanger Umweltgruppen in vielen Ländern. Zusammen mit dem Physiker Theo Ginsburg gründete er 1972 eine interdisziplinäre Forschungsgruppe zur Umweltökonomie. Deren wichtigstes Resultat war der 1979 erschienene Forschungsbericht »Wege aus der Wohlstandsfalle«. Vier Jahre später entwickelte Binswanger eine Idee, die heute zum meistdiskutierten Konzept der Umweltökonomie geworden ist: die ökologische Steuerreform. Ihr liegt der Gedanke zugrunde, die Lenkungswirkung des Steuersystems ökologisch auszurichten, ohne insgesamt die Steuerlast der Bürger zu vergrößern. Industrieverbände und Wirtschaftspolitiker behaupteten immer wieder, eine solche Steuerreform werde die Arbeitslosigkeit erhöhen. Binswanger ist jedoch davon überzeugt, daß die Ökosteuer Arbeitsplätze sichert und neue schafft.

Heute wird durch die enorme Steuer- und Abgabenlast auf den Arbeitseinkommen die Schaffung neuer Arbeitsplätze bestraft und umgekehrt Energieverschwendung durch geringe oder fehlende Belastungen belohnt. Durch die ökologische Steuerreform soll ein Teil der Abgaben und Steuern nicht mehr dem Produktionsfaktor Arbeit, sondern dem Energieverbrauch angelastet werden (Binswanger denkt dabei an die Beiträge zur Rentenversicherung). Dadurch soll die Schaffung neuer Arbeitsplätze attraktiver, Energieverschwendung unrentabler werden.

International bekannt wurde Binswanger vor allem wegen seiner frühen Lösungsvorschläge für praktische Probleme. Doch sein Denken fußte auf theoretischen Schlüsselerfahrungen. Es war sein Zweifel an Grundaussagen der neoklassischen Ökonomie, der ihm später die Augen für die ökologische Blindheit der Wirtschaftswissenschaften öffnete. Mitte der sechziger Jahre geriet der durch sein Studium in Kiel und Zürich von der Neoklassik geprägte Ökonom in eine Theoriekrise: Er sollte seine Habilitation über »Markt und internationale Währungsordnung« abschließen, doch sein Handwerkszeug versagte den Dienst.

Er kam zu dem Schluß, daß das für die herrschende Lehre maßgebliche Modell des allgemeinen Marktgleichgewichts, wie es der Franzose Léon Walras Ende des vorigen Jahrhunderts entwickelt hatte, trotz aller Vorzüge eine »unzulässige Vereinfachung enthält: Sie besteht darin, daß Walras mit seinen Modellannahmen implizit diejenige Größe hinauswirft, die essentieller Bestandteil der modernen Wirtschaft ist: das Geld. Das Walrasianische Modell bleibt

Hans-Christoph Binswanger,
geboren am 19. Juni 1929 in Zürich
Studium: 1949-1957 Volkswirtschaftslehre in Zürich
Berufsweg: 1957–1967 wissenschaftlicher Mitarbeiter am Schweizer Institut für Außenwirtschafts- und Marktforschung an der Universität St. Gallen, 1969 ordentlicher Professor für Volkswirtschaftslehre in St. Gallen, 1992–94 Direktor des Instituts für Wirtschaft und Ökologie (IWÖ) an der Universität St. Gallen, seit Oktober 1994 emeritiert

im Grunde auch mit seinen modernen Erweiterungen ein Naturaltausch-Modell.«

Werden einfach Waren ausgetauscht, wie es das Modell von Walras unterstellt, finden bei jedem Marktteilnehmer Einnahmen und Ausgaben zur gleichen Zeit statt; Geld als stellvertretendes Tauschmittel erlaubt es dagegen, Einnahmen und Ausgaben zeitlich zu trennen. Das Verhältnis von Zeit und Geld kann aber im statischen Gleichgewichtsdenken der Neoklassik – trotz aller Verbesserungen – nicht wirklich erklärt werden.

Binswanger schlug deshalb eine Erweiterung des Systems vor: »Das Geld ist mehr als das Schmieröl, das das Funktionieren der Räder erleichtert. Es ist selber ein Rad im Getriebe. Es spielt auch im langfristigen Wachstumsprozeß eine selbständige Rolle.« So zeigt er, wie Veränderungen der Geldmenge durch die Geldschöpfung der Banken das Produktionsniveau dauerhaft beeinflussen können. Damit geht Binswanger auch über die Analysen des britischen Ökonomen Keynes hinaus, die auf die kurzfristigen Wirkungen des Geldes auf die Konjunktur ausgerichtet waren.

Einzelne Ökonomen wie Utz-Peter Reich bescheinigen Binswanger, er habe mit »seiner vortrefflichen Kritik... den Nerv der Walrasianischen Theorie getroffen«. Trotzdem hat seine Geldtheorie unter Fachkollegen keine stärkere Resonanz gefunden. Binswanger führt dies darauf zurück, daß es »sehr schwierig ist, aus den festverankerten Curricula des Lehrbetriebs hinauszudenken«. Nachdem Binswanger festgestellt hatte, daß die Schulökonomie die Realität des Geldes und damit der Zeit in ihren Grundannahmen vernachlässigte, erkannte er, daß sie auch die Realität der Natur systematisch ignorierte.

Zu den Grundlagen der heutigen Makroökonomie gehört die Annahme, aus dem Einsatz von Arbeit, Kapital und technischem Fortschritt entstehe das Bruttosozialprodukt. Binswanger hält dies für unzureichend: Er vergleicht die klassische Produktionsgleichung mit dem sinnlosen Versuch, ohne Mehl und Eier (Natur), nur mit Küchenwerkzeug (Kapital) und Rühren (Arbeit) einen Kuchen zu backen. Auf diese Weise erscheine Raubbau an den Lebensgrundlagen der gegenwärtigen und künftigen Generationen oft als ökonomische Leistung. Binswanger will deshalb, daß bereits in den Basisannahmen der Makroökonomie Zerstörung und Erhaltung der Natur als Grundbedingung allen Wirtschaftens sichtbar gemacht werden. Er knüpft hier an vergessene Ursprünge der Nationalökonomie an: Die Physiokraten gelten mit ihrem Prinzip des Laisser-faire als Entdecker des Wettbewerbsgedankens – noch vor dem Klassiker Adam Smith. Doch ihr Grundsatz, es gebe keinen Reichtum als den, der aus der Natur (dem Boden) komme, galt lange als überholt. Für Binswanger ist er hochaktuell.

Über die Geschichte des wirtschaftswissenschaftlichen Denkens hinaus umfaßt der geistige Kosmos des Ökonomen Binswanger Philosophie und Literatur. So schrieb er eine ökonomische Deutung des zweiten Teils von Goethes »Faust«. Dem Sohn eines Schriftstellers und einer Malerin ging es dabei um ein aktuelles Problem: Anhand der Figur des Mephistopheles untersuchte er, ob unser Wirtschaftssystem einem »Wachstumszwang« unterworfen sei. Binswanger sieht einen fundamentalen Zusammenhang zwischen dem Kunstprodukt Geld und dem zerstörerischen Umgang der Industriegesellschaft mit der Natur. Zu tief ist seiner Meinung nach der Zwang zum Wachstum in unserem Wirtschaftssystem verankert, als daß so etwas wie dauerhaftes »Nullwachstum« möglich sei. Seine Hoffnungen richtet Binswanger deshalb auf alle Wege – von der ökologischen Steuerreform bis zu einer umweltgerechten Unternehmensverfassung –, die helfen, das Wachstum ökologisch verträglich zu gestalten.

Dissertation:
»Partielle Wirtschaftsunionen« (über den Schumannplan zur europäischen Einigung)

Literaturauswahl:
»Eigentum und Eigentumspolitik«, 1978;
»Wege aus der Wohlstandsfalle«, 1978;
»Arbeit ohne Umweltzerstörung« (gemeinsam mit H. Frisch und H. Nutzinger), 1983;
»Geld und Magie – Deutung und Kritik der modernen Wirtschaft anhand von Goethes Faust«, 1985;
»Geld und Natur – Das wirtschaftliche Wachstum im Spannungsfeld zwischen Ökonomie und Ökologie«, 1991;
»Geld und Wachstum – Zur Philosophie und Praxis des Geldes«, 1994.

Heribert Meffert hat die traditionelle Lehre von der Absatzwirtschaft entstaubt

Der Marketing-Papst

Von Dietmar H. Lamparter

Was macht Münster für angehende Betriebswirte so attraktiv? Die westfälische Provinzmetropole kann nicht mit Hauptverwaltungen von Weltkonzernen locken; Sehenswürdigkeiten wie der Friedenssaal im Rathaus, wo einst das Ende des Dreißigjährigen Krieges besiegelt wurde, dürften bei der Wahl des Studienortes kaum den Ausschlag geben. Doch wer im deutschsprachigen Raum die Grundlage für eine Karriere als Produktmanager oder Marketingleiter erwerben will, der ist an der Westfälischen Wilhelms-Universität gut aufgehoben. In einschlägigen Umfragen schaffen es die Münsteraner regelmäßig, so renommierte Ausbildungsstätten wie St. Gallen, Mannheim oder Köln auf die Plätze zu verweisen. Zu verdanken ist dieser hervorragende Ruf vor allem einem Mann: Heribert Meffert. Der Betriebswirtschaftsprofessor leitet seit nunmehr 28 Jahren das Institut für Marketing und sorgt mittlerweile zusammen mit zwei weiteren Lehrstuhlinhabern und seinem Assistentenstab für die praxisnahe Ausbildung der BWL-Studenten.

Als Meffert im Jahr 1968 nach Studium und Assistentenzeit aus München in die westfälische Provinz berufen wurde, hieß dort die BWL-Disziplin, die sich mit Preisbildung, Vertrieb und Verkauf von Gütern beschäftigte, wie in ganz Deutschland noch altmodisch Absatzwirtschaft. Meffert, der sich während seiner Zeit in München mit den

Heribert Meffert,
geboren am 11. Mai 1937 in Oberlahnstein
Studium: 1956–1961 Betriebswirtschaftslehre in München
Berufsweg: 1961–1968 Wissenschaftlicher Assistent am Institut für Industrieforschung und betriebliches Rechnungswesen an der Universität München, 1968 Habilitation über »Die Flexibilität in betriebswirtschaftlichen Entscheidungen«, seit 1968 Lehrstuhl für Betriebswirtschaftslehre an der Universität Münster

Arbeiten amerikanischer Managementlehrer beschäftigt hatte, wollte ein Zeichen setzen. Er überzeugte seine Kollegen davon, daß es an der Zeit sei, auch in Deutschland Anschluß an die moderne Marketingwissenschaft zu suchen. Noch im selben Jahr wurde in Münster unter seiner Leitung das erste Institut für Marketing an einer deutschen Hochschule gegründet. Doch nicht nur auf den neuen Namen kam es ihm an, auch die traditionell stark theoretisch ausgerichtete deutsche Lehre wollte er mit Stoff und Lehrmethoden aus Übersee auffrischen. Anstelle langatmiger deutscher Lehrbücher mußten seine Studenten daher die Schriften amerikanischer Marketing- und Managementgurus wie Philip Kottler oder Michael Porter büffeln. Anstelle von Theorievorlesungen bevorzugte Meffert die Arbeit mit praxisnahen Fallstudien.

In den ersten vier, fünf Jahren wurde er von manchem Kollegen noch belächelt, erinnert sich der mittlerweile 59jährige, und sein ehemaliger Lehrer in München mahnte ihn damals, »den Mund nicht zu voll zu nehmen«. Doch auch die anderen BWL-Fakultäten in Deutschland konnten sich dem Zug der Zeit nicht mehr lange entziehen: Heute gibt es ungefähr achtzig Marketinglehrstühle in Deutschland.

Durch seine Übertragung der amerikanischen Erkenntnisse und Begriffe ins Deutsche erwarb sich Meffert schon bald den Ruf des deutschen »Marketing-Papstes«; er stehe seither bei der rasanten Entwicklung der Disziplin »immer mit an der Spitze der Bewegung«, wie ein ehemaliger Schüler urteilt. Ging es zu Anfang der Marketingwissenschaft noch vornehmlich um Definitionen und mathematische Modelle, mit denen Absatzerfolge erklärt und berechnet werden konnten, verschob sich der Blickwinkel später auf verhaltenspsychologische Erklärungsansätze. Darauf folgte die Phase, in der strategisches Marketing die Diskussion dominierte. Und neuerdings beschäftigt sich Meffert mit dem Marketing von Dienstleistungen oder mit ökologischem Management.

Geht es darum, ökologische Aspekte in Management- und Marketingmodelle einzubauen, sieht Meffert die deutschen Betriebswirte sogar schon vor ihren langjährigen Lehrmeistern aus den Vereinigten Staaten. Das heutige Verständnis von Marketing habe sich von der reinen Analyse der Absatzinstrumente hin zu einem breiteren Verständnis »marktorientierter Unternehmensführung« weiterentwickelt. So müssen sich Marketingmanager moderner Prägung nicht nur mit dem Absatz selbst befassen, sondern dafür sorgen, daß die Bedürfnisse der Kunden von Anfang an in Entwicklung und Produktion einfließen.

Seit Beginn seiner Arbeit in Münster hat Meffert immer darauf geachtet, daß der Bezug zur Praxis in den Unternehmen erhalten bleibt. Der Marketingexperte hat Opel dabei geholfen, sein angestaubtes Image zu verjüngen, er arbeitet im Beirat von Volkswagen mit und berät Dienstleister wie die Lufthansa oder die Bahn in Sachen Kundennähe. Meffert sitzt in einer ganzen Reihe von Verwaltungs- und Aufsichtsräten. Durch die Gründung der Wissenschaftlichen Gesellschaft für Marketing und Unternehmensführung im Jahr 1981, in der Akademiker und Praktiker regelmäßig Erfahrungen austauschen, sorgten die Münsteraner für eine weitere enge Anbindung an die Praxis. Mehr als vierzig deutsche Unternehmen unterstützen die Gesellschaft als aktive Mitglieder. Sorgsam gepflegte Kontakte zu ehemaligen Münsteraner Studenten haben schon so manchen Absolventen den Weg ins Berufsleben geebnet.

Wenn er Unternehmen berät, ist Mefferts Maxime eindeutig: Beratung darf für einen Universitätslehrer nicht zum Selbstzweck werden, sie muß am Ende etwas für die Lehrtätigkeit bringen.

Daß dies keine leeren Worte sind, können Münsteraner Marketingstudenten bestätigen, die an den laufend angebotenen Projekten und Workshops teilnehmen. Dabei können sich angehende Produktmanager in überschaubaren Gruppen zusammen mit Managern an der Lösung realer Probleme versuchen. Regelmäßig stellen sich auch Spitzenmanager aus Unternehmen wie Henkel oder Procter & Gamble den Fragen der Studenten. So entsteht Praxisnähe trotz Massenuniversität – in Münster setzten allein 1400 bis 1500 der insgesamt rund 5000 Volks- und Betriebswirtschaftsstudenten den Schwerpunkt auf Marketing.

Dennoch ärgert sich der »Papst« über lange Studienzeiten und lange Entscheidungswege der Hochschulbürokratie. Auch deshalb wurde Meffert im Nebenjob Wissenschaftlicher Geschäftsführer der wiedergegründeten Handelshochschule Leipzig. Diese erste private Hochschule in Ostdeutschland hat im Februar mit dem Ausbildungsbetrieb begonnen.

Weg von Münster will Meffert freilich nicht. Schon in den vergangenen Jahren hat er alle Angebote anderer Hochschulen abgelehnt, obwohl ihn etwa Rufe in die Schweiz oder nach Konstanz arg in Versuchung brachten. Er blieb. Schließlich sei mancher Student nicht zuletzt seinetwegen nach Münster gekommen, und denen mochte er den Tort eines plötzlichen Weggangs einfach nicht antun. So wird Münster wohl noch bis auf weiteres seinen Ruf als Renommierschmiede für angehende Marketingprofis behalten.

Dissertation:
»Beziehungen zwischen betriebswirtschaftlicher Kostentheorie und Kostenrechnung«

Literaturauswahl:
»Marketing – Grundlagen der Absatzpolitik«, 1986;
»Marketingforschung und Käuferverhalten«, 1992;
»Marktorientiertes Umweltmanagement«, 1993;
»Erfolgreiches Marketing in der Rezession«, 1994;
»Marketing Management«, 1994;
»Internationales Marketing Management«, 1994;
»Dienstleistungsmarketing«, 1996.

Ewald Nowotny sucht nach einer Perspektive
für die Sozialdemokratie

Der Nationalrat

Von Nikolaus Piper

Sozialdemokraten verstehen nichts von Wirtschaft. Das glauben jedenfalls die meisten Unternehmer, und die SPD hat als Oppositionspartei auch nicht viel getan, um diesem Eindruck entgegenzutreten. Der niedersächsische Ministerpräsident Gerhard Schröder erklärte gar, es gehe heute nicht mehr um konservative oder sozialdemokratische Wirtschaftspolitik, sondern schlicht um moderne oder unmoderne.

Der Rückzug der führenden deutschen Sozialdemokraten aus der Ökonomie ist total. Kein Wunder, daß manch versprengter Volkswirt in der SPD voller Neid nach Österreich blickt. Die Sozialdemokratische Partei Österreichs (SPÖ) leistet sich nicht nur einen praktizierenden Ökonomieprofessor in leitender Funktion, dieser hat sich auch noch als Autor eines Lehrbuchs für Finanzwissenschaften einen Namen gemacht und forscht mit Nachdruck nach Möglichkeiten, auch am Ende des 20. Jahrhunderts so etwas wie sozialdemokratische Wirtschaftspolitik zu betreiben. Ewald Nowotny, 52, ist Professor für Volkswirtschaftslehre und Finanzwissenschaften an der Wirtschaftsuniversität Wien, Parlamentsabgeordneter mit Wahlkreis in Linz, Vorsitzender des Finanzausschusses und stellvertretender Klubobmann (Fraktionschef) der SPÖ im österreichischen Nationalrat. Als Mitglied des exklusiven Kocheler Kreises wirkt er bei der Selbstfindung der verstörten SPD-Wirtschaftspolitiker mit.

Nowotnys Biographie läßt die Wahl seines Forschungsgegenstandes fast zwingend erscheinen. Sein Vater war Hofrat, der Großvater Leiter der Staatsschuldenverwaltung und Mitinhaber einer Privatbank. Nach dem Studium der Rechts- und Staatswissenschaften in Wien wurde Nowotny Assistent bei dem unorthodox linken Ökonomen Kurt Rothschild an der Reformuniversität Linz. In seiner Habilitation 1974 diskutierte er als einer der ersten deutschsprachigen Ökonomen ein Instrument, das man heute allgemein Ökosteuer nennt: den Umbau des staatlichen Umverteilungsapparates, um den Verbrauch von Ressourcen teurer und den Schutz der Umwelt attraktiver zu machen. Der frühere Bundeskanzler Bruno Kreisky veranlaßte Nowotny 1979, ein Nationalratsmandat für die SPÖ zu übernehmen.

Dreh- und Angelpunkt des sozialdemokratischen Selbstverständnisses ist für Nowotny die Gleichheit. *»Socialism is about equality«*, zitiert er gern den britischen Sozialisten Hugh Gaitskell. Diese Vision der Gleichheit sei jedoch nie als »empirische Zustandsbeschreibung« zu sehen gewesen, sondern als »inspirierende Utopie einer solidarischen Gesellschaft«. Das Instrument, mit dem die Sozialdemokraten diese Utopie umsetzen wollen, sei der Staat. Und mit dieser »Verstaatlichung der Sozialdemokratie« hängen, glaubt Nowotny, viele Schwierigkeiten zusammen, die die demokratischen Sozialisten in Europa haben.

Da ist zum einen das Bürokratieproblem: Zum Sozialstaat gehören Interventionen in die Wirtschaft und konkrete, fehlbare und beeinflußbare, Menschen, die intervenieren. Je mehr Macht jemand hat und je lautstärker er auftritt, desto größer die Chance, daß zu seinen Gunsten interveniert wird. Das Problem des »selektiven Zugangs zur Staatsmacht« wird damit zur zentralen Herausforderung für jeden sozialdemokratischen Politiker. Die zweite

Ewald Nowotny,
geboren am 28. Juni 1944 in Wien
Studium: 1964–1968 Rechts- und Staatswissenschaften an der Universität Wien
Berufsweg: 1968 Assistent bei Kurt Rothschild in Linz, 1972 Fellow an der Harvard-Universität, 1975 ordentlicher Professor an der Universität Linz, 1981 ordentlicher Professor für Volkswirtschaftslehre und Finanzwissenschaft an der Wirtschaftsuniversität Wien, seit 1979 Mitglied des österreichischen Nationalrats

besteht darin, daß die Bürokratie ein Eigenleben führt, was die Bürger des Wohlfahrtsstaats in eine regelrechte »neue Hörigkeit« führen kann. Nowotny zitiert einen österreichischen Politiker mit dem Satz: »Ohne einen Amtsmißbrauch täglich kann ein Land nicht regiert werden.«

Dazu kommt das »Überforderungsproblem«: Die Ansprüche an den Sozialstaat und dessen Finanzausstattung klaffen immer weiter auseinander, eine Diskrepanz, die die öffentlichen Finanzen zerrüttet. Dies hat etwas mit Generationsfragen zu tun: Die sozialen Errungenschaften kommen vor allem Älteren zugute, die jüngeren Wähler spüren nur die Kosten und bestrafen bei Wahlen die, die sie durchgesetzt haben.

Mehr noch zehrt die Globalisierung der Wirtschaft an den Grundlagen des Sozialstaats. Soziale Gerechtigkeit ist bis heute an Nationalstaaten gebunden: Bürger einer Nation üben Solidarität mit anderen Bürgern derselben Nation. Die Wirtschaft wird jedoch immer vaterlandsloser, Kapital sucht sich die günstigsten Standorte rund um den Globus und zwingt die Staaten zu einem »zerstörerischen Steuersenkungswettlauf«. Die Regierungen müssen um investitionswilliges Kapital buhlen und können gar nicht anders, als den Wohlfahrtsstaat weiter abzubauen. Der billigste Sozialstaat ist auch der beste.

Ein wichtiger Aspekt dieser Globalisierung ist für Nowotny die internationale Migration von Arbeitskräften – ein »lange unterschätztes, zentrales Dilemma« der Sozialdemokraten. Einerseits verpflichtet sie Tradition und Selbstverständnis zur Gleichbehandlung aller Menschen. Andererseits ahnen sie, und vor allem ihre Wähler, »daß die Existenz einer industriellen Reservearmee den Schwächsten in der Gesellschaft schadet«. Beides ist schwer in Einklang zu bringen, in den Ortsvereinen »brechen die Gegensätze zwischen idealistischen Lehrern und Hilfsarbeitern« auf. Eine »realistische« Ausländerpolitik sei notwendig, um zu verhindern, daß andere mit rassistischer Ausländerpolitik Wahlen gewinnen: »Weniger Ausländer ins Land lassen, die dann aber richtig integrieren.«

Was sind die Konsequenzen aus der Krise der verstaatlichten Sozialdemokratie? Die Lösung liegt in einem »dritten Weg«, formuliert Nowotny, in einer »Symbiose von Liberalismus und Sozialismus«. Die Sozialdemokratie muß versuchen, »einen Ausgleich zu finden zwischen einer Welt der negativen Freiheit des Sozialdarwinismus und einer Welt der fürsorglichen Bevormundung«.

Für diesen Ausgleich ist der Nationalstaat heute zu klein. Aus diesem Grund sieht Nowotny die Europäische Union als neue und unverzichtbare »vierte Ebene« des öffentlichen Sektors. Den unter Wirtschaftsliberalen populären Wettlauf der Steuersysteme in Europa lehnt er dagegen als zerstörerisch ab. Ohne ein »gewisses Maß an Harmonisierung« gehe es nicht. Um die Steuerflucht zu bremsen, schlägt er zum Beispiel eine europäische Quellensteuer für Kapitaleinkünfte vor. Das Ziel der Sozialdemokraten müsse letztlich eine »Gesellschaft der Lebenschancen« sein; mit einem Staat, der weniger durch Interventionen denn durch allgemeine Regeln dafür sorgt, »daß gerechte und für alle annehmbare Resultate erzielt werden«, meint Nowotny in Anlehnung an den schwedischen Sozialökonomen Gunnar Myrdal. Was aber ist das beschriebene Ideal anderes als die gute alte soziale Marktwirtschaft?

Ein heikles Feld, wie in Deutschland Oskar Lafontaine erfahren mußte, seit er die Aussiedler aus der ehemaligen Sowjetunion zum Wahlkampfthema machte und hinterher drei Landtagswahlen mit einem Desaster für die SPD endeten.

Literaturauswahl:

»Sozialdemokratische Wirtschaftspolitik« (Herausgeber), 1993;
»Was ist relevante Ökonomie heute?« (gemeinsam mit E. Matzner), 1994;
»Der öffentliche Sektor«, 3. Aufl., 1996.

Ekkehard Wenger stellt mit spektakulären Aktionen das Establishment bloß

Der Trommler

Von Mario Müller

Wer bei Professor Ekkehard Wenger in Würzburg Betriebswirtschaft studieren will, sollte sich nicht nur für die doppelte Buchführung interessieren, sondern auch unorthodoxe Aktionen mögen. Denn neben Vorlesungen und Seminaren stehen bei ihm häufig »Exkursionen« auf dem Lehrplan. Diese Ausflüge sind die Anlässe, bei denen Wenger seinen Studenten praxisnah demonstrieren will, wie das Establishment der deutschen Wirtschaft versagt. Dann legt sich der Professor lautstark mit Honoratioren aller Art an und wird auch schon mal von Ordnern aus dem Saal getragen.

Ältere Semester mag dies an die heißen Zeiten der Studentenbewegung erinnern. Zumal sich Wenger einer ähnlich radikalen Sprache bedient und etwa das »Machtkartell von Großindustrie und Großfinanz« geißelt oder erklärt, er wolle die ehemalige Bundesjustizministerin Sabine Leutheusser-Schnarrenberger (FDP) »abschießen«. Allerdings will Wenger mit seinen rabiaten Parolen den Kapitalismus keineswegs anprangern, sondern dessen möglichst freie Entfaltung befördern. Es geht nicht um die Revolution der Gesellschaft, sondern um die Reform des Gesellschaftsrechts. Wengers revolutionäres Subjekt ist der Aktionär.

Bekannt wurde er vor allem durch spektakuläre Auftritte auf Hauptversammlungen. Dort ließen zwar auch früher schon erboste Kleinaktionäre gelegentlich Dampf ab, sie versöhnten sich aber spätestens beim obligatorischen

Ekkehard Wenger,
geboren am 29. Mai 1952 in Stuttgart
Studium: 1971-1980 Betriebswirtschaft und Physik in München und Stuttgart
Berufsweg: 1979 Akademischer Rat für BWL in München, 1980 Hochschulassistent am Fachbereich Wirtschaftswissenschaften in Gießen, nebenbei 1983 Wiss. Mitarbeiter am Lehrstuhl für Betriebswirtschaftliche Steuerlehre an der Universität Hohenheim, 1986 Professur für Investition und Finanzierung an der Universität Frankfurt am Main, 1987 Ruf an den Lehrstuhl für BWL, Bank- und Kreditwirtschaft der Universität Würzburg

Würstchenessen meist wieder mit »ihrem« Management. Mit diesem Idyll ist es seit Wengers Erscheinen vorbei. Der Ordinarius führte auf den Hauptversammlungen neue Sitten ein: Er kennt keine Gnade, wenn er sich unzureichend informiert oder gar verschaukelt fühlt. Dann attackiert er die Vorstände mit beißender Ironie bis hin zur persönlichen Beleidigung und läßt sich notfalls nur mit Gewalt vom Mikrophon drängen.

Wäre Wenger lediglich ein wildgewordener Rabauke, die Vorstände könnten zur Tagesordnung übergehen. Doch der gebürtige Schwabe mit der unverkennbaren Klangfarbe verfügt nicht nur über ein loses Mundwerk, er hat auch etwas zu sagen. Seine Angriffe, meist tatkräftig unterstützt von Würzburger Assistenten und Studenten, sind wohlkalkuliert. Als Experte für Unternehmensfinanzierung und Kenner des Aktien- und Steuerrechts weiß er, wo und wie er seine Gegner am empfindlichsten treffen kann.

Bereits 1990 warnten Wenger und seine Truppe mit Hinweis auf desaströse Erfahrungen in Amerika vor der Vision des »integrierten Technologiekonzerns«, die der damalige Vorstandsvorsitzende Edzard Reuter Daimler-Benz verordnete. Wenger erklärte den Unternehmenschef kurzerhand zum »größten Kapitalvernichter Deutschlands«. Tatsächlich fuhr die Stuttgarter Aktiengesellschaft im vergangenen Jahr den größten Verlust ihrer Geschichte ein; Reuter-Nachfolger Jürgen Schrempp hat die Pläne seines Vorgängers längst zu den Akten gelegt.

Denkwürdig war auch jene Hauptversammlung der RWE, bei der das Aufsichtsratsmitglied Hilmar Kopper, im Hauptberuf Vorstandssprecher der Deutschen Bank, die Frage, in welchen Aufsichtsräten er außerdem sitze, nur unvollständig beantworten konnte.

Sein Schlüsselerlebnis hatte Wenger gleich auf der ersten Hauptversammlung, die er besuchte. Das war 1987, und das Management von Volkswagen mußte damals zu gewaltigen Fehlspekulationen mit Devisen Stellung nehmen. Was er dort erlebte, beschreibt Wenger heute als erbärmliches Schauspiel der Honoratioren. Seitdem traut er deutschen Managern offenbar alles zu. Ohnehin gehöre eine »gut entwickelte, an der Praxis geschulte kriminelle Phantasie« einfach zu einem Wissenschaftler. Pech für die Unternehmen, daß sich Wenger für ihr Metier entschied. Denn neben dem Studium der Betriebswirtschaft hatte er auch das Fach Physik belegt und 1980 mit einem Diplom abgeschlossen. Doch letztendlich blieb er bei der Ökonomie, erhielt bereits im Alter von 34 Jahren einen Ruf nach Frankfurt und wechselte 1987 nach Würzburg, wo er den Lehrstuhl für Betriebswirtschaftslehre, Bank- und Kreditwirtschaft innehat.

Dort versucht Wenger, anders als Kollegen, die »ihre Berufung darin sehen, Modelle zu schreinern«, einen möglichst engen Bezug zur Praxis herzustellen. Das schlägt sich nicht nur in Veröffentlichungen, sondern auch in seiner Lehrtätigkeit nieder. »Wer eine Vorlesung über Unternehmensfinanzierung hört, muß wissen, was in den Betrieben geschieht, und in Kontakt zur realen Welt stehen«, rechtfertigt er die Exkursionen zu den Hauptversammlungen. Denn »der auf Eigennutz bedachte Manager, der die Aktionäre über den Löffel balbiert, wo er nur kann, erscheint dem arglosen Nachwuchsakademiker zunächst einmal als Zerrbild aus der kabarettistischen Phantasie seines Hochschullehrers. Dies ändert sich unversehens, wenn der angehende Betriebswirt durch Konfrontation mit selbst erlebten Tatsachen zu der Einsicht gezwungen wird, daß unterhaltsame Einlagen in Vorlesungen durch die Realität in den Unternehmen spielend überboten werden.«

Kein Wunder, daß der ehemalige Allianz-Chef Wolfgang Schieren nach einer Hauptversammlungsbegegnung mit dem Würzburger Professor erklärte, er sei froh, daß seine Kinder nicht mehr studieren müßten.

Dabei hat Wenger nicht allein den selbstherrlichen Manager im Visier. Er hält das gesamte deutsche Modell für marode. Der hiesige Kapitalmarkt sei »Spielwiese einer autonomen Schicht von Konzernfunktionären«, die sich durch Überkreuzverflechtungen und mit tätiger Mithilfe der Banken gegenseitig an der Macht hielten. Da die »amtierende Clique« die »Herren über alles« seien, sieht er das Eigentum »praktisch abgeschafft«. Dies führe unweigerlich zur Fehlallokation von Kapital und damit zu erheblichen volkswirtschaftlichen Verlusten.

Um diesen Zustand zu ändern, hat der Professor eine ganze Reihe von Vorschlägen: Auflösung gegenseitiger Beteiligungen, Begrenzung der Mandate für Aufsichtsräte auf höchstens drei, eine breitere Informationspflicht für Aufsichtsräte, Erleichterungen für Klagen gegen Vorstände und

Aufsichtsräte. Chancen für seine Vorschläge sieht Wenger kaum, denn nach seiner Meinung stecken Politiker und Manager unter einer Decke, das System mit »seinem absurden Aktiengesetz« neigt ohnehin zur »Entrechtung des Privatanlegers«.

Dennoch wird Wenger nicht müde, für seine Ideen zu trommeln. Daß er ausgerechnet bei den Sozialdemokraten Verbündete gefunden hat, ist dabei besonders pikant. Denn sein Kapitalismus pur funktioniert nur, wie er einräumt, wenn auch am Arbeitsmarkt voller Wettbewerb herrscht, also die Gewerkschaften machtlos sind und die Löhne nach unten flexibel werden. Auch sein Vorschlag, auf eine Zinsbesteuerung zu verzichten, dem er als Mitglied der KNS-Gruppe (Konsumorientierte Neuordnung des Steuersystems) in Kroatien zur Umsetzung verhalf, dürfte der SPD kaum schmecken.

Dissertation:
»Unternehmenserhaltung und Gewinnbegriff – die Problematik des Nominalwertprinzips in handels- und steuerrechtlicher Sicht«

Literaturauswahl:
»Gleichmäßigkeit der Besteuerung von Arbeits- und Vermögenseinkommen«, 1983;
»Die Berücksichtigung von Arbeitnehmerinteressen im Entscheidungsprozeß der Unternehmung«, 1986;
»Besteuerung und Kapitalbildung als intertemporales Optimierungsproblem«, 1988;
»Der Einfluß von ›Schutzrechten‹ für Arbeitnehmer auf die Allokation nichtsystematischer Risiken«, 1989;
»Wirtschaftswachstum, Unternehmensfinanzierung und internationaler Kapitalverkehr unter dem Einfluß der Besteuerung von Vermögenseinkünften«, 1989;
»Das Quellensteuerexperiment von 1987«, 1990;
»Übernahme- und Abfindungsregeln am deutschen Aktienmarkt«, 1995.

Bertram Schefold knüpft an die Klassik und die Historische Schule der Nationalökonomie an

Der Humanist

Von Wolfgang Zank

Immer wieder haben sich Wirtschaftswissenschaftler gegen die Aufsplitterung ihres Faches in immer mehr Einzelgebiete gestemmt. Bertram Schefold jedoch will mehr: nicht nur die Ökonomie zusammenhalten, sondern sie auch mit Geschichte und Kulturwissenschaften zusammenbringen.

Schefold hat in Basel Mathematik, Physik und Philosophie studiert. Er wollte von der Mathematik leben, etwa als Lehrer, sich aber vor allem mit Philosophie beschäftigen. Ein Freund überredete ihn dann jedoch, in der Basler Studentenpolitik mitzumachen. Kurz nach dem glänzend bestandenen Mathematik-Examen wurde er Vorsitzender des Verbandes der Schweizerischen Studentenschaften. Die kritische Auseinandersetzung mit der Gesellschaft in dieser Funktion brachte ihn dazu, sich noch einmal auf die Hörsaalbänke zu setzen, diesmal bei den Ökonomen. Dort wurde der angesehene Gottfried Bombach auf den jungen Mathematiker aufmerksam und vermittelte ihm einen Studienaufenthalt in Cambridge.

In der britischen Universitätsstadt war seinerzeit eine illustre Gruppe unorthodoxer Denker versammelt. Piero Sraffa zum Beispiel zeigte, daß sich mit der fast vergessenen Wertlehre des Klassikers David Ricardo die Preisbildung auf den Märkten viel besser erklären ließ als mit der neoklassischen Schulökonomie. Außerdem wies er nach, daß es unmöglich ist, nach der neoklassischen Methode den Ertrag von Kapital, die Profitrate, aus Kapitalangebot und -nachfrage zu erklären. Sraffa mußte allerdings zahlreiche Probleme offenlassen, weil ihm das mathematische Handwerkszeug fehlte. Da kam nun der junge Mathematiker aus Basel wie gerufen. Schefold griff in seiner Dissertation über die Probleme der Preisbildung bei Kuppelproduktion Sraffas Faden auf und erregte damit internationales Aufsehen.

Nach seiner Rückkehr aus Cambridge wurde Schefold Assistent bei Edgar Salin in Basel. Schon 1973 erhielt er einen Lehrstuhl in Frankfurt, er war damals gerade 29 Jahre alt. Ende der siebziger Jahre wandte sich Schefold verstärkt Umweltfragen zu. So beriet er die Enquete-Kommission »Zukünftige Energiepolitik« des Deutschen Bundestages. Zusammen mit dem Physiker und Philosophen Klaus Meyer-Abich schritt er die »Grenzen der Atomwirtschaft« ab. Die beiden Wissenschaftler untersuchten drei Möglichkeiten: erstens die Weiterführung der bis dahin realisierten »Kleinen Kernkraft« mit Leichtwasserreaktoren und der Endlagerung abgebrannter Uranbrennstäbe; zweitens den Einstieg in die »Große Kernkraft« mit geschlossenem Plutoniumkreislauf, Wiederaufbereitungsanlagen und schnellen Brütern; und drittens den Ausstieg aus der Kernenergie.

Das Buch von Meyer-Abich und Schefold erschien kurz nach der Reaktorkatastrophe von Tschernobyl, was ihm breites Interesse bescherte. Die Autoren zeigten, daß die »Große Kernkraft« nicht billiger war als der Ausstieg aus der Kernkraft. Als Kompromiß schlugen sie vor, es bei der »Kleinen Kernkraft« zu belassen und im übrigen auf Energiesparen zu setzen. Mehr oder weniger explizit ist diese Linie heute offizielle Politik geworden – vielleicht ein Lehrbeispiel für erfolgreiche Politikberatung.

Meyer-Abich und Schefold warnten auch deshalb vor der Plutoniumwirtschaft, weil sie nicht »sozialverträglich« sei. Viel Plutonium erfordere viel Überwachung, und das

Bertram Schefold,
geboren am 28. Dezember 1943 in Basel
Studium: 1962–1967 Mathematik, Physik und Philosophie in München, Hamburg und Basel, 1968 Ökonomie und Statistik in Basel
Berufsweg: 1969–1970 Forschungsaufenthalt in Cambridge, 1971 Assistent Edgar Salins in Basel, 1972–1974 Forschungsaufenthalte in Cambridge und Harvard, 1974 ordentlicher Professor an der Johann Wolfgang Goethe-Universität in Frankfurt am Main, 1986–1990 Vorsitz im dogmenhistorischen Ausschuß des Vereins für Sozialpolitik

gehe auf Kosten der Demokratie. Außerdem werde die Plutoniumwirtschaft die Unternehmenskonzentration fördern und so die soziale Marktwirtschaft untergraben.

Bei seinen Untersuchungen zur »Sozialverträglichkeit« stieß Schefold auf den älteren Begriff des »Wirtschaftsstils« aus der Historischen Schule der Nationalökonomie. Soziale Marktwirtschaft ist so ein Wirtschaftsstil; sie umfaßt nicht nur ökonomische Strukturen wie den Markt, sondern auch die Kultur des Kompromisses zwischen den Prinzipien Leistung und soziale Verantwortung. Nur wenn man dies mitbedenkt, läßt sich die Wirtschaft der Bundesrepublik wirklich erfassen. Andere Zeiten und andere Länder haben andere Wirtschaftsstile, die ebenfalls nicht ohne die dazugehörige Kultur zu verstehen sind.

Die vergleichende Analyse von Wirtschaftsstilen wurde zum dritten großen Thema Schefolds. Zusammen mit Mitarbeitern hat er eine Reihe von Aufsätzen über historische Wirtschaftsstile von der Antike bis zur frühen Neuzeit geschrieben. Dabei bewegt Schefold sich auf vertrautem Grunde. Auf dem humanistischen Gymnasium hat er Latein und Altgriechisch gelernt; penible Textkommentare zu dem Traktat des mittelalterlichen Geldtheoretikers Nikolaus Oresmius sowie Homer- und Aristoteles-Zitate im Original belegen es.

Schefold hat nichts dagegen, als kritischer Erbe der Historischen Schule eingestuft zu werden, die im vorigen Jahrhundert ähnlich an Wirtschaftsprobleme heranging. Die Historische Schule war bis in die dreißiger Jahre an den deutschen Universitäten tonangebend, wurde aber nach 1945 von der angelsächsisch geprägten abstrakten Modelltheorie verdrängt.

In der Nationalökonomie erweisen sich eben scheinbar verstaubte Denker oft als überraschend ergiebig. Es war daher nicht nur historisches Interesse, das Schefold 1986 dazu brachte, den Vorsitz im dogmenhistorischen Ausschuß des Vereins für Socialpolitik zu übernehmen; seit 1991 gibt er im Handelsblatt-Verlag eine Reihe mit Faksimile-Editionen historischer Texte der Wirtschaftstheorie heraus. Der Bogen von Schefolds Einsichten ist imponierend weit gespannt. Dies wirft auch Fragen auf. Wie paßt sein Interesse an der Historischen Schule zur ungebrochenen Verehrung für David Ricardo, der das Denken in abstrakten Modellen unter den Ökonomen wie kein anderer befördert hat? Der Hinweis auf die größere Offenheit der englischen Klassik gegenüber Fragen der Kultur reicht zur Erklärung nicht.

Schefold schrieb, eine Theorie, die dem Denken in Wirtschaftsstilen angemessen sei, müsse sagen können, wo genau die Wirtschaft für die Verschränkung mit Politik, Gesellschaft und Kultur »offen« ist. Eine stringente Antwort auf das Problem hat Schefold noch nicht gefunden. Auch hat er sich noch nicht auf eine präzise Definition des Begriffes »Wirtschaftsstil« festgelegt. Wie aber kann man Wirtschaftsstile vergleichen, wenn man sich noch nicht darauf geeinigt hat, was man eigentlich vergleichen will? Außerdem bestehen Geschichte und Kultur aus Milliarden von Details. Begibt man sich nicht auf Treibsand, wenn man alles einbeziehen will?

Schefold selbst macht sich keine Illusionen. Das Motiv einer griechischen Vasenmalerei, so erzählt er, zeigt Löwe, Panther, Eber und Wolf, die einen Streitwagen ziehen – ein Bild für die Aufgabe, ursprüngliche Gegensätze zu vereinen. »Beinahe so naturgemäß gegensätzlich erscheinen uns heute unsere Einzelwissenschaften.« Auf dem Vasenbild konnte »offenbar nur ein Halbgott« das ungleiche Gespann zusammenhalten. Da Schefold sich nicht für einen solchen hält, mischt sich manchmal ein leichter Zug der Resignation in seine Arbeiten.

Dissertation:
»Theorie der Kuppelproduktion«

Literaturauswahl:
»Die Grenzen der Atomwirtschaft« (mit Klaus Meyer-Abich), 1986;
»Mr. Sraffa on Joint Production and other Essays«, 1989;
»Wirtschaftsstile« (2 Bände), 1994 und 1995.

Wilhelm Hankel ist gegen den Euro und für ein neues Weltgeld. Mit populären Büchern greift er in politische Debatten ein

Der Erzähler

Von Mario Müller

Ordentliche Wirtschaftsprofessoren, zumal deutsche, arbeiten am liebsten im stillen Kämmerlein, fernab von den Irritationen der Praxis, schreiben staubtrocken bis unverständlich und halten sich aus der aktuellen Politik heraus. Wer diese Regeln verletzt, gar Artikel und Bücher fürs gemeine Volk publiziert, läuft rasch Gefahr, entweder als Außenseiter belächelt oder als Amateur ignoriert zu werden.

Wilhelm Hankel ist in jeder Hinsicht ein außerordentliches Mitglied der Ökonomenzunft. Schon das Fachgebiet, das er als Honorarprofessor an der Universität Frankfurt am Main lehrt, weist ihn als Esoteriker aus: Die Kombination von Währungs- und Entwicklungspolitik stammt aus dem wissenschaftlichen Raritätenkabinett. Daß Hankel außerdem auf einen äußerst bewegten Lebenslauf zurückblickt und sich immer wieder mit provozierenden Ansichten über Geld und Finanzen zu Wort meldet, läßt ihn endgültig zum Sonderfall unter den Volkswirten werden.

»Das große Geldtheater«, so der Titel seines jüngsten Buches, ist Hankels Leidenschaft. Auf den monetären Brettern, die die reale Welt bedeuten, wirkt er nicht nur als Kommentator und Erzähler, er hat auch munter mitgespielt, in tragenden und weniger rühmlichen Rollen. Seine ersten bedeutenden Auftritte hatte er Ende der sechziger, Anfang der siebziger Jahre auf der politischen Bühne in

Wilhelm Hankel,
geboren am 10. Januar 1929 in Danzig
Studium: VWL in Mainz und Amsterdam
Berufsweg: 1952 Bank Deutscher Länder, Bundesministerium für wirtschaftliche Zusammenarbeit bis 1956, Auswärtiges Amt bis 1957, 1959 Kreditanstalt für Wiederaufbau, zuletzt als Chefvolkswirt, 1967 Leiter der Abteilung Geld und Kredit im Bundeswirtschaftsministerium, 1972 Vorstandschef der Hessischen Landesbank, seit 1970 Honorarprofessor für Währungs- und Entwicklungspolitik an der Universität Frankfurt, 1974/75 Gastprofessur in Harvard, 1975/76 Konrad-Adenauer-Professor an der Georgetown University in Washington, 1978 bis 1981 Senior Visiting Professor am Bologna Centre for Advanced International Studies der Johns Hopkins University, bis 1983 Gastprofessor am Wissenschaftszentrum Berlin

Bonn, nachdem ihn Bundeswirtschaftsminister Karl Schiller zum Leiter eines Schlüsselressorts - der Abteilung Geld und Kredit - ernannt hatte. Damals erschütterte eine Serie von Währungskrisen die Finanzmärkte der Welt und brachte schließlich 1971 das Nachkriegssystem fester Wechselkurse zum Einsturz. Hankel, von einem Archivdienst als einer der »brillantesten und originellsten Mitarbeiter« Schillers gewürdigt, griff eine vom legendären John Maynard Keynes entwickelte Idee auf: Als Lösung des Problems schlug er den Aufbau einer internationalen Zentralbank vor, die eine von Dollar und Gold unabhängige Weltwährung herausgeben und ein neues Regime fester Wechselkurse anführen sollte.

Der Vorschlag verlief im Sande, die halbherzige Neuschöpfung der Sonderziehungsrechte (SZR) kam als im Westen ungeliebtes Kunstgeld des Internationalen Währungsfonds über ein Schattendasein nie hinaus. Dessen ungeachtet ist Hankel, der sich als einer der letzten Keynesianer in der Bundesrepublik betrachtet, bis heute von der segensreichen Wirkung des Weltgeld-Projekts für Wachstum und Beschäftigung überzeugt und rührt dafür unverdrossen die Werbetrommel. In einem fiktiven Dialog schreibt er seinem 1946 gestorbenen Lehrmeister Keynes: »Was hätten wir uns bei Annahme Ihres Bancor-Systems (»Bancor«: Name des von Keynes vorgesehenen Weltgeldes) nicht alles ersparen können: den Zusammenbruch des Fixkurssystems, die unselige Schuldenkrise in der Dritten Welt und demnächst wohl noch in der Zweiten, ehemals sowjetischen, den alarmierenden Niedergang des US-Dollar, das aberwitzige Treiben der Währungsspekulanten.«

Doch ebenso vehement wie er sich für einen großen internationalen Finanzverbund einsetzt, läuft Hankel Sturm gegen einen kleinen europäischen: Maastricht kommt seiner Meinung nach viel zu früh und ruiniert die Mitgliedstaaten der Europäischen Union. Denn die geplante einheitliche Währung könne sich an den Devisenmärkten nur durchsetzen, wenn sie hart genug sei, was wiederum hohe Zinsen erfordere, die die Konjunktur in die Krise stürzten. Erst bei vollständiger Konvergenz von Politik und Wirtschaft könne man das gemeinsame Geld aus der Taufe heben. Solange Arbeitsmärkte und Sozialsysteme aber noch national organisiert sind, glaubt Hankel, brauchen die Staaten eine eigenständige Währungspolitik als außenwirtschaftliche »Knautschzone«, um sich notfalls mit Abwertungen gegen steigende Arbeitslosigkeit wehren zu können.

In diesem Sinne sei er zwar »kein D-Mark-, wohl aber ein monetärer Nationalist, aus sozialen Gründen«, räumt Hankel ein, der im übrigen in seinem Pro für ein internationales und seinem Contra gegen das europäische Währungssystem keinen Widerspruch sieht: Denn erstens soll das Weltgeld nach seinen Vorstellungen kein einheitliches neues Zahlungsmittel werden, sondern als gemeinsame Bezugsbasis für Wechselkurse die Koordinierung von Währungs- und damit Wirtschaftspolitik in der ganzen Welt ermöglichen. Und da zweitens dieses globale System notwendigerweise in sich geschlossen wäre, könnten keine externen Störungen – etwa durch Kapitalflucht – auftreten. Hankel hält deshalb »die Debatte über ein Weltwährungssystem für bedeutend wichtiger als die über Maastricht«.

Daß Hankel solch phantastische Visionen hegt, überrascht insofern, als er einen engen Bezug zur Praxis pflegt. So hob er seinerzeit unter Schiller die Bundesschatzbriefe aus der Taufe und reiste später als Berater im Auftrag der Europäischen Kommission und anderer internationaler Organisationen rund um den Erdball. Diese Missionen bestärkten den früheren Chefvolkswirt der Kreditanstalt für Wiederaufbau (KfW) in der Idee einer bundeseigenen Investitions- und Entwicklungsbank, schon weil die Dritte Welt wirtschaftlich nur dann eine Chance hat, »wenn sie mit Geld umzugehen lernt«. Zu lange habe die Entwicklungshilfe hauptsächlich die betroffenen Unternehmen gefördert. Viel wichtiger sei aber der Aufbau funktionierender Bank- und Kreditsysteme, mit deren Hilfe das Kapital in den jeweiligen Ländern gehalten und in Investitionen transformiert werden könne. Denn »Geld ist ein eingebauter Entwicklungsmotor«, sagt Hankel. Entsprechende Anschubhilfe leistete er zuletzt im westsibirischen Tjumen, wo er den Aufbau eines Beratungs- und Ausbildungszentrum für Banker leitete. Dabei dürften allerdings seine eigenen praktischen Erfahrungen nicht unbedingt als Lehrbeispiel gedient haben. Denn seine Bankkarriere stand unter einem schlechten Stern.

Kurz nachdem Hankel 1972 als Vorstandschef zur Hessischen Landesbank (Helaba) nach Frankfurt wechselte, geriet das öffentlich-rechtliche Institut in große finanzielle Schwierigkeiten. Hankel war zwar nicht für die Ursachen, wohl aber für die Folgen verantwortlich und mußte Ende 1973 seinen Hut nehmen. Nach diesem unrühmlichen Intermezzo wandte sich der Exbeamte und -banker wieder den theoretischeren Aspekten des Geldes zu. Hankel erhielt Lehraufträge in Amerika und Italien und schrieb in lockerem Stil eine ganze Reihe von Büchern über sein Lieblingsthema.

Dissertation:
»Zur Theorie der volkswirtschaftlichen Kontierung unter besonderer Berücksichtigung der monetären Aspekte«

Literaturauswahl:
»Währungspolitik«, 1971;
»Caesar: Weltwirtschaft des Alten Rom«, 1978;
»Die moderne Inflation«, 1980;
»Keynes: Entschlüsselung des Kapitalismus«, 1986;
»Dollar und Ecu: Leitwährungen im Wettstreit«, 1992;
»Die sieben Todsünden der Vereinigung«, 1993;
»Das große Geldtheater«, 1995.

Oswald Neuberger entzaubert
den Mythos der Unternehmensführer

Der Frager

Von Dietmar H. Lamparter

Führung ist sein Thema. Kein Wunder, daß ihn Personalchefs und Wirtschaftsverbände häufig zum Referat laden. Wer möchte schließlich nicht seine Führungsqualitäten verbessern? Das Publikum hofft auf Tips für überforderte Chefs, zumindest aber auf die Bestätigung eigener Vorurteile. Doch auf den Vortrag des Augsburger Wirtschaftspsychologen folgt regelmäßig die Ernüchterung: Die Führungskräfte müssen ohne Patentrezept nach Hause gehen.

Oswald Neuberger ist nicht traurig, wenn er sein Publikum enttäuscht. Im Gegenteil – es entspricht seinem Rollenverständnis: »Der Wissenschaftler ist nicht dazu da, dem Praktiker etwas vorzumachen.« Schließlich seien Professoren »an der Hochschule sitzengebliebene Studenten« mit viel weniger Praxiserfahrung als gestandene Manager. »Unsere gesellschaftliche Funktion ist es, die Praxis zu reflektieren und mit Alternativen zu konfrontieren«, sagt Neuberger. Der Lehrstuhlinhaber für Personalwesen an der Wirtschafts- und Sozialwissenschaftlichen Fakultät der Universität Augsburg stellt mehr Fragen, als er Antworten gibt, doch diese Fragen bewirken etwas. Auf die Ernüchterung folgt nicht selten das Aha-Erlebnis.

Neuberger lehnt die Rolle eines Ratgebers ab – auch wenn er damit viel Geld verdienen könnte. Aber er zieht sich auch nicht in die reine Wissenschaft zurück. Ihn interessiert, wie Menschen tatsächlich in Unternehmen miteinander umgehen, ihre offenen oder verdeckten Machtspiele, der Interessenausgleich von Führenden und Geführten, die Unternehmenskultur.

Ein Motiv taucht dabei immer wieder auf: Neuberger will den »Mythos Führung« entzaubern. »Meine Grundhaltung war von Anfang an eine Art Opposition gegen die Verklärung der Führung«, sagt Neuberger. Er glaubt nicht an den großen, klugen Lenker an der Spitze des Unternehmens. Was im Rückblick als geniale – oder fatale – Weichenstellung eines Chefs erscheint, steht tatsächlich am Ende eines komplizierten Prozesses, an dem viele Menschen beteiligt sind; es ist die Ratifizierung dieses Prozesses.

»Mikropolitik« heißt sein zentraler Forschungsgegenstand – definiert als »der alltägliche Aufbau und Einsatz von Macht in Organisationen«. Ohne Macht läuft nichts, im Machtspiel steht den Beteiligten ein ganzes Arsenal von Techniken zur Verfügung. Dazu gehören Beziehungsgeflechte quer über Hierarchieebenen und Ressorts, die Erschließung oder das Filtern von Informationen, die Bildung von Koalitionen, aber auch Intrigen und Lügen, Katzbuckelei nach oben und Treten nach unten. Mikropolitik ist als solche nicht negativ – auch wer das Unternehmen voranbringen will, muß das Spiel verstehen und für die Unternehmensziele nutzen.

Wer diese alltäglichen Machtspiele genau beobachtet, kann nicht mehr an die Wundertaten eines einzelnen glauben. Auch wenn die Herren und Damen an der Spitze ihre Wichtigkeit noch so sehr durch prächtige Büros, strenge Vorzimmerdamen oder die Anberaumung zahlreicher Konferenzen demonstrieren. Gleich, ob Vorstandschef, Chefredakteur oder Nobelpreisträger – ohne die Vorbereitung von unten könnten sie nicht mit ihren Leistungen glänzen. Und wer Mikropolitik analysiert, kommt auch schnell dahinter, daß es mit der oft beschworenen »Sachlogik« bei Entschei-

Oswald Neuberger,
geboren am 11. Oktober 1941 in Ingolstadt
Studium: 1962–1967 Psychologie und Betriebswirtschaftslehre in München
Berufsweg: 1975 Habilitation (»Führungsverhalten und Führungserfolg«), 1977 Professor für Organisationspsychologie an der Hochschule der Bundeswehr in München, 1980 Lehrstuhl für Psychologie an der Wirtschafts- und Sozialwissenschaftlichen Fakultät der Universität Augsburg

dungen meist nicht weit her ist. Der Glaube an die überragende Führungsfigur muß ersetzt werden durch den Versuch, Interessen auszutarieren. Unternehmerisches Denken der Mitarbeiter, entrepreneurship kann nur in einem »System von Checks and Balances« gedeihen. Ein Unternehmen, so Neubergers Erkenntnis, kann nicht »aus einem Guß« geführt werden. Es müsse nachgerade eine Vielzahl von – durchaus antagonistischen – Steuerungssystemen geben. Ein völlig homogenes Unternehmen wäre unfähig, auf Veränderungen zu reagieren.

Durch seine Thesen wirkt Neuberger häufig als Ketzer und macht sich innerhalb seines Fachs unbeliebt. Der Hochschullehrer, der seinen Studenten die Methoden der Personalwirtschaft beibringen soll, spart nicht mit Kritik an deren gängiger Praxis. Mal macht er die Assessment Centers madig, mit denen angeblich der beste Managementnachwuchs aus großen Bewerberscharen herausgefiltert werden kann; mal spottet er über beliebte Worthülsen:

»Der Mensch ist Mittelpunkt. Der Mensch ist Mittel. Punkt« heißt ein Aufsatz aus dem Jahr 1990.

Er möchte seine Studenten, alles Führungskräfte im Wartestand, zum kritischen Denken bringen, ihnen klarmachen, daß es nicht darauf ankommt, wie die Instrumente aussehen, sondern wie sie genutzt werden. Gerade die derzeitige Krise zeige, »daß Unternehmungen nicht dazu da sind, Menschen glücklich zu machen«: Die »innere Logik war und ist es, das eingesetzte Kapital zu verzinsen«.

Daran haben nach seiner Ansicht auch die wechselnden Managementstile und Moden nie etwas geändert. Besonders kritisch beäugt er daher die Kollegen, die »mit hängender Zunge den aktuellen Trends nachjagen, um Wirtschaftsjournalisten und Unternehmensberater zu übertreffen«. Es macht ihm sichtlich Spaß, an herrschenden Meinungen zu kratzen, die Kritik zuzuspitzen. Zusammen mit seiner ständigen Neugier ergibt sich auch aus seiner wissenschaftlichen Biographie »eine Kontinuität des Wandels«. Wurde er anfangs stark von seinem Münchner Hochschullehrer Arthur Mayer (Lehrstuhl für angewandte Psychologie) und der katholischen Soziallehre geprägt, so beschreibt er seinen Standort jetzt als »institutionalistisch-politische Sicht des Personalwesens«.

Ganz aus dem realen Leben in Unternehmen und Organisationen hält er sich freilich auch nicht heraus. So hat er sich mit anderen Autoren zusammen der Vorgänge um die umstrittene Ernennung von Adrienne Göhler zur Präsidentin der Hamburger Hochschule für bildende Künste angenommen – ein Lehrbeispiel für ein mit »allen Regeln der Kunst« ausgefochtenes Spiel um Macht und Geschlecht. Er sammelte Tausende von Firmenwitzen und und untersuchte sie auf ihre Funktion als »verkleidete Enthüllungen von Problemen« hin. Und bei allem Ernst, eine Prise Selbstironie gehört dazu: »Der Pförtner grüßt den Psychologen:

›Guten Morgen.‹ Der Psychologe denkt den ganzen Tag darüber nach, was er wohl damit gemeint haben könnte.«

Dissertation:
»Psychologische Aspekte der Entscheidung«

Literaturauswahl:
»Führung. Ideologie – Struktur – Verhalten«, 1985;
»Wir, die Firma. Der Kult um die Unternehmenskultur«, 1987;
«Was ist denn da so komisch? Der Witz in der Firma«, 1988;
»Führen und geführt werden«, 5. Aufl., 1995;
»Personalentwicklung«, 1994;
»Mikropolitik«, 1995;
»Nach allen Regeln der Kunst. Macht und Geschlecht in Organisationen«, 1995.

Hans Nutzinger ist mit Beiträgen zum Problem der Nachhaltigkeit in Deutschland bekannt geworden. Er bevorzugt marktwirtschaftliche Lösungen

Der Umweltökonom

Von Thomas Fischermann

So wie bei Hans Nutzinger hat man sich immer das Arbeitszimmer eines Professors vorgestellt. In den winzigen Raum ist noch eine zweite Etage eingezogen, die man nur mit einer Holzleiter erreichen kann; Papiere, Akten und Bücher, die Nietzsche-Gesamtausgabe auf dem Schrank steht neben einer Staubsaugerkiste. Der kleine Professor wirbelt geschäftig durch das Chaos und ist die Ruhe selbst, als er einmal sitzt. Warum man heutzutage noch Ökonom werden solle? »Die Berufsaussichten sind halt gut«, sagt er ganz pragmatisch. Die Ökonomie fördere das abstrakte Denken, besonders gut den Umgang mit komplexen Zusammenhängen – und setze realistischerweise an den Interessen der Betroffenen an. So könnten sich Ökonomen auch in viele Probleme außerhalb der Wirtschaft gut hineindenken.

Zum Thema Umwelt und Ökonomie ist der Professor an der Gesamthochschule Kassel eher zufällig gekommen. Der Umweltökonom Hans-Christoph Binswanger sprach ihn 1980 an, ob er nicht an einem Buchprojekt über Umwelt und Ökonomie mitarbeiten wolle – für Nutzinger damals »völliges Neuland«. Als er sich intensiver damit auseinandersetzte, fühlte sich Nutzinger vor allem von der Schule der »ökologischen Ökonomie« angezogen, die der Amerikaner Herman E. Daly mitbegründet hat. Diese Schule hatte den heute geläufigen Grundsatz der »Nachhaltigkeit«

Hans G. Nutzinger,
geboren am 25. Mai 1945 in Hauingen
Studium: Volkswirtschaftslehre an der Universität Heidelberg, Diplom 1968
Berufsweg: 1968-1974 wissenschaftlicher Assistent in Heidelberg und Dortmund, 1974-1976 Research Fellow bei der Deutschen Forschungsgemeinschaft, 1977 Gastprofessur an der Universität Bielefeld. Seit 1978 Professor für Ökonomie an der Universität Kassel

vorgedacht. Nach diesem Prinzip soll die Ausbeutung der Natur so begrenzt werden, daß sie sich immer wieder regenerieren kann. So könnte das Wirtschaften im Prinzip unendlich lange aufrechterhalten werden; die Menschheit würde dann nicht von der Substanz zehren, sondern quasi von den Zinsen der natürlichen Reserven leben.

Doch der Begriff der »Nachhaltigkeit« drohte im Streit der Experten unterzugehen – die einen leiten aus ihm die Forderung ab, mit dem Abbau von Rohstoffen ganz aufzuhören, die anderen glauben, daß Rohstoffe im Prinzip durch Kapital ersetzbar sind. Gleichzeitig wurde Nachhaltigkeit zum Allerweltswort auf politischen Konferenzen und Jahreshauptversammlungen von Großunternehmen – die ökologischen Ökonomen drohten zu Stichwortgebern für Werbebroschüren zu werden.

Um dagegenzuhalten, arbeitet Nutzinger bis heute vor allem an der präzisen Formulierung von Regeln für die Nachhaltigkeit. Insgesamt hat er fünf solcher Regeln ausgemacht – zum Beispiel, daß Luft, Wasser und Boden nicht stärker mit Schadstoffen belastet werden dürfen, als sie durch Selbstreinigung wieder selber beseitigen können. Erneuerbare Ressourcen sollen analog behandelt werden, nichterneuerbare Ressourcen nur in dem Maße der Erde entnommen werden, wie sie durch andere Stoffe ersetzt werden können.

Die Aufgabe ist kniffliger, als sie klingt. An jeder Ecke warten Widersprüche und Bewertungsprobleme: Energieverbrauch läßt sich zum Beispiel durch einen Wachstumsstopp eindämmen – aber umgekehrt fördert mangelndes Wachstum in armen Ländern auch wieder die Umweltzerstörung. Und dann die praktische Umsetzung: »So, wie die Marktwirtschaft verfaßt ist, ist es kaum zu erwarten, daß sie aus sich selbst heraus das Problem lösen wird«, glaubt er. Aber »ohne Marktwirtschaft wird es auch nicht gehen«.

So tritt Nutzinger – wie die traditionellen Umweltökonomen – für möglichst marktkonforme Lösungen ein. Heutzutage würden für den Umweltschutz viel zuviel ökonomisch ineffiziente Instrumente eingesetzt, namentlich Verbote und Vorschriften. Andererseits erzielten diese Instrumente zusammen immer noch einen »unangemessen geringen Regulierungsgrad« und gäben falsche Anreize: »In der Praxis führt das oft dazu, daß Unternehmer lediglich reagieren und versuchen, die bestehenden Regeln nicht zu brechen.«

Von der ökologischen Ökonomie kommt der kirchlich engagierte Professor auch immer wieder auf die Fragen der Wirtschaftsethik. Was, so fragte er, ist Gerechtigkeit zwischen Menschen in verschiedenen Teilen der Welt und zwischen verschiedenen Generationen? »Bislang können die Ökonomen zu diesem Thema nichts Materielles beitragen.« Aber vielleicht, so hofft Nutzinger, kann die ökologische Ökonomie dies ändern. Immerhin bringe sie einige Grundfesten der konventionellen Ökonomie ins Wanken. So stellt sie die traditionelle Trennung von der Verteilung der Ressourcen und der Einkommen in Frage – denn Nachhaltigkeit läuft letztlich hinaus auf einen Interessenausgleich zwischen Erster und Dritter Welt und zwischen heutigen und künftigen Generationen.

In Nutzingers Jugend deutete zunächst nichts darauf hin, daß er einmal Ökonom werden würde: Der Pfarrerssohn ging auf ein humanistisches Gymnasium und lernte Latein und griechische Philosophie. Doch dann fühlte Nutzinger sich plötzlich, »quasi als Kontrastprogramm«, von der Welt des Geldes und des Kapitals angezogen. »Das Spannende war: Da spielte nicht Aristoteles oder die Bibel eine Rolle, sondern da läuft's dem Mammon hinterher.«

Als er 1968 sein Examen ablegte, war er einer der ersten, die in ihrem Studium Marx gelesen hatten – und weil Marx und der Sozialismus zu dieser Zeit gerade wieder in Mode kamen, konnte Nutzinger viel zum Thema publizieren. »Ich war überhaupt kein Marxist«, sagt Nutzinger – aber einen kritischen Zugang zur heute propagierten neoklassischen Wirtschaftstheorie hat er aus dieser Zeit mitgenommen: »Adam Smith' Botschaft vom Reichtum der Nationen, die sich in weiten Teilen Europas als so erfolgreich erwiesen hat, erscheint aus der Sicht der Ärmsten dieser Erde wenig überzeugend und verheißungsvoll.« Von den Methoden mancher neoklassischer Kollegen hält er wenig. Dann nämlich, wenn sie in der Umweltökonomie komplizierte mathematische Instrumente entwickelten, aber dafür gar keine empirische Grundlage hätten. »Wenn Ökonomen mit einem Anspruch auftreten, den sie nicht erfüllen können, dann sind sie eine Gefahr.«

Seinen Studenten gegenüber entwickelt er allerdings kein so großes Sendungsbewußtsein – seine Überlegungen zur ökologischen Ökonomie und Wirtschaftsethik stellt er vor allem in Gastvorträgen, auf Kongressen und in Schriften an. Nutzinger ist ein emsiger Autor, und die Liste seiner eigenen und von ihm herausgegebenen Bücher umfaßt schon dreißig Titel. An der Universität lehrt der Professor »ganz irdische Dinge, an der Grenze zum Consulting«: Als Inhaber des Lehrstuhls für die Theorie öffentlicher und privater Unternehmen befaßt er sich mit der Betriebswirtschaftslehre.

Die Grenzen der Ökonomie macht er seinen Studenten dennoch gern bewußt: Sie sei im Grunde die Lehre von den Knappheiten und tauge folglich da nichts, wo sich Knappheiten nicht messen lassen – in der Ethik, in vielen Bereichen der Ökologie, in der Psychologie. »Da wird die Anwendung der ökonomischen Begrifflichkeiten mehr zum Sprachspiel.« Nutzinger findet trotzdem, daß »heute nichts mehr an der Ökonomie vorbeiläuft«. Das zeige sich zum Beispiel in der ökonomischen Theorie der Politik, in der Standortdebatte als Thema der sozialpolitischen Diskussion und der Unternehmensethik als Thema in der Philosophie.

Und in der ökonomischen Diskussion um den Umweltschutz findet Nutzinger den Beitrag der Ökonomen sogar entscheidend. »Hehre ökologische Forderungen, die sich vermeintlich fernab von schnödem Geld und ökonomischem Kalkül wähnen, können sich im Ergebnis als besonders naive Varianten einer impliziten monetären Bewertung herausstellen.« Daher sei es »eine Chance für die Natur, wenn die Ökonomen ihr Wissen für sie einsetzen«.

Dissertation:
»Die Stellung des Betriebes in der sozialistischen Wirtschaft«

Literaturauswahl:
»Ökonomie der Werte oder Werte in der Ökonomie?«, 1995;
»Nachhaltige Wirtschaftsweise und Energieversorgung«, 1995.

Renate Ohr kämpft gegen den Vertrag von Maastricht. Im Stabilitätspakt sieht sie einen ersten Erfolg

Die Aktivistin

Von Mario Müller

Studenten, die das Büro von Professor Renate Ohr an der Universität Hohenheim betreten, brauchen sich nicht zu erschrecken. Boxer Oleg, der vierbeinige Wächter des Lehrstuhls für Außenwirtschaft, begrüßt die Besucher seiner Besitzerin zwar stürmisch, beißt aber nur Assistenten, wie es im Vorzimmer heißt.

Tatsächlich ist der Bullenbeißerhund ebensowenig ein Zerberus wie Hohenheim die Unterwelt, auch wenn Befürworter der Europäischen Währungsunion insgeheim Frau Ohr lieber zur Hölle schicken würden.

Denn die Stuttgarter Ökonomin streitet unverdrossen gegen den Vertrag von Maastricht, und dieser Widerstand ex cathedra erscheint in den Augen vieler Euro-Evangelisten allemal als Teufelswerk.

Einer breiteren Öffentlichkeit wurde die 43jährige Wissenschaftlerin im Frühling 1992 bekannt, als sie gemeinsam mit Wolf Schäfer, Professor für Theoretische Volkswirtschaftslehre an der Bundeswehr-Universität in Hamburg, ihre Fachkollegen zu einer Unterschriftenaktion gegen die kurz zuvor verabschiedeten Maastricht-Beschlüsse zu mobilisieren versuchte. Die ungewöhnliche Initiative hatte Erfolg: Immerhin 62 Ökonomen, darunter auch Karl Schiller, setzten ihre Namen unter das von dem Duo Ohr/Schäfer verfaßte »Manifest«, das in elf Thesen auf Risiken im Euro-Fahrplan hinwies. »Die überhastete Einführung einer Europäischen Währungsunion wird Westeuropa starken ökonomischen Spannungen aussetzen, die in absehbarer Zeit zu einer politischen Zerreißprobe führen können und damit den Integrationsprozeß gefährden«, hieß es in dem Aufruf. Kernpunkte der Kritik: Die Mitgliedsländer der Europäischen Union seien wirtschaftlich, sozial und interessenpolitisch noch viel zu verschieden, um darüber »eine monetäre Einheit zu stülpen«, und die geplante Zentralbank werde keine Preisstabilität durchsetzen können. Das Motiv, ein solches Manifest zu veröffentlichen, entsprang den Erfahrungen mit der deutsch-deutschen Währungsunion. Sie habe sich sehr geärgert, sagt Frau Ohr, daß die herrschenden Politiker damals die Warnungen von Wirtschaftswissenschaftlern vor den ökonomischen Problemen der Vereinigung in den Wind schlugen. Deshalb wollte sie nun rechtzeitig und mit dem nötigen Nachdruck auf die Gefahren der Europäischen Währungsunion hinweisen.

Die Reaktion auf den Aufruf war heftiger, als es die Autorin erwartet hatte. Sie findet es denn auch »schade, daß manchen Maastricht-Befürwortern, wenn die Argumente fehlen, nur noch die Diffamierung der wissenschaftlichen Skeptiker als angebliche Antieuropäer und Nationalisten einfällt«.

Allerdings weiß die Währungstheoretikerin auch mit gleicher Münze heimzuzahlen und kontert den Vorwurf der Schwarzseherei und populistischen Panikmache, indem sie ihrerseits den Euro-Anhängern »bedenkenlose Schönfärberei und das Herunterspielen ökonomischer und politischer Risiken« vorwirft. Ohnehin sind in ihren Augen die Maastricht-Befürworter »fast alle Interessenvertreter«.

Abgesehen von solchen Sticheleien: Der Thesenanschlag der Maastricht-Protestanten zeigte Wirkung. »Wesentliche Argumente« des Manifests seien von der Politik übernommen worden, stellt die Stuttgarter Professorin heute fest.

Renate Ohr,
geboren am 12. Juli 1953 in Ludwigshafen/Rhein
Studium: 1971-1976 Volkswirtschaftslehre und Jura in Mainz
Berufsweg: 1976-1987 wissenschaftliche Assistentin an den Universitäten Köln, Essen, Bochum; 1986 Habilitation in Bochum, 1986/87 Lehrstuhlvertretung an der Universität Kiel (Makroökonomie), seit 1988 Inhaberin des Lehrstuhls für Außenwirtschaft an der Universität Hohenheim

Den inzwischen vorgeschlagenen Stabilitätspakt hält sie allerdings für unzureichend, da er Verstöße gegen die Konvergenzkriterien nicht automatisch ahnde. Außerdem sollten die Übeltäter statt mit Geldbußen besser mit einem Entzug ihrer Stimmrechte bestraft werden. An Ohrs grundlegenden Bedenken können aber auch solche Vorschläge nichts ändern: Solange die Wirtschaftsstrukturen innerhalb der Europäischen Union zu heterogen, die Preise zu unflexibel und die Beschäftigten nicht mobil genug seien, führe eine Währungsunion »zu regionalen Ungleichgewichten, zur Gefahr der Aufweichung der stabilitätsorientierten Geldpolitik und/oder zur Forderung nach einem umfangreichen regionalen Finanzausgleich«. Hinreichende Bedingung für einen optimalen Währungsraum sei »nicht die Erfüllung der Konvergenzkriterien, sondern letztlich nur eine weiter gehende politische Union«.

Als Alternative schlägt Frau Ohr eine Verschiebung des Projekts um mindestens drei bis fünf Jahre vor. Diese Zeit sollte genutzt werden, um »mehr Gemeinsamkeiten« zu schaffen. Dies gilt vor allem für Geldpolitik. Nach Meinung der Wissenschaftlerin wird dieser Aspekt in der Diskussion viel zu stark vernachläßigt. Denn solange die monetären Strukturen in den einzelnen Ländern noch so unterschiedlich sind, würde sich eine einheitliche Geldpolitik auch entsprechend unterschiedlich auf die einzelnen Realwirtschaften auswirken. Um unliebsame Überraschungen zu vermeiden, sollte die geplante europäische Geldpolitik in allen potentiellen Mitgliedsländern vorher und gemeinsam über einen längeren Zeitraum getestet und damit vor Ort auf ihre jeweilige Wirkungsweise überprüft werden. Gleichzeitig sollte nach Meinung der Professorin in der Aufschubphase das Europäische Währungssystem (EWS) fester, aber anpassungsfähiger Wechselkurse mit relativ engen Bandbreiten revitalisiert werden.

Daß sie sich weithin Gehör verschaffte, gefällt Frau Ohr. Hatte sie sich bis dato hauptsächlich mit der Theorie befaßt, macht ihr die Beschäftigung mit aktuellen Themen inzwischen viel Spaß. Sie habe das »Gefühl, etwas bewegen zu können«. Raus aus dem universitären Elfenbeinturm, rein in die Politökonomie – das wäre wohl im Sinne von Karl Marx, dessen Plakat das Büro der Professorin ziert und den sie als großen Denker schätzt. Sie macht auch keinen Hehl daraus, daß sie der Sozialdemokratie nahesteht, »wegen des S«. Mit der heutigen Wirtschaftspolitik der SPD kann sie allerdings nichts anfangen. Die sei ganz einfach »schlecht«, wie die Steuervorschläge und die Blockade beim Umbau des Sozialstaates zeigten. Nach ihrer Meinung muß der Arbeitsmarkt dereguliert und der Sozialstaat durch mehr Eigenleistung der Bürger entlastet werden. Amerikanische Verhältnisse lehnt Frau Ohr allerdings ab: Das wäre »tragisch«.

Aber auch den deutschen Managern liest die Professorin die Leviten: Sie zeichneten »ein etwas zu düsteres Bild«

von den Standortqualitäten Deutschlands und schöben den Schwarzen Peter anderen zu. Schließlich stünden in erster Linie Unternehmen miteinander im Wettbewerb und nicht Volkswirtschaften: »Die Sicherung der Arbeitsplätze hängt somit letztlich entscheidend von der Qualität des Unternehmensmanagements ab, das heißt von dessen Fähigkeit, Chancen und Risiken richtig einzuschätzen, Innovationen rechtzeitig vorzunehmen und den Strukturwandel nicht zu verschlafen.«

Maastricht-Befürworter wird es freuen: Ihre Beschäftigung mit diesen Fragen zeigt, daß die Expertin für Außenwirtschaft langsam den »Ausstieg aus der Währungsunion« plant und sich künftig stärker auf Themen wie internationale Wettbewerbsbedingungen oder Währungen in Osteuropa konzentrieren will. Anders als Politiker sind Professoren in der glücklichen Lage, sich ihre Betätigungsfelder selbst aussuchen zu können. Sie arbeite in ihrem »Traumberuf«, sagt Frau Ohr. Und das schönste daran sei, »daß ich unabhängig bin«.

Dissertation:
»Internationale Interdependenzen nationaler Geld- und Gütermärkte bei flexiblen Wechselkursen«

Literaturauswahl:
»Budgetpolitik in offenen Volkswirtschaften – eine modelltheoretische Analyse«, 1987;
»International Economic Integration« (Hrsg.), 1995;
»Openness and Development« (Hrsg.), Heidelberg 1996;
»Europäische Integration« (Hrsg.), 1996.

Birger Priddat versucht die Klassiker der Ökonomie aus einem neuen Blickwinkel zu analysieren

Der Philosoph

Von Christine Mattauch

Im Vorwort seiner Dissertation steht ein ungewöhnlicher Satz: »Meinen Eltern, die auf das Unerwartete immer gefaßt sein durften, schulde ich besondere Dankbarkeit.« Das Unerwartete? Birger Priddat schmunzelt und gesteht: »Lange Zeit hat keiner geglaubt, daß ich je meinen Doktor mache.«

Das hat seinen Grund. Bevor er die Ökonomie für sich entdeckte, verlief Priddats berufliche Laufbahn alles andere als vielversprechend. Kunst hat er studieren wollen und nach drei Semestern abgebrochen. Auch Maschinenbau hat er probiert, aber schon nach einem Semester geschmissen. Zwischendurch jobbte er auf der Werft und im Fahrstuhlbau, er half in Werbeagenturen aus und klebte Plakate. »So ein richtig bunter Hund war ich, der viel anfing und nichts zu Ende brachte«, urteilt der gereifte Priddat über den jungen. Missen möchte er die Erfahrungen aus seiner ungestümen Jugendzeit gleichwohl nicht: »Sie haben mein Blickfeld erweitert.«

Den eigenen und den Horizont der anderen zu erweitern ist bis heute sein Anliegen. An der Privatuniversität Witten/Herdecke hat der 46jährige den Lehrstuhl für Volkswirtschaft und Philosophie inne, eine ausgefallene Kombination, die in Deutschland einzigartig sein dürfte. Als die Stelle 1991 in der *ZEIT* ausgeschrieben wurde, traute Priddat seinen Augen kaum, denn die Professur schien ihm wie auf

Birger Priddat,
geboren am 13. Februar 1950 in Leuna
Studium: 1974-1979 Volkswirtschaftslehre und Philosophie in Hamburg
Berufsweg: 1979 Tätigkeit in der Unternehmensberatung, 1981 Wissenschaftlicher Mitarbeiter an der Universität Hamburg, 1990 Hochschulassistent, seit 1991 Professor für Volkswirtschaft und Philosophie an der Privatuniversität Witten/Herdecke, seit 1995 Dekan der Wirtschaftswissenschaftlichen Fakultät

den Leib geschneidert – hatte er doch an der Universität Hamburg ein Volkswirtschaftsstudium absolviert, zugleich aber regelmäßig Seminare und Vorlesungen in Philosophie besucht.

Entsprang die Fächerkombination zunächst nur seiner persönlichen Neigung, so stellte Priddat schnell fest, daß die beiden Disziplinen auch in fachlicher Hinsicht viel verbindet. Angefangen mit Aristoteles, haben sich viele große Philosophen auch mit Ökonomie beschäftigt. Umgekehrt, meint Priddat, sind die meisten ökonomischen Theorien erst zu verstehen, wenn ihr philosophischer Hintergrund berücksichtigt wird.

Damit hatte er sein Spezialgebiet gefunden: Ökonomische Theoriegeschichte. Den Grundstein legte er 1985 mit seiner Dissertation, in der er die ökonomischen Überlegungen des englischen Philosophen John Locke neu interpretiert. Locke, so sieht es Priddat, hat erstmals eine gedankliche Trennung von Ökonomie und Ethik vorgenommen und damit die philosophischen Fundamente für freies wirtschaftliches Handeln geschaffen. Denn Locke entbindet in seiner Theorie das Verhalten des Individuums von moralischen Vorschriften und plädiert statt dessen für eine Marktverfassung, deren Institutionen das Einhalten ethischer Grundsätze garantieren sollen.

So aktuell derartige Überlegungen klingen: Priddat warnt davor, historische Doktrinen vorschnell auf heutige Zusammenhänge zu übertragen. In dieser Hinsicht ist er Purist: Das Denken der Klassiker muß aus ihrer Zeit heraus ergründet und verstanden werden. Die beliebte Praxis moderner Ökonomen, die Dogmengeschichte zur Untermauerung eigener Theorien zu vereinnahmen, ist ihm ein Ärgernis. Nachdrücklich wendet er sich in seiner Dissertation etwa gegen die These, Locke einseitig als Vorläufer der Theorie der Eigentumsrechte (property rights) zu interpretieren. Denn Locke trat zwar für das Privateigentum ein, stellte den privaten Verfügungsrechten aber zugleich dezidierte Pflichten gegenüber: zum Beispiel das Gebot, erworbenes Geld wieder in den Wirtschaftskreislauf einzuspeisen.

Mit seinem Interessengebiet war Priddat, der sich nach seiner Dissertation in einem zweijährigen Forschungsprojekt mit dem Einfluß der aristotelischen Philosophie auf die Ökonomie des 19. Jahrhunderts befaßt hatte, für den neu eingerichteten Lehrstuhl in Witten/Herdecke der richtige Mann. Man berief ihn, obwohl er noch gar nicht habilitiert war; seine Habilitationsschrift über den Begründer der historischen Schule der Nationalökonomie, Gustav von Schmoller, hatte er gerade erst begonnen. Auch als Lehrstuhlinhaber hätte sich Priddat noch gern die Sporen als ordentlicher Professor verdient, doch an der Hamburger Universität habe die Habilitation keiner mehr annehmen wollen, bedauert Priddat: »Es hieß: Ein Professor prüft doch keinen Professor!«

So wurde aus der geplanten Habilitation ein Buch, das Priddats umfangreiche Publikationsliste erweitert. Getreu dem Motto »Klassiker neu gelesen« befaßte er sich mit Hegel und dem Ökonomen Werner Sombart, mit Adam Smith und mit Alfred Marshall. Sein besonderes Interesse gilt der Frage, wie die Großväter und Väter der modernen Ökonomie ethische Leitgedanken in ökonomische Lehrsätze transformierten. »Viele Kollegen fragen mich, was das eigentlich mit Wirtschaftswissenschaft zu tun hat«, sagt Priddat, »sie merken nicht, daß ihr eigener Ökonomiebegriff stark durch Moralvorstellungen geprägt ist.« Das Bewußtsein darüber aber ist für Priddat die Voraussetzung für eine kritische und vorurteilslose Betrachtung der modernen Ökonomie.

Die will er jetzt um neue Ansätze bereichern. So geht Priddat derzeit der Frage nach, wie Institutionen heute beschaffen sein müssen, damit sie für die Marktteilnehmer ihre Gültigkeit behalten. Anders als früher, so seine Überlegung, streben Menschen heute nicht mehr danach, sich in jeder Situation moralisch einwandfrei zu verhalten. Vielmehr stimmen sie in einer »Identitätsbilanz« unmittelbare Wünsche, Lebenspläne und übergeordnete Normen miteinander ab. Da kann es im Einzelfall durchaus rational erscheinen, gegen ethische Grundsätze zu verstoßen, genauso, wie es ein anderes Mal angezeigt sein mag, bewußt moralisch zu handeln. Stimmt diese Theorie, so hat das unmittelbare Auswirkungen auf das Wirtschaftsleben – auf die Frage etwa, wie verläßlich Verträge sind und ob so etwas wie ein fairer Wettbewerb überhaupt noch existiert.

Vergleichsweise abstrakte Ansätze wie dieser sind an der Universität Witten/Herdecke – sie ist entgegen einer weitverbreiteten Ansicht nicht anthroposophisch ausgerichtet – gefragt. »Wir sind hier keine Business-School«, sagt Priddat, »die Studenten kommen zu uns, weil sie gesellschaftliche Bildung erwerben wollen.« Ausgerechnet in dieser Umgebung ist der Theoretiker Priddat unversehens dann aber auch noch zum Praktiker geworden. Als Dekan der Fakultät hat er neuerdings volle Budgetverantwortung: Wie der Geschäftsführer einer GmbH muß er den Personaleinsatz planen, über die Verwendung von Sachmitteln entscheiden, und, da sich die private Universität zu großen Teilen aus Spenden finanziert, Kontakte zu Sponsoren pflegen – Aufgaben, die viele andere Professoren wohl nur als Belastung empfinden würden. Priddat jedoch findet sie hochspannend: »Ich bin auf dem besten Weg, ein richtiger Manager zu werden.«

Dissertation:
»Das Geld und die Vernunft«

Literaturauswahl:
»Hegel als Ökonom«, 1990;
»Der ethische Ton der Allokation«, 1991;
»Zufall, Schicksal, Irrtum – über Unsicherheit und Risiko in der deutschen ökonomischen Theorie vom 18. bis ins frühe 20. Jahrhundert«, 1993;
»Ökonomische Knappheit und moralischer Überschuß – zum Verhältnis von Ökonomie und Ethik«, 1994;
»Die andere Ökonomie – Eine neue Einschätzung von Gustav Schmollers Versuch einer ethisch-historischen Nationalökonomie im 19. Jahrhundert«, 1995.

Henner Schierenbeck wurde als
Lehrbuchautor bekannt.
Er kritisiert Effizienzmängel bei den Banken

Der Controller

Von Christine Mattauch

Die meisten kennen ihn als Autor eines Standardwerks: der »Grundzüge der Betriebswirtschaftslehre«, inzwischen in zwölfter Auflage erschienen. Die erste Ausführung begann Henner Schierenbeck zu schreiben, als er kaum 25 Jahre und damit so alt war wie heute viele seiner Leser. Freilich, damals war er schon wissenschaftlicher Assistent an der Universität Freiburg und vielen seiner einstigen Kommilitonen weit voraus.

Die Nummer eins zu sein hat Schierenbeck, heute Ordinarius in Basel, stets angestrebt. Als Schüler träumte er davon, Vorstandsvorsitzender eines großen Unternehmens zu werden. Als BWL-Student schaffte er es, die Mindeststudienzeit noch um ein Semester zu unterbieten. Seine Promotion lieferte er binnen zweieinhalb Jahren ab. Und als Professor in Münster kreierte er sein Spezialfach: das Bank-Controlling. Auf diesem Gebiet gilt er seitdem als Koryphäe oder auch als »Papst«.

Sein ausgeprägtes Selbstwertgefühl hat dem Fünfzigjährigen im Laufe seiner Karriere nicht nur Freundschaften eingetragen. Als er etwa 1990 von Münster nach Basel wechselt und dort den neugeschaffenen Lehrstuhl für Bankmanagement und Controlling übernimmt, ist er schnell als arrogant verschrien. Einer der Gründe: Schierenbeck weigert sich, das Gemeinschaftssekretariat der Fakultät als zeitgemäß zu akzeptieren. Erfolgreich reklamiert er ein eigenes. Zumindest in fachlicher Hinsicht aber ist Schierenbecks Dynamik der kleinen Fakultät hoch willkommen. Er gründet zum Beispiel die »Baseler Bankentage«, eine hochkarätige Fachveranstaltung für Wissenschaftler und Praktiker, deren Renommee auch auf die Hochschule abstrahlt.

Obwohl Schierenbeck stolz darauf ist, auf diese Weise für »frischen Wind« gesorgt zu haben, genießt er es in anderer Hinsicht, daß die Uhren in Basel etwas langsamer gehen, als andernorts üblich: So sitzen dort, wie im Deutschland der sechziger Jahre, höchstens fünfzig Studenten in den Vorlesungen. »Paradiesische Zustände«, schwärmt Schierenbeck, der in Münster regelmäßig vor mehr als tausend Zuhörern referierte.

Doch die Atmosphäre einer Hochschule ist für einen wie ihn nicht das Maß aller Dinge. Dem Ruf nach Basel ist er vor allem deshalb gefolgt, weil er bei der Reform der Schweizer Bankenlandschaft mitmischen wollte – und das nicht nur mit Theoriebeiträgen. Das Ziel, Forschung, Lehre und Praxis miteinander zu verbinden, verfolgt Schierenbeck seit jeher. Er lege Wert darauf, »aus den theoretischen Erkenntnissen auch praktisch verwertbare Instrumente und Entscheidungshilfen zu entwickeln«, teilte er in jungen Jahren schon den Lesern seiner Dissertation mit. Gefördert hat diese Tendenz sein Freiburger Doktorvater Ralf-Bodo Schmidt, der vor seiner Universitätskarriere Geschäftsführer in einem mittelständischen Unternehmen war und den Wert wissenschaftlicher Erkenntnisse immer auch an der Revelanz für die Praxis bemaß.

Auch ohne dieses Vorbild hätte sich Schierenbeck wohl kaum im Elfenbeinturm der Wissenschaft eingeschlossen – zu groß ist seine Neigung, Erdachtes zu erproben und Erprobtes zu überdenken. Seine Aktivitäten außerhalb der Universität sind vielfältig: So sitzt er im Vorstand der Sta-

Henner Schierenbeck,
geboren am 23. Juni 1946 in Bremen
Studium: 1966 bis 1969 Betriebswirtschaftslehre in Berlin
Berufsweg: 1970 wissenschaftlicher Mitarbeiter an der Universität Freiburg, 1972 Assistent, 1978 Habilitation und Professur für Unternehmensrechnung an der Universität Münster, 1980 Professur für Bankbetriebslehre in Münster, seit 1990 Ordinarius für Bankmanagement und Controlling an der Universität Basel

tistisch-Volkswirtschaftlichen Gesellschaft in Basel, gehört dem wissenschaftlichen Beirat des Schweizerischen Bankvereins an und ist Wissenschaftlicher Leiter des Zentrums für Ertragsorientiertes Bankmanagement (ZEB) in Münster, einer von ihm mitgegründeten Beratungsfirma für Geldinstitute. »Ich bin Prediger«, sagt Schierenbeck, »ich will Verhaltensänderungen bewirken.«

Da hat er, glaubt man seiner Analyse des Bankensektors, noch einiges zu tun. Erst jüngst erregte Schierenbeck Aufsehen mit der These, deutsche und schweizer Großbanken machten zuwenig Gewinn. Ein Befund, der angesichts bilanzierter Milliardenerträge zumindest für den Laien überraschend klingt. Doch Schierenbeck weist mit Hilfe einfacher Renditerechnungen überzeugend nach, daß Institute wie die Deutsche und die Dresdner Bank kaum ihre Eigenkapitalkosten erwirtschaften, geschweige denn den Unternehmenswert für die Aktionäre (Shareholder value) steigern. Die Ursache sieht er in einer unzureichenden Risikoanalyse und in mangelhafter Durchleuchtung bankinterner Abläufe. Ändere sich das nicht, warnt Schierenbeck, seien die Geldhäuser auf lange Sicht in ihrer Existenz bedroht – zumal britische und amerikanische Banken weit effizienter am Markt agierten.

»Ich habe ein Gespür für Fehlentwicklungen«, resümiert Schierenbeck selbstbewußt. In eigener Sache hat sein Instinkt zumindest einmal versagt: als er sich Ende der sechziger Jahre für sein Betriebswirtschaftsstudium ausgerechnet die Freie Universität Berlin aussuchte und mitten ins Zentrum der Studentenbewegung geriet. Der korrekte Konservative verfolgte die Protestaktionen seiner linken Kommilitonen, zu denen auch der heutige Grünen-Politiker und zeitweilige Frankfurter Stadtkämmerer Tom Koenigs gehörte, mit Argwohn und Unverständnis. Schierenbeck ignorierte die Aufrufe, Vorlesungen zu boykottieren, weshalb er, wie er noch heute mit Abscheu bemerkt, als Streikbrecher von Mitstudenten »physisch bedroht« wurde. Trotz dieser »erschwerten Umstände« (Schierenbeck) schaffte er sein Studium in der Rekordzeit von sieben Semestern. Diese Unterschreitung der Mindeststudienzeit war zwar nicht zulässig, doch das blieb im allgemeinen Chaos offenbar unbemerkt.

Bis heute trifft sich Schierenbeck einmal jährlich zu Pfingsten mit früheren Kommilitonen, natürlich nur mit Gleichgesinnten, die ebenfalls am Lehrstuhl Kloidt studierten und sich in Form und Inhalt an Erich Kosiol orientierten. Dessen formalistisch-abstrakte Ausrichtung prägt auch Schierenbecks eigenes Grundlagenbuch, über das der Autor sagt: »Über einen Absatz von mir müssen die Studenten manchmal einen ganzen Tag nachdenken.« Der Professor stellt an seine Leserschaft bewußt hohe Ansprüche.

Über die »Einführung in die Allgemeine Betriebswirtschaftslehre« von Günter Wöhe, als Standardwerk das wichtigste Konkurrenzprodukt zu Schierenbecks Lehrbuch, äußert er sich sehr zurückhaltend. Der Wöhe sei doch »mehr etwas für den Schulbereich«.

Dissertation:
»Beteiligungsentscheidungen – Betriebswirtschaftliche Grundlagen des Erwerbs und der Veräußerung von Unternehmensbeteiligungen«

Literaturauswahl:
»Unternehmungsfinanzen und Konjunktur«, 1980;
»Institutionelle Bankbetriebslehre«, 1987;
»Bank- und Versicherungslexikon«, 2. Aufl., 1994;
»Grundzüge der Betriebswirtschaft«, 12. Aufl., 1996;
»Ertragsorientiertes Bankmanagement«, 5. Aufl., 1997.

Renate Schubert forscht über mathematische Ökonomie und die Diskriminierung von Frauen. Sie sucht nach einer politisch relevanten Wissenschaft

Die Pionierin

Von Petra Pinzler

Blond, attraktiv, jung und modisch gekleidet – nichts an ihr entspricht dem Klischee von einer Gelehrten. So müßte Professor Renate Schubert, Ordinaria der Eidgenössischen Universität Zürich, das Staunen über ihre ungewöhnliche Karriere doch eigentlich gewohnt sein. Dennoch reagiert sie überrascht auf die Frage, wie sie das denn geschafft habe. Sie seufzt, grübelt kurz und sagt: »Mit Hartnäckigkeit und Mathematik.«

Es war allerdings nicht die virtuose Beherrschung mathematischer Formeln, mit der Renate Schubert erstmals auch außerhalb ihrer Fakultät für Aufsehen sorgte; es war ein unscheinbares Taschenbuch, mit wenigen Zahlen. Der Titel: »Ökonomische Diskriminierung von Frauen«. Der Inhalt: Eine spannende Zusammenfassung von Forschungsergebnissen, die Diskriminierung ökonomisch nachweisen, außerdem Überlegungen zu Chancen der Veränderung. Die Wissenschaftlerin lag mit einer solchen Veröffentlichung Ende der achtziger Jahre mitten im Trend. Durch die Frauenbewegung motiviert, häuften sich damals Bücher über die Benachteiligung von Frauen – die mehrheitlich männlichen deutschen Ökonomen hatten das Thema bis dato jedoch schlicht ignoriert.

Folglich mangelte es an politökonomischer Auseinandersetzung. Diese Lücke füllte die Wissenschaftlerin im deutsch-

Renate Schubert,
geboren am 7. Mai 1955 in Wiesbaden
Studium: 1973 bis 1977 Volkswirtschaftslehre in Mainz
Berufsweg: 1982 Beraterin bei Lahmeyer International, 1983 wissenschaftliche Mitarbeiterin an der Technischen Hochschule Darmstadt, 1990 bis 1992 Professorin für Volkswirtschaftslehre an den Universitäten Regensburg und Tübingen, seit 1992 Professorin an der Eidgenössischen Technischen Hochschule Zürich (ETHZ), seit 1995 Ordinaria des Institutes für Wirtschaftsforschung der ETHZ

sprachigen Raum mit ihrer populärwissenschaftlichen Publikation. Frau Schubert: »Ich wollte ein wenig von der Ideologie aus der Debatte nehmen.«

Sie machte sich Forschungsergebnisse aus den Vereinigten Staaten zunutze. Dort hatte Nobelpreisträger Gary Becker bereits Ende der sechziger Jahre die »Economics of Discrimination« entwickelt und versucht, die Benachteiligung von Schwarzen mit ökonomischer Rationalität zu begründen. In den siebziger Jahren fragten dann wiederum in Amerika andere Wissenschaftler: Wie läßt sich Diskriminierung überhaupt ökonomisch messen? Ist beispielsweise die schlechtere Entlohnung von Frauen (in der Bundesrepublik verdienen Frauen durchschnittlich ein Drittel weniger als Männer) ein Zeichen für Diskriminierung oder nur eine Folge von schlechterer Ausbildung und geringerem Können?

Tatsächlich nutzen neuere Untersuchungen, so beispielsweise die Residualmethode, die Lohnunterschiede als Kriterium. Sie fragen, ob beide Geschlechter für gleiche Arbeit gleichen Lohn erhalten würden, wenn die Lohnabzüge für die schlechtere Qualifikation und die kürzere Lebensarbeitszeit von Frauen berücksichtigt würden. Das Ergebnis: Zwar sind sechzig Prozent der geschlechtsspezifischen Lohnunterschiede auf Qualifikationsunterschiede zurückzuführen, immerhin vierzig können aber nur durch Diskriminierung erklärt werden. Schubert ging noch einen Schritt weiter: Sie wies nach, daß die Benachteiligung von Frauen zu einer Verschleuderung von Ressourcen führt, die der Volkswirtschaft zugute kommen könnten. Im Klartext: Die Gesellschaft nutzt die Fähigkeiten ihrer weiblichen Mitglieder nicht richtig, und das schadet allen – man denke nur daran, wie viele teuer ausgebildete Mütter mangels Kindergärten und Teilzeitarbeitsplätzen während der Jahre der Kindererziehung zu Hause bleiben.

Frau Schubert ist inzwischen davon überzeugt, daß gerade für Frauen die Auseinandersetzung mit ökonomischen Themen und Theorien von eminent praktischer Bedeutung sein kann. »Auch im privaten Bereich spielen wirtschaftliche Argumente eine Rolle, und die sollten Frauen zumindest kennen«, argumentiert sie und präsentiert ohne Zögern ein Beispiel: »Viele Frauen wählen auch heute Berufe, die am unteren Rand der Gehaltsskala liegen. Sie wägen nicht zwischen Vor- und Nachteilen ab, sie ignorieren schlicht die Folgen.« Spätestens wenn dann aber Kinder kommen, stecken viele Frauen beruflich zurück, während die Männer weiterarbeiteten. Das könne zwar von beiden so gewünscht sein. Dennoch sei der geringere Verdienst der Frau ein wichtiges Argument für diese Art der Aufgabenteilung. Renate Schubert: »Frauen sollten vor ihrer Berufswahl über so etwas nachgedacht haben.«

Das klingt geradlinig, zielstrebig, planmäßig. Gehört sie selbst zu den Menschen, die ihren eigenen Lebenslauf immer geplant haben? Im Kindergarten schon der Traum vom

Lehrstuhl? Die Professorin schüttelt lächelnd den Kopf. Nein, ehrgeizig sei sie zwar schon immer gewesen, mit 22 beendete sie bereits nach acht Semestern ihr Studium, doch verbissen nie. Nach dem Diplom als Volkswirtin überwog zunächst die Abenteuerlust, es zog sie ins Ausland, nicht hinter das Katheder. Doch die Bewerbungen scheiterten an ihrer Jugend. Schubert blieb an der Uni, schrieb an ihrer Promotion und bewarb sich dann für eine Weiterbildung am Deutschen Institut für Entwicklungspolitik (DIE), der Kaderschmiede für Mitarbeiter internationaler Institutionen. Schon während dieser zweijährigen Weiterbildung war endlich die erste lange Reise in die Ferne möglich. Die junge Ökonomin untersuchte in Costa Rica die Wirkungen von ausländischen Direktinvestitionen.

Nach diesem Aufenthalt lockte es sie noch stärker, all die Theorie auch endlich praktisch zu nutzen. Sie bewarb sich als Beraterin bei Lahmeyer, einem weltweit operierenden Ingenieur-Unternehmen. Dort sollte sie die Wirkungen großer Bauvorhaben in der Dritten Welt untersuchen. Ein ernüchterndes Erlebnis. »Die hatten ein paar Sozialwissenschaftler als Schmuckwerk angestellt.« Das unterforderte die junge Ökonomin. Schon nach einem halben Jahr kündigte sie und wußte nun sicher: wenn schon Forschung, dann auch richtig und an der Universität. Frau Schubert habilitierte sich und bekam schließlich mit 35 Jahren ihre erste Professur. Sie wurde auf den Lehrstuhl für Volkswirtschaftslehre in Regensburg berufen, nur zur Vertretung zwar, aber immerhin war so der Sprung in die erste Liga der Wissenschaft geschafft. Danach ging der Aufstieg schnell: ordentlicher Lehrstuhl in Tübingen, der Ruf an die Eidgenössische Technische Hochschule Zürich, dort wird sie schließlich mit 38 zur Leiterin des Institutes für Wirtschaftsforschung.

Die Professorin hat diesen Aufstieg nicht ihren Ausflügen in unkonventionelle Themengebiete wie die ökonomische Diskriminierung von Frauen zu verdanken. Weder ihre Dissertation noch die Habilitationsschrift haben etwas mit Frauen zu tun. »Von solch einer Themenwahl würde ich auch jeder jungen Kollegin abraten«, sagt Frau Schubert, denn sie weiß, daß dies in konservativen deutschen Ökonomenkreisen zumindest auf versteckte Ablehnung treffen kann. »Erst muß man beweisen, daß man das Handwerk beherrscht«, sagt die Wissenschaftlerin. Sie selbst beherrscht die Mathematik, und so besteht ihre Dissertation, die »einige Überlegungen zur Analyse wirtschaftlicher Ungleichgewichte« enthält, seitenweise aus Formeln.

Mittlerweile muß die Ökonomin das handwerkliche Können nicht mehr beweisen, und sie kann ihren Forschungsgegenstand selbst bestimmen – auch wenn er der traditionellen Ökonomie zu exotisch oder zu feministisch erscheinen mag: Gerade erst hat sie untersucht, wann und warum Frauen sich in der Schweiz selbständig machen. Sie arbeitet an einer Studie über die ökonomische Risikobereitschaft von Männern und Frauen.

Zunehmend reizen sie auch die Randbereiche zu anderen Disziplinen, die politisch relevanten Fragen. Gemeinsam mit Kollegen vom Massachussetts Institute for Technology (MIT) und der Universität in Tokio arbeitet sie über die Probleme nachhaltigen Wirtschaftens. Und mit Chemikern untersucht sie, wie die Risiken chemischer Produktion durch den Preis der Produkte aufgefangen werden können. »Wissenschaftler sollten keine Entscheidungen treffen, aber sie sollten der Gesellschaft Entscheidungshilfe bieten«, begründet sie heute ihre Arbeit. Und dann setzt sie noch, selbstsicher und ganz Wissenschaftlerin, hinzu: »Und wo ist das nötiger als in der Politik?«

Dissertation:
»Einige Überlegungen zur Analyse wirtschaftlicher Ungleichgewichte«

Literaturauswahl:
»Das Fehlen von Versicherungsnachfrage«, 1990;
»Ökonomische Diskriminierung von Frauen – eine volkswirtschaftliche Verschwendung«, 1993;
»Finanzielle Entscheidung und die Risikowahrnehmung von Frauen«, 1996.

Manfred J. M. Neumann machte
den Monetarismus in Deutschland populär.
Heute kämpft er gegen Maastricht

Der Streitbare

Von Christine Mattauch

Manfred Neumann war 29 Jahre alt, hatte bereits einen Doktorhut im Schrank und zwei Jahre Praxiserfahrung bei der Deutschen Bundesbank auf dem Buckel. Da kam einer und sagte lapidar: »Sie wissen nichts.« Von einem weniger gewichtigen Ökonomen als dem in Amerika lehrenden Geldangebotstheoretiker Karl Brunner hätte sich der junge Aufsteiger das wohl kaum bieten lassen. Doch so schluckte Neumann nur und las sich klaglos durch die Literaturliste, die ihm Brunner, sozusagen als persönliches Weiterbildungsprogramm, zusammengestellt hatte. Es dürfte das letzte Mal in der Karriere des heute 55jährigen Bonner Ökonomen gewesen sein, daß er einer Auseinandersetzung aus dem Weg gegangen ist. Und nicht zuletzt dank Brunners Schule ist es seither meist Neumann gewesen, der die Schelte verteilte.

Anfang der siebziger Jahre machte er sich einen Namen als Verfechter monetaristischer Konzepte – zu einer Zeit, als diese Schule selbst in den Vereinigten Staaten noch in der Minderheit war. In jüngster Zeit tat sich Neumann als heftiger Kritiker der Europäischen Währungsunion hervor. Und gleich das erste Gutachten – Thema Kartellrechtsnovelle–, das der Wissenschaftliche Beirat beim Bundeswirtschaftsministerium jüngst unter Neumanns Vorsitz vorlegte, war für Minister Günther Rexrodt und seinen

Manfred Johann Michael Neumann,
geboren am 15. Dezember 1940 in Berlin-Zehlendorf
Studium: 1960 bis 1964 Volkswirtschaftslehre in Göttingen, Nürnberg und Marburg
Berufsweg: 1964 Wiss. Mitarbeiter an der Universität Marburg, 1967 Wiss. Mitarbeiter der Deutschen Bundesbank, 1970 Mitarbeit am Forschungsprojekt »Geldtheorie und Geldpolitik« der Universität Konstanz, 1973 Professor für Geldtheorie und Geldpolitik an der FU Berlin, seit 1981 Professor für Wirtschaftliche Staatswissenschaften und Direktor des Instituts für Internationale Wirtschaftspolitik der Universität Bonn

Beamten eine schallende Ohrfeige. Der Beirat geißelte die geplante Novelle als »ordnungspolitische Fahrlässigkeit«, sie sei überhaupt entbehrlich.

Die Lust am Streit ist Neumanns Markenzeichen geworden. »Ich liebe den Disput«, sagt er unumwunden. Neumann erzählt eine Szene aus Kindertagen: wie er auf einer Straße in Göttingen steht und mit großen Augen zwei Studenten beobachtet, die heftig gestikulierend miteinander streiten. So hat er sich den Wissenschaftsbetrieb vorgestellt – lebhaft und engagiert, ernst in der Sache, aber pointiert in der Form. Und so hat er ihn auch während seiner Studienzeit kennengelernt, dank seines Doktorvaters Karl Paul Hensel, eines prononcierten Anhängers des Ordoliberalen Walter Eucken, der, wie sich Neumann erinnert, »frank und frei mit den Leuten umging« und noch Vergnügen darin fand, mit seinen Studenten zu diskutieren.

Populär waren damals die auf dem Briten John Maynard Keynes fußenden Instrumente der Konjunktursteuerung, die Neumann – da hielt er es mit Hensel – nicht überzeugten. Statt dessen warb er im wirtschaftlichen Ausschuß des Sozialdemokratischen Hochschulbundes (SHB) für ordoliberale Ideen – ein fruchtloses Unterfangen, das freilich der Schulung des Diskussionstalents diente. Nach Abschluß der Promotion und dem Wechsel nach Frankfurt zur Bundesbank gab er das Engagement in der Parteipolitik auf. Durch einen Zimmernachbarn auf den späteren Nobelpreisträger Milton Friedman aufmerksam gemacht, verlegte sich Neumann auf das Studium der Monetaristen, die in Deutschland noch weitgehend unbekannt waren. Der Jungökonom tüftelte an Theorien zur Umlaufgeschwindigkeit des Geldes und fühlte sich »höchst revolutionär«.

Als er in der *ZEIT* ein Inserat entdeckte, mit dem Karl Brunner als Gastprofessor der Universität Konstanz einen stellvertretenden Leiter für ein Forschungsprojekt zur Geldangebotstheorie suchte, bewarb sich Neumann ohne Zögern, auch wenn der Schritt zurück an die Hochschule mit Einkommensverlusten verbunden war. Doch wenig wog das Gehalt in Frankfurt gegenüber der Möglichkeit, sich mit Rückendeckung eines berühmten Kollegen gegen den damaligen Mainstream stellen zu können.

In Aufsätzen und Vorträgen warben Brunner und Neumann fortan für die Einführung eines Geldbasiskonzepts und die Formulierung von Geldmengenzielen – was damals von vielen als geradezu subversiv empfunden wurde. Eine Wirtschaftszeitschrift nannte Neumann den »wildesten Monetaristen Deutschlands«. Darauf ist der Professor noch heute stolz. Eines war auf diesem Weg schnell erreicht: Innerhalb kürzester Zeit war Neumann in Fachkreisen bekannt und erhielt, gerade 32 Jahre alt und noch nicht habilitiert, einen Ruf nach Berlin, wo er sein Spezialgebiet, die Geldtheorie, weiterentwickelte.

Die Jahre, in denen die Studentenbewegung langsam abebbte, hat er als schwierige, aber auch intensive Zeit in Erinnerung. Fast wehmütig gedenkt er des wissenschaftlichen Interesses und der Auseinandersetzungsfreude der jungen Linken; beides vermißt er bei den Studenten der heutigen Generation. »Wer hält denn heute noch ein Referat nur deshalb, weil ihn das Thema interessiert?«

Er selbst hat sein Engagement für die Sache bewahrt, das bisweilen selbstvergessene Züge trägt. Mögen die Besucher staunen, wenn der Professor unversehens aufspringt, sich auf den Boden seines Arbeitszimmers kniet und ein Schränkchen mit Monatsberichten der Deutschen Bundesbank durchwühlt. Hauptsache, er hat am Ende die Zahl gefunden, nach der er suchte. Mit solchem Ehrgeiz vertritt Neumann, der zudem ein glänzender Rhetoriker ist, stets seine Sache. Bei Talk-Shows und Podiumsdiskussionen ist er daher ein gern gesehener Gast. Wenn er, wie unlängst in einem Streitgespräch im Bonner Haus der Geschichte gegen die Verträge von Maastricht wettert, vermag sich das Publikum seiner Überzeugungskraft kaum zu entziehen. »Hielten sich Pro und Contra bei einer Abstimmung zu Anfang noch die Waage, sprach sich gegen Ende der Diskussion eine Mehrheit für eine Verschiebung der Währungsunion aus«, notierte der Bonner *Generalanzeiger.*

Neumann befürchtet vor allem, daß bei einer Beibehaltung des Zeitplans aus der Währungsunion keine echte Stabilitätsgemeinschaft entsteht. Die Konvergenzkriterien, so kritisiert er, enthalten zu viele Ausnahmeregelungen, die Sanktionen gegen laxe Finanzpolitik seien politisch verhandelbar. Überhaupt seien die Unterschiede zwischen den Volkswirtschaften – die Arbeitslosenquoten innerhalb der EU bewegen sich in einer Spannbreite zwischen 5 und 22 Prozent – viel zu groß für die Schaffung eines einheitlichen Währungsraums.

Sein Eintreten für eine Verschiebung hat Neumann jedoch nicht daran gehindert, kürzlich ein neues Modell für ein Europäisches Währungssystem zu entwerfen. Was von vielen als Positionsänderung verstanden wurde, war für ihn schlichtweg ein konstruktiver Beitrag zur Debatte.

Dissertation:
»Der Preisausgleich im Außenhandel zentral geleiteter Volkswirtschaften. Ein Beitrag zur Theorie des internationalen Handels der sowjetischen Länder.«

Literaturauswahl:
»Intervention in the Mark/Dollar Market; The Authorities' Reaction Function in: Journal of international Money and Finance«, 1984;
»Homo oeconomicus als Wirtschaftspolitiker«, in: Rationale Wirtschaftspolitik in komplexen Gesellschaften, Hrsg. H. Milde und H. G. Mornissen, 1985;
»Precommitment by Central Bank Independence«, in: Open Economics Review, Vol. 2, 1991;
»A Comparative Study of Seigniorage«, Japan and Germany in: Monetary and Economic Studies, Vol. 14 (1), Hrsg. Bank of Japan, 1996.

Anhang

In der Krise berufen sich wieder viele auf den berühmtesten Volkswirt der Bundesrepublik

Was Erhard heute tun würde

Von Nikolaus Piper

Als Mama Petticoat trug und Papa Schmalzlocke, ging es der Familie jedes Jahr besser. Erst konnten sie sich Bohnenkaffee leisten, dann einen Kühlschrank und die Wohnzimmergarnitur. Später kam die Wäscheschleuder dazu, das Fernsehgerät, der mausgraue VW Standard und schließlich der Campingurlaub am Lago Maggiore. Es war Wirtschaftswunderzeit. Daß der Wohlstand wuchs, war so selbstverständlich wie das Älterwerden. In der jungen Bundeshauptstadt Bonn häufte der Finanzminister unterdessen Überschüsse an, genannt »Juliusturm«, die Unternehmer rissen sich um die Arbeitnehmer, und im Wirtschaftsministerium waltete Ludwig Erhard mit Wohlstandsbauch und Zigarre.

Der Mythos vom »Vater der sozialen Marktwirtschaft« ist heute, vier Jahrzehnte später, lebendig wie eh und je, obwohl oder gerade weil die soziale Marktwirtschaft in ihrer bislang schwersten Krise steckt. Die Staatsfinanzen marode, Arbeitslosenzahlen in Weimarer Dimensionen: Aus dem einstigen Wirtschaftswunderkind wurde der kranke Mann Europas. Der Schlüssel zum alten Erfolg wurde verlegt. Was läge näher, als ihn genau dort zu suchen, wo er sich vordem nachweislich befunden hat: bei Ludwig Erhard?

Die Krise erfordere einen »Wirtschaftspolitiker von staatsmännischem Format«, meint sibyllinisch der Altmeister der liberalen Wirtschaftswissenschaften, Herbert Giersch. Der amtierende Kanzler ist dies sicher nicht, obwohl er schon redet wie Erhard, wie der Spiegel herausgefunden zu haben glaubte. In einer Koalitionsrunde, so berichten Teilnehmer, habe Helmut Kohl FDP-Generalsekretär Guido Westerwelle bereits angeherrscht: »Sie mögen die Partei der Marktwirtschaft sein, ich stehe für die Partei der sozialen Marktwirtschaft.« Im übrigen ist der Kalender günstig für eine Erhard-Nostalgie: Am 4. Februar 1997 wäre er hundert geworden. Kohl ließ den Geburtstag mit gebührendem Pomp feiern.

Was würde Erhard heute tun? Frage an Otto Schlecht, den Vorsitzenden der Ludwig-Erhard-Stiftung in Bonn. 1953 war er als junger Hilfsreferent ins Bundeswirtschaftsministerium eingetreten, nach 38 Jahren hat er das Haus als Staatssekretär verlassen. Professor Schlecht macht ein bedenkliches Gesicht: In der »heutigen politischen Landschaft hätte Erhard vermutlich gar nicht reüssiert«. Wenn die Musik in Koalitions- und Kanzlerrunden spielt, bleibt wenig Raum für heroische Taten, wie sie Erhards Stärke waren. Nicht umsonst, so Schlecht, ist der erfolgreiche Wirtschaftsminister Erhard als Bundeskanzler ja in der sich normalisierenden Republik gescheitert.

Erhard stolperte über ein heute längst vertrautes Problem: die Konsolidierung des Bundeshaushalts. Die Zahlen, wegen deren er am 1. Dezember 1966 zurücktreten mußte, waren aus heutiger Sicht lächerlich – ein paar hundert Millionen Mark Defizit, eine halbe Million Arbeitslose; verwöhnt vom Wirtschaftswunder, erschienen sie den Bundesbürgern damals aber als Katastrophe.

Auf die Frage, wie Erhard mit der heutigen Krise umgehen würde, finden sich paradoxerweise ausgerechnet in dessen letzter Regierungserklärung als Bundeskanzler einige Antworten. Unter der Überschrift »Sparsamkeit und Nüchternheit« machte er vor allem klar, wie sozial er sich seine soziale Marktwirtschaft dachte. Der Staat habe die Pflicht

Ludwig Erhard,
geboren am 4. Februar 1897 in Fürth, gestorben am 5. Mai 1977 Studium: an der Handelsschule Nürnberg und der Universität Frankfurt am Main, 1925 Promotion bei Franz Oppenheimer Berufsweg: 1928–1942 Mitarbeiter am Institut Wirtschaftsbeobachtung in Nürnberg, 1942 Gründung des eigenen Instituts für Wirtschaftsforschung, 1944 Verfassung der Denkschrift »Kriegsfinanzierung und Schuldenkonsolidierung«, die er Carl Goerdeler, dem Mitverschwörer vom 20. Juli, schickte, 1945/46 bayerischer Wirtschaftsminister, 2. März 1948 Wahl zum Direktor der Verwaltung für Wirtschaft durch den Frankfurter Wirtschaftsrat, ab 20. September 1949 erster Bundeswirtschaftsminister, 16. Oktober 1963 Nachfolger von Konrad Adenauer als Bundeskanzler, 1. Dezember 1966 Rücktritt vom Amt des Bundeskanzlers wegen einer Haushaltskrise

zur »umfassenden Daseinsvorsorge«, sagte er am 10. November 1965 im Bundestag. Das mag den heutigen FDP-Sozialpolitikern wie finsterer Sozialismus vorkommen. Umgekehrt könnten die Strukturkonservativen in der SPD versucht sein, sich dadurch bestätigt zu sehen, zu Unrecht freilich, denn Erhard hatte sehr eigene Vorstellungen von dieser Daseinsvorsorge. Ihr Ziel sei, »daß jedermann sich als freier und selbstverantwortlicher Staatsbürger in der Gemeinschaft bewegen kann«. Dies werde nicht durch »strukturlose Expansion sozialer Subventionen« erreicht, sondern durch »Strukturpolitik« der Gesellschaft.

Erhard dachte dabei besonders an die Förderung der Lehrlingsausbildung. Der Gedanke läßt sich ohne allzu gewagte Spekulation auf heutige Verhältnisse übertragen: Die Kürzung »sozialer Subventionen«, für die heute jede dritte

Mark aufgewendet wird, ist unvermeidbar. Im verkürzenden modernen Deutsch bedeutet dies: Sozialabbau. Gleichzeitig aber verfällt, gegen Erhards Vorstellungen, die gesellschaftliche »Strukturpolitik«, was zum Niedergang von Schulen und Hochschulen und zur Erosion der beruflichen Ausbildung führt. Dieser Verfallsprozeß muß aufgehalten werden. Denn der Sozialabbau hat dort seine Grenzen, wo die Würde der »freien, selbstverantwortlichen Staatsbürger« berührt wird. Warum ist die Bonner Koalition vor Karenztagen bei der Lohnfortzahlung kranker Arbeitnehmer zurückgeschreckt, greift statt dessen aber beim Krankengeld für chronisch Kranke zu? wäre im Sinne Erhards zu fragen.

Klar ist, daß das Rentenniveau zurückbleiben muß, damit die Beiträge nicht ins Uferlose steigen. Der von Sachsens Ministerpräsident Kurt Biedenkopf verlangte radikale Systemwechsel zu einer steuerfinanzierten Grundrente würde die Bürger aber nicht selbstverantwortlich, sondern abhängig von politischer Willkür machen.

Ludwig Erhard wollte 1965 die »außerhalb der sozialen Marktwirtschaft gebliebenen Schutzbereiche in den Fortschrittsprozeß organisch mit einbeziehen«. Er wollte also deregulieren und liberalisieren. Übertragen auf das Jahr 1996 bedeutet dies zum Beispiel die Abschaffung des Ladenschlusses, auch wenn dieser zu Erhards Zeiten eingeführt wurde. Es bedeutet die Zerschlagung der Strommonopole in Europa, den Abbau der Subventionen für Kohle und Landwirtschaft. Umgekehrt sind aber auch der Liberalisierung auf dem Arbeitsmarkt Grenzen gesetzt. Für Erhard war es selbstverständlich, daß Arbeit keine Ware wie jede andere ist. Die Lösung für die Verkrustungen auf dem Arbeitsmarkt sind daher maßvolle Lohnabschlüsse und entschlackte Tarifverträge, aber nicht Tarifflucht oder gar die Zerschlagung der Tarifautonomie.

Bei anderen Fragen ist es schon schwieriger, in Erhards Reden und Schriften aus den fünfziger und sechziger Jahren Rezepte für die neunziger zu finden. So glaubte Erhard 1953, die damals äußerst unwahrscheinliche Wiedervereinigung werde am besten durch die schnelle Integration Ostdeutschlands zu erreichen sein. Ob er dieser Meinung auch 37 Jahre später noch gewesen wäre, ist fraglich. Ganz sicher hätte er versucht, die Einheit anders zu finanzieren. Dem von ihm mit durchgesetzten Lastenausgleich für Vertriebene und Bombengeschädigte hätte 1990 eine Entsprechung folgen müssen: eine Vermögensabgabe, kein Solidarzuschlag und erst recht keine ausufernden Sozialbeiträge, die Arbeit teuer machen und die Wettbewerbsfähigkeit schwächen.

Schwer zu sagen, wie sich Erhard zum Streit um Maastricht und die Europäische Währungsunion stellen würde. Als Wirtschaftsminister hatte er heftig gegen Adenauers Kurs der europäischen Integration gekämpft. Er hätte Europa am liebsten als große Freihandelszone gesehen und wollte keine supranationalen Institutionen. Der Kampf gegen die EWG und die französische Konzeption von Wirtschaftspolitik wuchs sich bei Erhard zu einem antifranzösischen Ressentiment aus, das die deutsch-französischen Beziehungen auf den Nullpunkt abkühlte, als er Kanzler war.

Umgekehrt hätte der Freihändler Erhard vermutlich den Europäischen Binnenmarkt leidenschaftlich begrüßt. Und ein Binnenmarkt braucht, um zu funktionieren, eine einheitliche Währung.

Entscheidend, sagt Otto Schlecht, der Erhard-Experte, ist etwas anderes: Von Erhard kann man auch heute noch lernen, wie die soziale Marktwirtschaft funktioniert. »Er war felsenfest davon überzeugt, das Richtige zu tun.« Selbst als kleiner Beamter habe er, Schlecht, die Meinung Erhards zu einem akuten Problem »mit schlafwandlerischer Sicherheit«

voraussagen können, so klar war dessen Linie. Der Nobelpreisträger Friedrich von Hayek, der sonst nicht viel Sympathie für das Konzept der sozialen Marktwirtschaft hatte, meinte, noch nie sei er einem Ökonomen begegnet, der einen solchen Instinkt für das Richtige gehabt habe wie Ludwig Erhard.

Als der Wirtschaftsprofessor aus Fürth im März 1948 zum Direktor der Verwaltung für Wirtschaft in der britischen und amerikanischen Besatzungszone ernannt wurde, glaubte kaum jemand, daß das kriegszerstörte Deutschland anders als mit Planwirtschaft wieder auf die Beine kommen könnte. Auch die CDU der britischen Zone hatte sich in Ahlen ein sozialistisches Programm gegeben. Erhard dagegen glaubte unbeirrt an die Marktwirtschaft. Mit der Währungsreform am 20. Juni 1948 gab er auf einen Schlag fast alle Verbraucherpreise frei. Er schlug eine »Schneise der Marktwirtschaft«, wie sein berühmtester Nachfolger Karl Schiller sagte. Erhard blieb bei seiner Meinung, auch als die Gewerkschaften im November 1948 einen 24-stündigen Generalstreik gegen seine Preispolitik ausriefen.

Die gefüllten Schaufenster am Tag nach der Währungsreform wurden für die künftigen Bundesbürger zu dem Schlüsselerlebnis in Sachen Marktwirtschaft. Erhards heroischer Akt und die Chuzpe, mit der er die Alliierten dabei umging, begründeten seinen Ruhm. Das Pathos dieser einsamen Tat setzte Maßstäbe, vor denen jeder Nachfolger verblassen mußte. Wenn das Gestrüpp der Preisvorschriften einmal weg ist, kann man auch keine Schneisen mehr schlagen.

Daß die Entscheidung zugunsten der Marktwirtschaft fiel, noch ehe Westdeutschland eine parlamentarische Demokratie wurde, schien Erhard rückblickend durchaus hilfreich: In seinem Bestseller »Wohlstand für alle« gab er sich überzeugt, »daß keine Regierung und kein Parlament später die guten Nerven aufgebracht hätte, das System der freien Marktwirtschaft einzuführen und beizubehalten«. Erhard wußte inzwischen, wie schwierig sein Modell einer gestalteten liberalen Wirtschaftsordnung im politischen Alltag zu verwirklichen ist. Hinter Erhards Sturheit standen feste Überzeugungen, und die hatte er – von einem Sozialisten. Das sollte nicht vergessen, wer sich heute von Erhard bei der Erneuerung des Modells Deutschland leiten lassen will.

Zu Beginn der zwanziger Jahre hatte Erhard bei Franz Oppenheimer, einem Soziologen, Nationalökonomen und Sozialreformer, studiert. Oppenheimer verstand sich als »liberaler Sozialist«, er stand dem nichtmarxistischen Flügel der SPD nahe. Bei ihm promovierte Erhard 1925 über »Wesen und Inhalt der Werteinheit«. Von Oppenheimer habe er »wissenschaftlich denken gelernt in straffer Zucht«, sagte er später; in seinem Zimmer hing ein Portrait des Lehrers. Erhards Mitarbeiter Karl Hoffmann zieht eine direkte Linie von der »Gesellschaft der Freien und Gleichen«, die Oppenheimer anstrebte, zu ganz ähnlichen Wendungen Erhards, etwa der vom »Europa der Freien und Gleichen«.

Maßgeblich bei der Konzeption der sozialen Marktwirtschaft waren die ordoliberalen Ökonomen Walter Eucken und Wilhelm Röpke einerseits, der katholische Soziallehrer Alfred Müller-Armack andererseits. Letzterer prägte auch den Begriff »soziale Marktwirtschaft«. Aber das reformerische Feuer hatte Erhard von Oppenheimer: Er verfolgte Oppenheimers sozialistische Ziele mit den Mitteln des Liberalismus, weil er die Planwirtschaft als Pendant zum Nationalsozialismus kennengelernt hatte.

Erhard war besessen vom Streben nach stabilem Geld und nach mehr Wettbewerb – aus sozialen Motiven. Dies läßt sich bis in seine Dissertation zurückverfolgen, wo er schreibt, die schlimmste Wirkung von Inflation liege in der »Verschiebung der Einkommen«. Sein Leitbild, sagte Erhard, sei »nicht die freie Marktwirtschaft des liberalistischen Freibeutertums einer vergangenen Ära, auch nicht nur, das freie Spiel der Kräfte, sondern die sozial verpflichtete Marktwirtschaft, die das einzelne Individuum wieder zur Geltung kommen läßt«.

Marktwirtschaft war die andere Seite der Demokratie. Dem Staatsbürger dort entsprach hier der mündige Verbraucher. Diesem wollte er »die Freiheit zurückgeben«, von ihm forderte er »Mut zum Konsum«. Wirtschaftspolitik dürfe sich »nur dann sozial nennen, wenn sie den wirtschaftlichen Fortschritt, die höhere Leistungsergiebigkeit und die steigende Produktivität dem Verbraucher zugute kommen läßt«. Dieses Ziel erreicht die Politik durch Sicherung des Geldwerts und durch die Eindämmung wirtschaftlicher Macht. »Einen Kühlschrank in jeden Haushalt«, so der Titel eines Erhard-Aufsatzes von 1953 in der DGB-Zeitung *Welt der Arbeit*, das war die Lösung der sozialen Frage. Sozialpolitik hatte sich dem unterzuordnen und sollte mit zunehmendem Wohlstand an Bedeutung verlieren. Die regelmäßige Anpassung der Renten an die Bruttolöhne, die der Bundestag am 21. Januar 1957 beschlossen hatte, lehnte Erhard bis fast zum Schluß ab. Er wollte die Rentner nur am Produktivitätsfortschritt der Wirtschaft beteiligen, was den Rentenkassen wohl die heutigen Probleme erspart, die Rentner jedoch zu Inflationsgeschädigten gemacht hätte.

Seine Befürchtungen von damals erscheinen heute absurd: »Wenn in einer Volkswirtschaft keine Gruppe – vom Rentner über den Arbeiter, Beamten bis zum Unternehmer – in ihrem persönlichen Schicksal länger an der Aufrechterhaltung einer stabilen Wirtschaft und Währung interessiert ist, dann treibt eine Volkswirtschaft, von solcher Verblendung geleitet, naturnotwendig ins Chaos.«

Aber in einer Hinsicht wird Erhard mit seinen Warnungen heute bestätigt: Die Grundlage für die systemsprengende Ausgabendynamik im Sozialstaat wurde damals unter Adenauer gelegt. Auch die »Gefälligkeitsdemokratie«, die liberale Kritiker heute beklagen, hat mit den Wahlgeschenken und der Klientelpolitik in den fünfziger Jahren begonnen. Der Instinkt hat Erhard nicht ganz getrogen.

Stabile Preise und Wettbewerb, unterstützt durch nachrangige Sozialpolitik – das war das Soziale an der sozialen Marktwirtschaft. Und genau hier erwies sich Erhards Konzept als zu anspruchsvoll für die Niederungen des politischen Alltags. Mächtige Interessengruppen, vor allem der Bundesverband der Deutschen Industrie, blockierten, unterstützt von Bundeskanzler Konrad Adenauer, das Kartellrecht, das Erhard als »Grundgesetz der Marktwirtschaft« konzipiert hatte. Sein Versuch, durch Appelle zum »Maßhalten« die Preise zu zügeln, wirkte auf die Zeitgenossen ähnlich lächerlich wie Helmut Kohls Wort vom »kollektiven Freizeitpark«. Mit Seelenmassagen ließ sich schon in den sechziger Jahren keine international verflochtene Volkswirtschaft mehr steuern. Andererseits ist Wettbewerbspolitik heute völlig unmodern und kaum noch durchsetzbar geworden. In den achtziger Jahren betrieb das Wirtschaftsministerium aktiv die Megafusion der deutschen Luft- und Raumfahrtindustrie unter den Fittichen von Daimler-Benz. Das dabei erzeugte Desaster hätte Erhard in seinem Glauben an die segensreiche Wirkung des Wettbewerbs gewiß bestärkt.

Die Jahre des Wirtschaftswunders nährten nicht nur den Glauben an immerwährende Prosperität, sondern auch, am Ende der sechziger Jahre, das Vertrauen auf die unbegrenzten Möglichkeiten des Sozialstaats. Es verbreitete sich das »schlimme Mißverständnis«, sagt Otto Schlecht, soziale Marktwirtschaft sei »Marktwirtschaft mit möglichst viel

Sozialpolitik«. Alle Parteien, einschließlich der FDP, verteilten soziale Wohltaten. Ökonomische Knappheit war keine Kategorie mehr, selbst die CDU rechnete mit Milliardenüberschüssen in der Rentenversicherung. Die Ölkrise zeigte, daß auch die soziale Marktwirtschaft an Grenzen des Wachstums stößt. Nur hatte Erhards System keine Mechanismen entwickelt, damit umzugehen. Das war auch deshalb schwer, weil die Kinder des Wohlstands so ganz anders waren als dessen Väter. Hinter deren Fassaden gutbürgerlicher Wohlanständigkeit entdeckten sie häßliche braune Flecken. Und wenn Erhard von einer »formierten Gesellschaft« sprach, vermuteten sie dahinter eine »bornierte Gesellschaft«. Erhards Traum von der Überwindung der Klassengesellschaft hielten sie für eine Lüge. »Der Klassenkampf ist nicht zu Ende«, schrieb Rolf Hochhuth damals im *Spiegel.* Die Jungen hatten es satt, einfach nur satt zu sein, sie waren *born to be wild* und nicht bloß Verbraucher. Schließlich kam es zum »Triumph des Individuums über die Gesellschaft«, von dem der Historiker Eric Hobsbawm schrieb: Die Ansprüche an die Solidargemeinschaft und die Bereitschaft, zu ihr beizutragen, fielen immer weiter auseinander.

An dieser Diskrepanz krankt die soziale Marktwirtschaft bis heute. Und sie wird durch die Renaissance des Glaubens an die ungezügelten Marktkräfte noch verstärkt. Zum Lehrstück in dieser Hinsicht geriet die Wiedervereinigung Deutschlands: Einerseits weckte das westdeutsche Establishment den Glauben an »blühende Landschaften«, an die schnelle Angleichung der Lebensverhältnisse in Ost und West. Andererseits taten Bundeskanzleramt und Wirtschaftsministerium so, als sei dies Ziel mit purer Marktwirtschaft zu erreichen – so lange, bis jedes Kind merkte, daß dem nicht so sein würde. Niemand versuchte, in Erhards Sinne

»Ordnungspolitik« zu betreiben, also die Voraussetzungen dafür zu schaffen, daß der Markt im Osten richtig arbeiten konnte.

Jetzt, da die soziale Marktwirtschaft endgültig Schlagseite bekommen hat, ist das Pendel in die andere Richtung ausgeschlagen. Die »freie Marktwirtschaft des liberalistischen Freibeutertums«, von der Erhard sprach, gibt es zwar in Deutschland noch nicht, aber sie ist schick geworden. Shareholder value ist gefragt und nicht mehr »Mut zum Konsum«. Nicht der Verbraucher ist der Souverän, sondern der Kapitalanleger.

Das ist zum Teil unvermeidbar. Der globale Wettbewerb räumt die letzten gemütlichen Nischen für die mittelständische Wirtschaft aus, der Spielraum nationaler Wirtschaftspolitik ist geschrumpft. Die Rahmenbedingungen für das Wirtschaftswunder lassen sich nicht zurückholen: der Nachholbedarf nach dem Krieg, der Zwang für alle Deutschen, irgendwie neu anzufangen, die plötzliche Liberalisierung des Welthandels, die unterbewertete D-Mark. Auch ein Ludwig Erhard könnte heute nicht mehr Vollbeschäftigung herbeizaubern, selbst wenn er sich im Glashaus Bonn zurechtfände. Was aber, wenn die deutsche Gesellschaft bei dem Versuch auseinanderfällt, die Wirtschaft an die modernen Zeiten anzupassen?

Hier lohnt noch einmal ein Blick in Erhards letzte Regierungserklärung. Dabei fallen zwei Begriffe auf, für die der Kanzler damals viel Spott erntete: die Gründung eines »Deutschen Gemeinschaftswerkes« und die »Formierte Gesellschaft«. Mit beidem wollte er den Gemeinsinn unter den Deutschen fördern und die Ellenbogenmentalität der Wohlstandsbürger zurückdrängen. Das Gemeinschaftswerk sollte einen Rahmen für soziales Engagement schaffen, und die »Formierte Gesellschaft« (die mißverständliche Formulierung stammte von dem Publizisten Rüdiger Altmann) sollte vor allem, in heutigen Worten, den »sozialen Konsens« sichern. Sie beruhte auf der Überzeugung, »daß die Menschen nicht nur durch Gesetze, sondern aus Einsicht das ihrem eigenen Wohle Dienende zu tun bereit sind«.

Das wäre doch ein Motto für ein – richtig verstandenes – Bündnis für Arbeit.

Literatur zum Thema

Bartling, Hartwig/Luzius, Franz: Grundzüge der Volkswirtschaftslehre, 10., verb. u. erg. Aufl., München 1996

Cezanne, Wolfgang/Franke, Jürgen: Volkswirtschaftslehre – Einführung, 6., durchges. Aufl., München 1995

Felderer, Bernhard/Homburg, Stefan: Makroökonomik und neue Makroökonomik, 6., verb. Aufl., Berlin 1994

Hanusch, Horst/Kuhn, Thomas: Einführung in die Volkswirtschaftslehre, 3., überarb. Aufl., Berlin 1994

Hardes, Heinz-Dieter/Rahmeyer, Fritz/Krol, Gerd-Jan: Volkswirtschaftslehre. Eine problemorientierte Einführung, 19., akt. Aufl., Tübingen 1995

Hübl, Lothar/Meyer, Wolfgang/Ströbele, Wolfgang: Grundkurs in Volkswirtschaftslehre, 4., überarb. Aufl., Berlin 1989

Neumann, Manfred: Theoretische Volkswirtschaftslehre II. Produktion, Nachfrage und Allokation, 4., überarb. Aufl., München 1995

Ott, Alfred E.: Wirtschaftstheorie. Eine erste Einführung, 2., durchges. Aufl., Göttingen 1992

Piper, Nikolaus (Hrsg.): Die großen Ökonomen. Eine Artikelserie der ZEIT, 2., überarb. Aufl., Stuttgart 1996

Reiß, Winfried: Mikroökonomische Theorie – Historisch fundierte Einführung, 3., Aufl., München/Wien 1995

Schierenbeck, Henner: Grundzüge der Betriebswirtschaftslehre, 12., überarb. Aufl., München 1995

Schumann, Jochen: Grundzüge der mikroökonomischen Theorie, 6., überarb. u. erw. Aufl., Berlin 1992

Siebert, Horst: Einführung in die Volkswirtschaftslehre, 11., überarb. u. erw. Aufl., Stuttgart 1996

Streissler, Erich/ Streissler, Monika: Volkswirtschaftslehre für Juristen, 2., durchges. Aufl., Wien 1986

Starbatty, Joachim (Hrsg.): Klassiker des ökonomischen Denkens, 2 Bände, München 1989

Wöhe, Günter: Einführung in die Allgemeine Betriebswirtschaftslehre, 19., überarb. u. erw. Aufl., München 1996

Autorenliste

Arndt, Heinz-Peter, freier Journalist in Köln

Creutzburg, Dietrich, Dipl.Volkswirt in Köln

Fischermann, Thomas, Dipl.Volkswirt, Wirtschaftskorrespondent der ZEIT in London

Heuser, Uwe Dr., Wirtschaftsredakteur der ZEIT in Hamburg

von Heusinger, Robert, Dipl.Volkswirt, Redakteur der »Börsenzeitung« in Frankfurt

Hoffmann, Andreas, Dipl.Volkswirt, Korrespondent des »Tagesspiegel« in Düsseldorf

Hoffmann, Wolfgang, Korrespondent der ZEIT in Bonn

Lamparter, Dietmar H., Wirtschaftsredakteur der ZEIT in Hamburg

Mattauch, Christine, Dipl.Volkswirtin und freie Journalistin in Köln

Müller, Mario, Dipl.Volkswirt, Wirtschaftskorrespondent der ZEIT in Frankfurt

Oswalt, Walter, Dipl.Volkswirt, freier Publizist in Frankfurt

Piper, Nikolaus, Dipl.Volkswirt, Wirtschaftsredakteur der ZEIT in Hamburg

Schröder, Gerhard, freier Journalist in Köln

Zank, Wolfgang Dr., Historiker, Lektor an der Universität Aalborg und ZEIT-Korrespondent

Bildquellen

Agentur Votavafoto 149, 231; Bernd Arnold/Laif 145; Wolfgang von Brauchitsch 109; Cornet Foto AG 181, 201; J.H. Darchinger 245, 288; dpa Stuttgart 93; Jürgen Eis 139, 281; Holger Floß 103; Fotoagentur Hartung 185; Steffen Giersch 155; Peter Hense 265; Jochen Herzog 255; Karin Hill 241; Petra-Monika Jander 165; Matthias Jüschke 235; Thomas Klink 175; Michael Kupferschmidt 271; Marianne Menke 113; Walter Oswaldt 221; privat 191, 215; Johannes Riedel 251; Jesko Sander 125; Christian Schulz/Paparazzi 135; Werner Schüring 205; Lutz Sebastian 161; Jürgen Seidel 119; Urs Siegenthaler 99, 129; Niklaus Spoeri 275; Dirk Steininger 211; Erika Sulzer-Kleinemeier 195; Manfred Vollmer 225; Zeitenspiegel 261; Zenit Bildagentur 171.